张春妹 女，湖北随州人。北京师范大学心理学院发展心理所博士，武汉大学哲学学院心理学副教授，杜克大学神经与心理学系访问学者，武汉大学“珞珈青年学者”。武汉大学“70后”学术团队建设项目“当代文化心理学研究”负责人。主编“文化心理学精品译丛”（7本著作），主编湖北省中小学心理健康教育教材《心理健康教育（初二）》，参与编写教材8本，在国内外核心期刊发表学术论文30余篇，主持国家级和省部级项目10余项，参与国家级项目8项。主要研究方向为人格与社会适应、社会文化心理、青少年犯罪和心理健康教育。

作者简介

武汉大学学术丛书

Wuhan University Academic Library

不良同伴交往与青少年犯罪的社会心理研究

张春妹 著

武汉大学出版社
WUHAN UNIVERSITY PRESS

图书在版编目(CIP)数据

不良同伴交往与青少年犯罪的社会心理研究/张春妹著.—武汉：武汉大学出版社,2019.11

武汉大学学术丛书

ISBN 978-7-307-21277-0

Ⅰ.不…　Ⅱ.张…　Ⅲ.少年犯罪社会心理学—研究　Ⅳ.C913.5

中国版本图书馆 CIP 数据核字(2019)第 250974 号

责任编辑:徐胡乡　　责任校对:李孟潇　　版式设计:马　佳

出版发行:**武汉大学出版社**　(430072　武昌　珞珈山)

(电子邮箱:cbs22@ whu.edu.cn　网址:www.wdp. com.cn)

印刷:武汉中远印务有限公司

开本:720×1000　1/16　　印张:20　　字数:288 千字　　插页:3

版次:2019 年 11 月第 1 版　　2019 年 11 月第 1 次印刷

ISBN 978-7-307-21277-0　　定价:55.00 元

摘　要

青少年犯罪已经成为当今社会亟待解决的重大问题，加强青少年犯罪的原因探讨以及预防干预和控制对于促进青少年的良好适应以及整个社会的稳定发展具有重要意义。

本研究采用质化与量化研究相结合的方法，首先对 13 个未管所犯罪青少年进行深度访谈，从犯罪青少年的视角出发，了解青少年与不良同伴交往的内在心理动力，即是否获得了偏差群体同一性，并产生了非顺从声望，通过“扎根”于访谈资料的逐级编码分析，并运用多维尺度分析，建构了偏差群体同一性的概念结构及其与非顺从声望的从属关系。然后以此为基础，结合已有的理论和研究，以 169 名未管所犯罪青少年为预测被试，280 名未管所犯罪青少年和 279 名普通中学生为正式研究对象，发展了青少年偏差群体同一性问卷，揭示了偏差群体同一性的结构和特点；并采用自我报告的问卷调查法，探讨了偏差群体同一性和非顺从声望的关系及其对青少年犯罪行为的预测作用，分析了同伴群体的社会支持、同伴压力，以及青少年的社会疏离感和自我控制人格特点对偏差群体同一性和犯罪行为的影响作用，比较全面地揭示了不良同伴交往对于青少年犯罪的影响机制，建构了我国青少年犯罪的偏差群体同一性理论。最后，在梳理已有的青少年犯罪心理理论和研究的基础上，提出了基于青少年心理需求满足的青少年犯罪多向综合干预体系。

主要结果和观点如下：

(1)青少年在与不良同伴群体交往中建立了偏差群体同一性，从而获得了群体自我的心理需要满足，这正是青少年犯罪行为的内部心理动力。具体来说：

第一，犯罪青少年在与不良同伴交往中存在偏差群体同一性，主要由 12 个概念类别组成：行为陪伴、行为帮助、积极认知评价、互助责任感、安全感、身份认同、交友受惠感、群体积极情感、承诺与团结、休闲取向、声望表达、群体规范，分别属于五个重要成分，即分类所产生的群体身份认同、群体成员的互动经验及紧密联系感、群体声望管理、群体规范、对群体的积极情感和承诺。

第二，所有青少年都或多或少存在偏差群体同一性，其主要由 7 个因子构成：行为规则、承诺与团结、休闲与声望表达、身份认同、陪伴与支持、互助责任感、积极评价。

第三，青少年具有较高的偏差群体同一性会进一步发展非顺从声望，非顺从声望的主要特点是：赞赏偏差身份、关注偏差行为带来的有面子、有能力和有威望的声望、关注受欢迎和讲义气的公共形象。非顺从声望在概念属性上隶属于偏差群体同一性。

第四，偏差群体同一性和非顺从声望都对青少年犯罪具有显著影响，具有与犯罪行为一致的年龄发展趋势，但是偏差群体同一性的作用远远大于非顺从声望。

(2)青少年的同伴关系对青少年形成偏差群体同一性、实施犯罪行为具有促进作用。具体来说：

第一，不同群体青少年的同伴压力具有显著差异，普通中学生感受到较高的积极社会卷入压力，而未管所青少年感受到较高的问题行为压力。在问题行为同伴压力上，未管所青少年与普通中学生在 16 岁时没有显著差异，在其他年龄段上则具有显著差异。青少年感受到的同伴压力对偏差群体同一性和犯罪行为具有显著预测作用，偏差群体同一性在同伴压力和犯罪行为上具有部分中介作用。

第二，未管所青少年比普通中学生感受到更高的肯定价值、工具性支持、陪伴支持和财物支持等同伴社会支持，同伴陪伴支持和财物支持对青少年偏差群体同一性具有显著预测作用，并通过偏差群体同一性间接影响犯罪行为。

(3)青少年的个体特点对其形成偏差群体同一性并实施犯罪行为具有促进作用。

第一，未管所青少年比普通中学生具有更高的社会疏离感、自我情绪性和冲动冒险性，社会疏离感、自我情绪性和冲动冒险性对青少年偏差群体同一性具有显著预测作用，并通过偏差群体同一性的中介作用间接影响犯罪行为。自我控制还会对犯罪行为具有直接的预测作用，但是其通过偏差群体同一性对犯罪行为的间接效应占总效应的比例高达73.8%，而社会疏离感对偏差群体同一性的预测作用很大一部分来自社会疏离感与自我控制的相关。

第二，社会疏离感对偏差群体同一性的作用比较复杂，它既会减弱同伴支持而降低偏差群体同一性，同时还会直接正向促进偏差群体同一性；而自我控制对同伴支持和同伴压力都具有正向影响作用，从而对偏差群体同一性和犯罪行为既有间接作用又有直接作用。

(4)青少年偏差群体同一性理论很好地解释了不良同伴群体影响青少年犯罪的社会心理机制，对于已有的青少年犯罪理论和发展心理学研究都做了较好的检验与发展。

青少年偏差群体同一性理论整合了青少年期犯罪、声望自我表现犯罪理论，拓展了社会控制理论和不同联系理论，突出了青少年犯罪的群体声望表达性，以及用生态系统观和交互作用观全面分析社会环境变量和个体心理变量对于青少年犯罪的影响的重要意义。

(5)青少年犯罪心理的干预需要在学校、家庭、社会多种成因和多种背景下进行，结合青少年个体特点，进行一般性的根本预防和专门针对危险青少年和家庭的刺激预防，以青少年犯罪心理需要为干预中介目标，将宏观背景干预和具体心理矫治相结合，建立多向综合的干预体系。

序

有人将青少年犯罪与环境污染、吸毒贩毒并列为世界三大公害，预防和减少青少年犯罪是当今世界各国十分重视的重大社会问题。许多研究表明，家庭和同伴是青少年犯罪的最主要的影响因素，尤其是不良同伴的影响是青少年犯罪研究中最一致的预测源。但是，不良同伴到底是如何影响青少年走向犯罪的？青少年为什么会选择不良同伴做朋友，影响青少年选择不良同伴的社会和个体心理因素是什么？张春妹的著作《不良同伴交往与青少年犯罪的社会心理研究》，从不良同伴群体给予青少年的重要心理功能的角度探讨了青少年与不良同伴交往的内部心理动力，为青少年犯罪的理论和实践提供了有价值的科学依据。对于预防和减少青少年犯罪，促进青少年健康成长有着重要的理论和现实意义。该论著是在其博士论文“不良同伴交往影响青少年犯罪的心理机制”的基础上修改完成的。作为其博士导师，我深知该论文在当年写作的不易和创新性，我为其入选武汉大学 2013 年度人文与社会科学学术丛书感到骄傲和欣慰。时隔十余年，该书正式出版，虽然姗姗来迟，但是在犯罪心理学研究领域，仍然具有独特的价值和一定的前沿性。

首先，在研究视角上具有一定的创新性。该研究从发展心理学有关青少年时期的心理社会发展任务的角度出发，考虑不良同伴群体互动的社会心理过程对于青少年犯罪心理和犯罪行为的影响作用，将发展心理学和社会心理学的理论运用于青少年犯罪心理学研究，揭示了青少年犯罪的主动适应意义和社会建构意义，展现了全新的研究视角。

其次，在理论上具有一定的独创性。该研究借鉴了发展心理学的群体同一性理论及社会心理学的社会同一性理论，首次提出了青少年偏差群体同一性理论，指出青少年时期不良同伴群体交往中存在的偏差群体同一性是青少年与不良同伴联系的根本心理动力，解释了青少年卷入不良同伴交往中的犯罪心理。该理论整合了以往的相关犯罪心理学理论，推进了不良同伴交往与青少年犯罪的研究。在其完成博士论文六七年之后，国际犯罪心理学领域有研究者从社会心理学的社会同一性理论出发提出了犯罪社会同一性的概念和相关理论，解释了犯罪行为的社会心理属性，与该研究的观点有不谋而合之处。但是青少年偏差群体同一性理论不仅仅强调青少年犯罪行为的社会属性，还特别强调了群体的互动背景属性和发展阶段的年龄特殊性。针对相关的国际最新研究进展，该书特别在第八章第五节提出了理论反思。愿其理论能得到进一步的检验、推广和运用。

再次，从青少年的“主位”视角强调了人的主动性。心理学研究者一般容易固着于“客位”的社会视角，尤其是针对犯罪行为这样一个社会偏离现象。研究者更容易认为这是社会环境或者个体人格等客观因素造成的，而忽略了行为人的主动性。该研究则从青少年的“主位”视角，考虑青少年自身需求的动力作用，看到了犯罪行为对于青少年的主动适应意义，很好地解释了青少年时期犯罪较为普遍的现象。而犯罪需求的动力作用和犯罪行为的主动社会建构视角，也为推动犯罪预防和改造从单纯的改变环境到主动的自我建构提供了很好的借鉴。

最后，在研究方法上将质性研究与量化研究相结合，提供了质性研究的理论建构和量化研究的变量关系解释的范例。质性研究因其对于前人知之甚少的领域可以进行深入探究，有利于建立基于现象本身的本土化理论。随着我国心理学的发展，随着人们对于建立适于我国文化、我国国民自身特点的心理学理论的重视，质性研究也终于得到越来越多国内心理学者的青睐。该研究将质性研究与量化研究有机结合的探索，以及量表编制、修订的规范严谨，都可以为初学者提供参考。

邹　泓

于北京师范大学心理学部

2019 年 8 月

目　录

第一章

导　　论

预防和减少青少年犯罪是当今世界各国十分重视的重大社会问题，有人将青少年犯罪与环境污染、吸毒贩毒并列为世界三大公害。近几年，18 岁以下青少年犯罪案件呈逐年上升趋势，不满 14 岁的儿童犯罪也有所上升。据有关统计显示，自 1995 年起，青少年刑事作案人员总数占总刑事作案人员总数的 10%左右，而我国青少年人口在全国人口数中的比例已经开始逐步减少。按照未成年作案人数与同龄总人口数的比例计算，1986—1995 年，青少年犯罪比率共增加了 46%，由 108817 人增至 152755 人。① 而其中共同作案大约占了 60%左右，团伙作案占了大约 30%。② 青少年犯罪原因的探讨以及预防干预和控制成为社会学、犯罪学、心理学等不同学科研究者越来越关注的问题，它对于促进青少年良好适应性的发展以及整个社会的稳定发展具有重要意义。

许多研究表明，家庭和同伴是青少年犯罪的最主要的影响因

---

① 张潘仕．中国青少年犯罪年鉴[M]．北京：中国方正出版社，2002：152.

② 张潘仕．中国青少年犯罪年鉴[M]．北京：中国方正出版社，2002：120.

素，尤其是不良同伴的影响，是青少年犯罪研究中最一致的预测源。①②③ 国内外许多调查显示，大部分罪犯是在青少年期开始走向犯罪，14~17 岁是违法犯罪的高峰期，而进入青少年后期和成人期以后大部分人会停止犯罪。④⑤ 这些青少年走向犯罪的最主要、最直接的原因就是不良同伴的影响，与不良同伴的联系又会进一步加剧他们的犯罪行为，甚至形成相对稳定的犯罪团伙。因此，研究不良同伴如何影响青少年犯罪具有重要的实践意义。但是，不良同伴到底是如何影响青少年走向犯罪的？青少年为什么会选择不良同伴做朋友，其内在心理过程和心理动力是怎样的？影响青少年选择不良同伴的社会和个体心理因素又是什么呢？国内外相关领域的研究还未能清楚地回答这些问题。本研究将从不良同伴群体给予青少年的重要心理功能的角度探讨青少年与不良同伴交往的内部心理动力，希望能够为青少年犯罪的理论和实践提供有价值的指导和帮助，预防和减少青少年犯罪，促进青少年健康成长。

一、基本概念界定

(一)青少年犯罪的界定

青少年犯罪(juvenile delinquency)是犯罪学和犯罪心理学领域常用的一个比较笼统的概念，法律上更常用的是未成年人犯罪这个概念。"青少年犯罪"的笼统在于两个方面：一是涉及"青少年"年

① Elliott D S, Huizinga D, Ageton S S. Explaining Delinquency and Drug Use [M]. Beverly Hills: Sage, 1985.

② Kandel D B. The parental and peer contexts of adolescent deviance: An algebra of interpersonal influences[J]. Journal of Drug Issues, 1996, 26(2): 289-315.

③ 郑瑞琴，黄志强．青少年犯罪预测与预防探析[J]. 湖北社会科学，2002(9).

④ 张潘仕．中国青少年犯罪年鉴[M]. 北京：中国方正出版社，2002：120。

⑤ Blurnswin A, Cohen J. Characterizing criminal careers[J]. Science, 1987, 23(7): 985-991.

龄的界定；二是关于“犯罪”范围的界定。狭义的青少年犯罪仅指14~25岁的人实施的触犯刑法规定的行为，是依法应受刑法处罚的行为。广义的青少年犯罪，是犯罪学和社会学等学科为了研究和预防的目的，依据刑法的犯罪规定，又不局限于刑法，年龄上涉及6~25岁的人，内容上包括青少年实施的触犯刑事法律规定的犯罪行为，还包括触犯社会治安管理法规的违法行为，以及违反道德规范的不良行为。① 本研究即采用广义的青少年犯罪概念。

从社会学的角度来看，广义的犯罪行为又被称为失范行为(anomie)。对于青少年来说，失范行为主要是指违反教育规范的行为，既包括法律、法规的形式固定下来的正式规范，又包括不成文的，但被学校成员普遍理解接受的非正式规范。② 具体分为三种类型：(1)越轨行为，可能引起非议或轻微惩罚的行为，即违规、违纪行为，包括不诚实行为、逃学行为、欺骗行为等；(2)普通违法行为，违反了各种教育法律与法规的行为，必然受到执法机构的轻度处罚，主要指小偷小摸、打架、流氓行为等；(3)犯罪行为，触犯刑律并受到严惩的行为。这三类行为基本上与广义犯罪行为中的不良行为、违法行为和犯罪行为相一致。在社会学研究中，青少年失范行为也常被称为偏差(偏离)行为(deviant behavior)，关注于行为的社会规范性和功能性，行为对于个人的社会适应性意义。

国内心理学领域的相关研究多将广义犯罪行为称为问题行为(problem behavior)。从行为内容上看，问题行为比犯罪行为更广泛，它往往还包括药物滥用行为、不适宜的性行为等，以及情绪性和内在态度，比如孤独感、缺乏成就欲、没有学习热情等。③ 从研究角度来看，问题行为从心理病理学角度研究，关注行为对个人健

① 康树华．青少年犯罪与治理[M]．北京：中国人民公安大学出版社，2000.

② 马和民．学生失范行为及其教育控制[J]．全球教育展望，2002，31(4)：70-73.

③ 徐速．小学生问题行为及相关因素研究[J]．健康心理学杂志，2000，8(5)：493-495.

康的影响，重在探讨影响因素的病理机制。而犯罪行为从犯罪学的角度研究，与法律和道德相关，关注行为对社会秩序、对他人财产和安全的危害。① 但是，问题行为、偏差行为和犯罪行为具有共同的外在表现，都是破坏社会规范、危害他人和社会并损害个人发展的行为，也可统称为反社会行为。

因此，作为以预防为目的的犯罪心理学研究，同时为了防止狭义地理解犯罪行为，本研究也常常将青少年犯罪行为称为问题行为或偏差行为，并且更多地用偏差行为来指代轻微犯罪行为。由于具有某类犯罪行为的青少年常常也会表现其他形式的犯罪，即不同形式的偏差行为常常在一起，这被称为“偏差综合征”。② 因而本研究的犯罪行为在内容上包括了严重违法犯罪、轻微违法以及学校不良表现等各类行为，年龄上主要关注青少年犯罪的高发期和突显期，即 13～18 岁。

在测量方法上，青少年问题行为或偏差行为研究一般采用自我报告法，或者父母报告；青少年犯罪行为过去主要依靠官方统计数据，自 Short 和 Nye 于 1958 年开始用自我报告的测量方法以后，研究者越来越多地开始采用自我报告的测量方法来研究青少年犯罪，从而获得更多的个体犯罪行为发生、发展过程的信息，揭示许多难以检测到的犯罪，并认为该方法比较有效可靠。③

（二）不良同伴的界定

对青少年犯罪产生直接影响的主要是不良同伴群体，很少是单个的不良同伴。同伴群体在心理学中，不仅仅是指玩伴的集合，很大程度上是指真正的联盟，它具有以下特点：（1）基于规则的互动；（2）有一种归属感；（3）形成群体自己的规范，包括如何穿着，

---

① 康树华．青少年犯罪与治理［M］．北京：中国人民公安大学出版社，2000.

② Angenent H. Background Factors of Juvenile Delinquency［M］. New York：Peter Lang，1996.

③ Thornberry T P，Krohn M D. The self-report method for measuring delinquency and crime［J］. Criminal Justice，2000(4)：33-83.

如何思考和行动；(4)形成了群体成员为共同目标而努力的结构或等级组织(例如，领导者或其他角色)。① 因此，本研究的不良同伴主要是指具有偏差行为(即广义的犯罪行为)的同伴群体，即青少年中经常在一起、有较多互动、联系比较密切、由具有偏差行为的同伴构成的群体。

青少年与不良同伴的交往，一般称为“不良交往”②，或者称“偏差同伴联系”“犯罪同伴联系”(delinquent peer associations)。已有关于不良同伴对青少年犯罪行为的影响研究大多是在不同联系理论的指导下，考察不良交往对青少年犯罪的影响。具体到测量上，主要用青少年自我报告法，测量青少年同伴的犯罪行为的多少，或者采用青少年同伴中偏离同伴的相对比例来代表犯罪同伴联系。

一般认为，与不良同伴的交往，会促使青少年产生一些不良需求，从而具有犯罪动机，实施犯罪行为，还可以消除青少年犯罪过程中的恐惧心理，加速犯罪行为的实施。③ 青少年与不良同伴交往，普遍会形成反社会的团体，他们在团体里有特殊的舆论、习惯、活动方式，包括成员之间所理解的表情、动作和行话。④ 团伙犯罪已经成为我国青少年犯罪的一个主要特点。⑤ 而且，青少年团伙犯罪是近年来我国青少年违法犯罪的一种新形式，不同于犯罪集团，又不同于以往常见的一般犯罪团伙。同时，研究表明，不良同伴在一起的日常活动更多的是休闲享乐，并不总是进行违法

---

① [美]Shaffer D R. 发展心理学——儿童与青少年(第六版)[M]. 邹泓，等，译. 北京：中国轻工业出版社，2005：623-636.

② 康树华. 青少年犯罪与治理[M]. 北京：中国人民公安大学出版社，2000.

③ 康树华. 青少年犯罪与治理[M]. 北京：中国人民公安大学出版社，2000.

④ 邱国梁. 青少年违法犯罪与不良交往[M]//《青少年犯罪研究》编辑部. 青少年犯罪研究文集(下).《青少年犯罪研究》编辑部. 1983：150-161.

⑤ 张潘仕. 中国青少年犯罪年鉴[M]. 北京：中国方正出版社，2002：120.

犯罪活动。①② 直接以实施违法犯罪行为为群体活动目的的行为只是不良同伴群体行为的一部分。因此，大多数不良同伴群体可以称为偏差同伴群体，其中具有比较明确的组织结构和犯罪行为目标的不良群体就是一般所说的“犯罪团伙”。从成员构成和对青少年犯罪行为的影响过程来看，偏差同伴群体对青少年犯罪行为的最初发生的影响更大，群体活动也更多的是偏差行为，因此，本研究的对象主要是偏差同伴群体。

二、青少年犯罪的相关理论

(一)社会学理论

1. 社会控制理论

社会控制理论(social control theory)是由当代美国社会学领域的犯罪学家 Hirschi 在其著作《少年犯罪的原因》中首先提出来的。③ 他接受人性本恶的哲学观，认为人们都有进行偏离行为来满足自己需要的倾向，因此社会控制理论就是要解释人为什么不犯罪。④ 该理论认为，个人与社会的紧密联结(bond)防止了个人去犯罪，当这种联结薄弱或者破裂时，就会发生越轨行为。

社会联结共包括四种成分：依恋、卷入、承诺和信仰。这些成分对个体是否犯罪都具有独立的直接的影响。依恋(attachment)是指个人对父母、学校和同辈群体等重要他人的情感关系，表现为关注他人的意见和感受。偏离行为会使重要他人失望或者破坏这种社

---

① Angenent H. Background Factors of Juvenile Delinquency[M]. New York: Peter Lang, 1996.

② Emler N, Reicher S. Adolescence and Delinquency: The Collective Management of Reputation[M]. Oxford: Blackwell, 1995.

③ Hirschi T. Causes of Delinquency[M]. Berkeley: University of California Press, 1969.

④ [英]Blackburn R. 犯罪行为心理学——理论、研究和实践[M]. 吴宗宪, 刘邦惠, 等, 译. 北京: 中国轻工业出版社, 2000.

会关系，因而就会抑制个体的偏离欲望。卷入(involvement)是指参加传统的活动，如学习活动、运动、正常的休息等。承诺(commitment)是指一个人对传统的生活目标的投入和追求。信仰(belief)是指对社会道德和法律等规范的尊重。尽管 Hirschi 提出了这四种成分，但是多数研究主要关注依恋联结。

在 20 世纪 80 年代，社会控制理论成为犯罪学研究最主要的理论，犯罪学研究的重点在于青少年与家庭的关系如何影响青少年的犯罪行为。① 但是社会控制理论最大的问题是忽视了社会联结所发生的背景。研究发现，尽管通过依恋而产生的社会联结多数情况下会减少青少年犯罪，但是当青少年与偏离朋友联结时，犯罪则不可能减少。② 当同伴、父母对偏离行为持不赞同的态度时，青少年与同伴、父母的依恋越强，则偏离行为发生的可能性才会越小。③ 另外，与此相对应，社会控制理论否认，至少低估了偏离同伴的作用。④⑤ Hirschi(1969，引自 Warr，1993)⑥在自己的实证研究中也发现，控制了社会联结的各种测量，偏离同伴的作用减低了，但是仍然显著。

2. 不同联系理论和社会学习理论

Sutherland 于 1947 年提出了不同联系理论(theory of differential

---

① 汪天德，汪颖琦．家庭与青少年犯罪的关系——美国学者的理论与实证研究成果[J]. 青年研究，2000(4)：42-49.

② Jensen G F, Rojek D G. Delinquency and Youth Crime, 2nd ed[M]. Chicago, Ⅲ.: Waveland Press, 1992.

③ Foshee V, Bauman B B. Parental and peer characteristics as modifiers of the bond-behavior relationship: An elaboration of control theory[J]. Journal of Health and Social Behavior, 1992(33): 66-76.

④ Matsurda R L, Heimer K. Race, family structure and delinquency: A test of differential association and social control theories[J]. American Sociological Reivew, 1987(52): 826-840.

⑤ Warr M. Organization and instigation in delinquent groups[J]. Criminology, 1996(31): 17-40.

⑥ Warr M. Parent, peers and delinquency[J]. Social Forces, 1993, 72(1): 247-265.

association)，Akers① 后来进行了扩展，将行为主义的学习理论运用于犯罪解释，成为现在的社会学习理论。与社会控制理论的根本观点相反，该理论认为个体偏离的动机具有差异性，它随着个体认同的社会环境而变化，是通过社会学习而来的，而并不是共有的、天生的偏离倾向性。

对一个人的行为影响最大的是个体所交往的社会群体，个体是否偏离依赖于个体从这些关系中获得的倾向于偏离和反对偏离的信息的比率。当个体获得了更支持破坏法律而不是服从法律的社会释义(social definitions)时，个体就更可能实施犯罪。当联系的同伴具有偏离行为时，青少年就更有可能产生倾向于偏离的信念。因此，在不同联系理论看来，青少年联系的同伴中，偏差同伴所占的比例越多，青少年倾向于犯罪的可能性就越大，导致犯罪行为越多越严重。或者说，联系的同伴的犯罪行为越多，青少年自身的犯罪行为也就越多。Akers② 进一步强调了青少年偏离行为形成和发展中强化学习的过程，学习的机制不仅包括不同联系和释义，还有强化和模仿。因此，社会学习理论促进了人们对于偏差同伴联系的重视，而且解释了社会环境中的犯罪因素转化为个体行为的关键过程，成为犯罪领域里研究同伴影响的重要理论基础。

3. 社会控制理论和社会学习理论的整合

Hirschi 的社会控制理论代表了家庭影响观，认为犯罪同伴联系和犯罪行为是一种共生现象，都是共同地由家庭养育不良或者低自控引起的。Sutherland 的不同联系理论代表了同伴影响观，强调偏离同伴为主要影响因素，家庭会通过偏离同伴联系起到间接作用。这两种理论一直是青少年犯罪研究相对的两派观点，后来许多研究者都试图将这两种对立的理论观点进行整合。

---

① Akers R L, Krohn M D, Lanza-Kaduce L, Radosevich M. Social learning and deviant behavior: A general test of a specific theory[J]. American Sociological Review, 1979(44): 635-655.

② Akers R L, Krohn M D, Lanza-Kaduce L, Radosevich M. Social learning and deviant behavior: A general test of a specific theory[J]. American Sociological Review, 1979(44): 635-655.

Elliott 等于 1979 年提出了紧张—控制—学习的整合理论,① 对社会控制理论和社会学习理论进行了机械整合。其核心观点是，少年犯罪是在积极动机的推动下发生的，而在学校中失败的经历、与偏离同伴的联系都会引起这类动机。

Thornberry 于 1987 年提出了交互作用理论(interactional theory)，强调了控制理论和学习理论的各个解释变量的交互作用。其基本假设是青少年的行为是在与他人或者社会机构的交互作用或者关系中形成的。② 并且，父母依恋、学校承诺和偏离同伴联系是最重要的三个概念。Thornberry 进一步阐述了家庭、学校和同伴对犯罪的作用及其在整个青春期随着年龄变化的发展特点。③④ 他认为，家庭依恋对青少年犯罪的作用在青少年早期最大，到中期和晚期则主要通过偏差同伴和学校承诺间接发生作用。偏差同伴在整个青少年期都对青少年犯罪具有显著的作用。偏差同伴联系会促发进一步的犯罪，而犯罪又增加了与偏差同伴联系的可能性。

Patterson 及其同事提出了"第三派观点"，区分了早发者和晚发者两种影响模型,⑤ 可以看作是对控制理论和同伴影响理论两大对立观点的较好整合。Patterson 等认为，犯罪行为有两种发展轨

---

① Elliott D S, Suzanne S A, Rachelle J C. An integrated theoretical perspective on delinquent behavior[J]. Journal of Research in Crime and Delinquency, 1979(16): 3-27.

② Thornberry T P. Towards an interactional theory of delinquency[J]. Criminology, 1987(25): 863-892.

③ Thornberry T P, Lizotte A J, Krohn M D, Farnworth M, Jang S J. Delinquent peers, beliefs, and delinquent behavior: A longitudinal test of interactional theory[J]. Criminology, 1994(32): 47-83.

④ Jang S J. Age-varying effects of family, school, and peers on delinquency: A multilevel modeling test on interactional theory[J]. Criminology, 1999, 37(3): 643-686.

⑤ Patterson G R, Capaldi D, Bank L. An early starter model for predicting delinquency[M]//Pepler D J, Rubin K H (eds.). The Development and Treatment of Childhood Aggression. Hillsdale N J: Lawrence Erlbaum Associates, 1991: 139-168.

迹，一种是早发的犯罪者，另一种是晚发的犯罪者。晚发者是在青春期的中期和后期开始出现犯罪行为，主要是由于同伴的鼓励和支持。他们常常是在青春期遭遇亲子关系混乱或者父母离婚、失业，使得养育质量降低从而导致了与偏离同伴的联系。早发者是在青少年早期就开始出现犯罪行为，主要是由不良父母养育引起严重社会技能缺陷而导致的犯罪行为。早发者与晚发者的区别表明了控制观和同伴影响观在某种程度上都是正确的。晚发者的犯罪模型与同伴影响观一致，早发者的犯罪模型基本上与控制观一致：不良的父母养育导致了青少年的反社会倾向，从而导致了偏离同伴联系。但是与控制观认为同伴联系不是重要原因的观点不一样，Patterson 等认为，偏离同伴联系也有重要作用，它进一步加剧了反社会青年的偏离行为。因此，总体来说，Patterson 的两种影响模型都强调了偏差同伴的影响作用，只是具体的影响类型和方式不同。但是 Patterson 等的观点存在一个很大的问题：关于早发者和晚发者的界定还缺乏理论基础，目前主要在实证的研究过程中依据统计分析进行区分。①

4. 一般犯罪理论

一般犯罪理论（A General Theory of Crime）由 Gottfredson 和 Hirschi② 根据社会控制理论发展而来。该理论认为，不同类型的犯罪都具有共同的特质——低自我控制，弱的社会联结往往以低自我控制表现出来，因此该理论也称为"低自我控制"理论。儿童如果幼儿期间在家庭中的社会化过程完成得不好，自我控制能力就会偏低，低自我控制包含以下几项特征：即时满足的倾向，缺乏勤奋与毅力，爱冒险、具有冲动性，不喜欢复杂的而是喜欢简单的工作，缺乏稳定的婚姻、工作与友谊等社会关系，缺乏一技之长，以自我

---

① Simons R L, Wu C-I, Conger R D, Lorenz F. Two routes to delinquency: Differences in early and late starters in the impact of parenting and deviant peers[J]. Criminology, 1994(32): 247-276.

② Gottfredson M R, Hirschi T. A general Theory of Crime[M]. Stanford: Stanford University Press, 1990.

为中心、漠视他人与挫折容忍度低等。

犯罪行为的产生除了低自我控制，还具备一个要件——犯罪机会。Gottfredson 与 Hirschi(1990)采纳了 Cohen 和 Felson(1979)的“日常活动理论”中的观点。认为犯罪事件的发生均需具备三要素：一是具有一定能力及倾向的犯罪者；二是有合适的犯罪目标物；三是不存在足以抑制犯罪发生的环境条件。三个条件在特定时空的聚合足以使犯罪事件发生，缺一不可。①

一般犯罪理论是当前国际上用于解释青少年犯罪原因的重要范式，也是青少年犯罪干预措施提出的重要依据。② 对于青少年犯罪的早期因素和关键因素提出了具有很好的解释力和预测力的理论，对于犯罪者个体特点做出了准确揭示，但是对于青少年时期的后期发展特点，以及犯罪者之间的特点尚缺乏考虑。

(二) 个体层面的心理学理论

1. 犯罪性理论

犯罪性理论(theory of criminality)是艾森克 1964 年提出的用于解释犯罪的人格理论。犯罪性是实施犯罪行为的一种倾向(disposition)。③ 犯罪性理论试图解释某些人不能服从社会规则的原因，并揭示反社会者与遵从者之间的差异。该理论认为，人类气质在三个独立的维度上有差别：(1)神经质(N)；(2)精神质(P)；(3)外倾性(E)。而且，这些维度具有生物学基础。艾森克理论预测，P 维度上高分的个体可能会发展出反社会行为。犯罪者也更可能是外倾者，会表现出低唤醒水平和较差的条件反射能力。犯罪人还会在 N 维度上得高分，表现出情绪性和非理性特征，具有强烈的反社会倾向。犯罪者一般在 L 量表(艾森克人格量表中专门设立

① Gottfredson M R, Hirschi T. A general Theory of Crime[M]. Stanford: Stanford University Press, 1990.

② 郑红丽，罗大华．青少年犯罪成因心理学研究新进展[J]．南京师大学报(社会科学版)，2008 (4)：115-121.

③ [英]Blackburn R. 犯罪行为心理学——理论、研究和实践[M]. 吴宗宪，刘邦惠，等，译. 北京：中国轻工业出版社，2000.

的撒谎量表)上得分较低。因为高分表明个体在进行印象管理，低分表明个体对社会期望漠不关心，这也常常被解释为个体社会化很弱。

艾森克的犯罪性理论并没有得到很好的证明，但是它促进了研究者关注犯罪行为的个体差异因素。近来发展起来的五大人格理论，可以看作是对艾森克三因素人格理论的发展，① 它与犯罪的相关研究表明也许用人格因素各维度的更细侧面可以更好地揭示犯罪与人格特质的关系。②③④ 但是，近来研究者⑤同时考察了人格五因素与低自我控制对青少年犯罪的影响，结果发现，人格五因素中只有宜人性对犯罪行为仍然具有显著负向预测作用，自我控制可以解释人格五因素对于犯罪的影响的大部分变异。由此可见，在考察犯罪行为的危险性个体因素时，低自我控制的确是一个比较有解释率的人格变量。

2. 自我贬损理论

低自尊常常被认为是引起青少年犯罪的一个重要内在原因。Kaplan⑥ 进一步提出了偏离行为的自我贬损理论(包括自我防御假说和自我提升假说)，认为自尊与犯罪之间具有补偿性循环的关系，比较全面地解释了自尊与犯罪之间的复杂关系。Kaplan 认为

---

① [美]Lawrence A P，Oliver P J. 人格手册：理论与研究(第二版)[M]. 黄希庭，主译. 上海：华东师范大学出版社，2003.

② Heaven P C L. Personality and self-reported delinquency：Analysis of the "big five" personality dimensions[J]. Personality and Individual Differences，1996b，20(1)：47-54.

③ Gottfredson D C. Schools and Delinquency[M]. Cambridge：Cambridge University Press，2001：37-45.

④ Laak J T，Goede M D，Aleva L，Brugman G，Leuven M V，Hussmann J. Incarcerated adolescent girls：Personality，social competence，and delinquency[J]. Adolescence，2003(38)：251-265.

⑤ 张秋凌. 青少年犯罪的影响因素：人格、自我控制、家庭功能与亲子依恋[D]. 北京：北京师范大学，2005.

⑥ Kaplan H B. Sequelae of self-derogation：Predicting from a general theory of deviant behavior[J]. Youth and Sociology，1975(7)：171-197.

所有的个体都会有一种寻求积极自我评价并避免消极自我评价的基本需求。当个体体验到低自尊，个体就会有动机采取行动来恢复积极自尊。这种自我尊重动机在青少年期尤其明显。当青少年在传统的参照群体中发展了受赞许的自我观点时，这些参照群体，也就反过来支持了他们的积极自我评价。但是当青少年不能服从这些传统参照群体，并因此受到同伴拒绝时，问题就出现了。拒绝导致了消极的自我评价，并会驱使个体寻求其他自我关注的资源。对于很多青少年来说，就是与偏离同伴联系，并卷入犯罪。遵从于新参照群体的偏离标准使得他们常常产生积极的自我评价。因此，犯罪代表了一种适应性的或者防御性的反应。

Kaplan 从个体心理的角度对青少年犯罪的内部动力提供了解释，对于自我同一性还没有完全建立的青少年来说，社会性比较和他人的态度对于青少年自我评价和自我价值感的确非常重要，因此，正常群体中带来的消极自我评价可能会引发青少年从偏差同伴群体中寻求新的能带来积极自我评价的心理资源。从青少年的自我评价角度来理解青少年的犯罪心理不失为一个比较有说服力和启发意义的解释角度，但是，自我贬损理论一直未能很好地得到验证。而且，假使自我贬损理论成立，它可能需要具体解释使得青少年产生自我提升的"内在资源"或者说心理过程到底是什么，自我提升后的积极自我评价到底表现在哪些方面。如此，自我贬损理论才能真正有说服力，并填平理论与实证之间的鸿沟。

(三)社会层面的心理学理论

社会学层面的理论强调社会环境与群体对于个体犯罪行为的整体影响，而缺乏对于个体心理的考虑，从个体层面的心理学理论关注个体人格因素与心理因素，但是又缺乏对社会环境的考量。社会心理学层面的理论开始注意到社会群体之间的互动对于个体内在心理的影响。

1. 互动系统的社会心理过程理论

Parsons 最早提出了社会心理系统模型，可以用于解释犯罪行为的变异，Shye 在此基础上对行为动作系统（behavioral actions systems）做了一个稳健而相对直白的概念化发展（Brown，Campbell，2010）①。他认为动作系统意味着在系统中的任何事件都有其出现的原由，并且每个事件的表现都有其定位。而且，这个原由可能是在系统内部也可能是在系统之外，其表现也是如此。这样就有四种可能的形式：A. 出现于系统内而实现于系统外——称为表达模式（express mode），这常常反映了系统中个体的人格方面；B. 出现于系统外并且表现于系统外——适应模式（adaptive mode），这一般聚焦于塑造环境的物理特征；C. 出现并实现于系统内——整合模式（integrative mode），与人际互动过程相关；D. 出现于系统外而表现于系统内——保守模式（conservative mode），具有文化传承意义。

已有的犯罪理论多在行动系统中的个人和社会机制方面相区别。社会理论多与行动的整合性和保守性模式相关联，而个人取向的犯罪理论多与表达性和适应性模式相一致。在犯罪背景下的行动，整合性的模式就会有更强的社会性，但是表达性的成分，会与犯罪目标和犯罪方式的互动相关，而犯罪方式暗含了个人性的意义或者隐私。相反，适应性模式是个人性的工具性的活动，个体是为了寻求直接的利益。犯罪背景下的保守型模式反映了其本质属性是工具性的社会过程，最常见的是对他人的控制。表达性模式是个人性的，并且行为方式常常是以一种被称为“表达”的方式体现出来，例如公开的对他人敌意就是这个模式的典型表现。

行动系统模型进一步对四个行为模式提供了概念上的关系假设，当然这有待于进一步的实证研究验证。整合模式与适应模式相对，表达模式与保守模式相对，相邻的两个模式之间的相关会高于相对的两个模式之间。而且，表达性和保守型模式被认为是适应性和整合性模式的结果，因此，后两者之间比前两者之间具有更高的相关。这四个模型的关系可以用一个概念空间的区域来表征（如图1.1所示）。

---

① Brown J M，Campbell E A. The Cambridge Handbook of Forensic Psychology [M]. Cambridge：Cambridge University Press，2000，18-20.

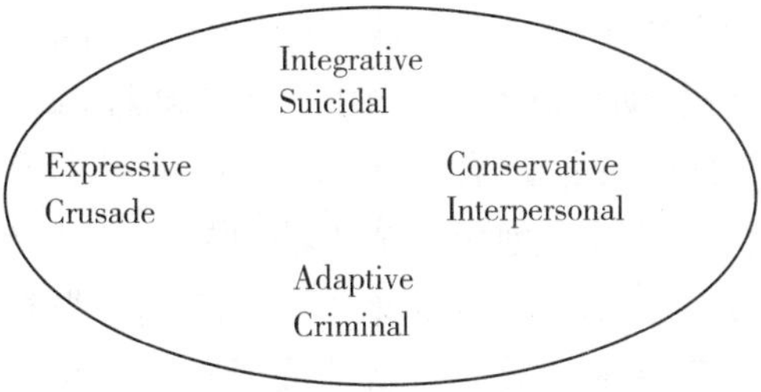

图 1.1　行为系统中模式的定义和关系

这个模型的优点是揭示了一种可能性，即可以通过犯罪人的主导行为模式来推断其假设的特征。这为围绕调查性心理学方法来实现“描述方程”的努力提供了科学基础，也为从犯罪情景信息中获得犯罪人的特征提供了证据基础的模型。例如，已有证据表明，表现出很强的适应性模式的可能具有可识别的犯罪背景特征，而那些具有整合性模式的更可能具有精神疾病史。这种方法具有创新性，但是也具有模糊性，很多犯罪行为的模型还需要去澄清和推断，以及更多的实证检验和发展。但是，它可以给我们启发，青少年犯罪的行为是青少年个体与社会环境的互动带来的，大多数青少年犯罪是在青少年群体背景下发生的，往往与青少年个体特点关系不明显，可能更具有适应性意义，而这种适应性行为会进一步发展个人表达性行为。

2. 青少年期犯罪理论

Moffitt① 提出的青少年期犯罪理论（theory of adolescence-limited delinquency）认为，存在着两类犯罪人：长期犯罪者（life-course-persistent delinquent）和青少年期犯罪者，长期犯罪者主要是由于儿童的神经心理问题与他们的犯因性环境在发展过程中不断地交互作用，最后累积成病理性人格。而大多数青少年属于青少年期犯罪者，主要是由于当代社会存在着成熟间隙（mature gap），鼓励了青

① Moffitt T E. Adolescence-limited and life-course-persistent antisocial behavior: A developmental taxonomy[J]. Psychological Review, 1993, 100(4): 674-701.

少年模仿反社会行为，这种行为对青少年具有规范性和调节性。Moffitt 假设，青少年生理早熟和社会地位晚熟之间的成熟间隙对青少年期犯罪起到了动机作用。同时，反社会性的同伴(长期犯罪者)对青少年犯罪起到了榜样作用。对于青少年来说，犯罪行为是一种获得他们渴望的社会地位、成人的自主性等社会资源的有用技能。那些没有成为犯罪者的青少年，要么晚熟，没有感觉到自主性需求，要么是由于退缩性等个人特征或者其他社会环境因素等，缺少机会进入同伴群体而被限制了学习犯罪的机会。

Moffitt 的青少年期犯罪理论更进一步细化和明确了同伴对于青少年犯罪的重要影响作用以及作用过程。同时，在犯罪学理论中，首次从青少年的心理需求角度关注了青少年犯罪的内部动机问题，提出了青少年对自主性和成人角色的需求在青少年犯罪中的重要作用。但是，该理论可能对于代表反叛性的学校不良行为等轻微犯罪更有解释力。①

3. 自我表现理论

社会学的角色理论认为，社会行为是赋予的或期望的社会角色的一种功能。自我表现理论由此发展而来，认为少年犯罪行为是确立社会认同(social identity)的一种自我表现(self-presentation)，而且，与角色表现主要是由情景要求决定的不同，自我表现的少年犯罪是与认知结构有关的一种动机行为。

霍根和琼斯提出了犯罪行为的社会分析理论(socioanalytic theory，1983)，② 认为人格的关键结构包括 4 部分：(1)自我概念或者同一性，它是个人愿意让别人相信的东西；(2)自我表征或者角色扮演，是用来投射自我意象的策略；(3)个人的参照群体，是个人内心中有关重要他人的期望的观念；(4)有关敏感性和能力的人际技能，这种技能与如何认为别人的期望有关，通过角色表现将

① Piquero A R，Brezina T. Testing Moffitt's account of adolescence-limited delinquency[J]. Criminology，2001，39(2)：353-371.

② [英]Blackburn R. 犯罪行为心理学——理论、研究和实践[M]. 吴宗宪，刘邦惠，等，译. 北京：中国轻工业出版社，2000.

别人的期望与自我意象联系起来。犯罪人与守法者在所有这些结构上都是不同的。在童年时代缺乏人际技能、对成人权威充满敌意的个人，会形成一种反抗性的人际模式，如遇到机会，就会导致个人采取越轨行为。参照群体是由类似的人组成的与个人接近的同辈群体，个人通过自我意象而将自己对参照群体的认同加以夸大。典型的自我表现是一种有关强硬的、被别人疏远、鲁莽、自我显示的意象。对他们而言，选择犯罪生涯是一种理性的决策。

Emler(1986，引自 Emler & Reicher，1995①)提出了声望自我表现理论，同样把少年犯罪看成是一种非病态的、理性的社会认同，青少年之所以这样选择是因为少年犯罪符合他们自己的情况。而且自我表现与在熟人圈子里建立和维护声望(reputation)的目标有关。Emler 和 Reicher② 进一步明确地将声望管理理论与社会同一性理论或者自我分化理论结合起来。他们认为青少年是通过犯罪来界定与社会机构的关系的，是否犯罪是青少年宣称其同一性的主要方式，而社会群体对于建构犯罪声望非常重要。Emler 和 Reicher 通过质性研究认为，青少年偏差行为是一种青少年的共同行为特征，官方记录的少年犯罪只是少年犯罪行为的一种极端表现。少年犯罪行为并不是秘密地或者单独地进行的，他们通过显而易见的方式与同伴相互联络，进行自主的选择，并且很享受这种相互陪伴和互动。他们通过犯罪表达一种自我印象，即具有强硬的、残忍的和大胆的倾向，很多犯罪青少年都赞赏这种倾向。这种声望自我表现的过程依赖于同伴群体的互动，同伴群体不仅仅提供了群体参照，作为一种认知资源和一种实践过程，它还提供了社会支持、安全感、行为标准、特定的态度等，并在与其他群体的互动中，进行了集体自我界定。即个人自我界定的表达性和声望方面都具有群体依赖性，青少年犯罪行为是集体活动，需要集体的支持和接纳。因

① Emler N, Reicher S. Adolescence and Delinquency: The Collective Management of Reputation[M]. Oxford: Blackwell, 1995.

② Emler N, Reicher S. Adolescence and Delinquency: The Collective Management of Reputation[M]. Oxford: Blackwell, 1995.

此，青少年犯罪是一种进行犯罪声望管理、获得犯罪群体同一性的自我表现行为。

Emler 和 Reicher 将青少年犯罪看作是一种声望管理行为，既强调了犯罪行为是一种自我印象管理的策略，突出了青少年主体的主动性，又强调了特定的同伴群体关系的重要性，即给予了自我的来源。这与大多传统的青少年犯罪理论不同，没有将青少年犯罪看作是病态的非顺从行为，而是"站在犯罪青少年的经验角度，倾听犯罪青少年对于他们自身生活的解说"，赋予青少年犯罪对于青少年自身的社会意义，揭示了青少年犯罪的内部动机。它与社会控制理论也有一致之处，即强调缺乏对传统秩序的卷入对于导致青少年选择犯罪声望的作用。但是，该理论没有适当地说明青少年犯罪的异质性，即没有清楚地解释青少年的个人特征对于青少年选择犯罪声望的作用。同时，按照声望自我表现理论，同伴群体一旦解散，少年犯罪似乎就会停止，但是该理论没有清楚地说明为什么一些犯罪少年会继续变成成年犯罪人。鉴于此，本研究将主要以声望自我表现理论为指导，揭示我国青少年犯罪的内部动机特点，并试图解释造成青少年具有不同犯罪声望的个体因素。

三、不良同伴交往与青少年犯罪的相关研究现状

青少年犯罪的影响因素一般分为社会环境和个体因素两大方面，前者主要包括家庭、学校和同伴，其中，同伴因素的研究相对来说还比较薄弱。影响青少年犯罪的同伴因素一般主要包括两大类：正常同伴群体的拒绝和与偏差同伴的联系。① 但是，前者一般在儿童偏离行为中研究得比较多，是青少年偏差行为的早期远端因素。而且，被正常群体拒绝是通过与偏差同伴群体联系而对犯罪产生影响，偏差同伴联系是青少年犯罪最直接最主要的因素，青少年犯罪的相关研究也主要关注偏差同伴联系。下面的文

---

① Loeber R, Farington D P. Child Delinquent: Development, intervention, and service needs[J]. International Educational and Professional Publisher, 2001.

献综述主要围绕偏差同伴联系相关研究展开。

（一）不良同伴交往是否影响青少年犯罪

研究发现，犯罪多数发生在两个或以上的同伴群体中。①② 犯罪学最一致的研究结果是发现青少年犯罪与同伴犯罪存在强而稳定的相关。③④ 但是，对于这种相关关系是否反映了因果关系，一直存在着争议，犯罪同伴联系对青少年犯罪的预测作用成为青少年犯罪的同伴因素研究的最大主题。持不同犯罪理论观的研究对犯罪同伴联系与青少年犯罪行为的关系有不同的解释。持控制理论观的研究认为犯罪同伴并不引起青少年犯罪，青少年与犯罪同伴的联系主要是由于彼此的相似性而进行的选择，这种没有因果关系的关系模式被称为“社会选择模型”，或者叫做“个人特征模型”。其他理论多认为犯罪同伴联系是引起青少年犯罪的主要原因，被称为“同伴影响模型”。随着 Thornberry 交互作用理论的提出，研究者进一步提出偏差群体对青少年犯罪的影响还存在“强”假设和“弱”假设，前者指偏差同伴群体对青少年犯罪起到一种引发作用，后者则指偏差同伴群体会促进或加剧青少年偏差行为的发生频率和严重性，因此，可以更准确地称为“社会促进模型”。

近年来，越来越多的研究支持了社会促进模型。以往否定犯罪同伴联系对青少年犯罪的影响的研究者主要认为过去的研究存在很

---

① Erickson M L, Jensen G F. Delinquency is still group behavior: Toward revitalizing the group premise in the sociology of deviance[J]. Journal of Criminal Law and Criminology, 1977, 68(2): 262-273.

② Warr M. Organization and instigation in delinquent groups[J]. Criminology, 1996(31): 17-40.

③ Matsueda R L, Anderson K. The dynamics of delinquent peers and delinquent behavior[J]. Criminology, 1998, 36(2): 269-308.

④ Hawkins J D, Catalano R F, Miller J Y. Risk and protective factors for alcohol and other drug problems in adolescence and early adulthood: Implication for substance abuse prevention[J]. Psychological Bulletin, 1992(112): 64-105.

大的方法问题,① 即一般研究都是采用青少年自我报告法同时测量预测行为和目标行为，这里面包含了青少年将自己的犯罪行为归于同伴的归因偏差和投射作用，而且两种测量之间存在着很大的共享变异，同时，多数研究采用横断设计混淆了同伴影响与同伴选择作用。② 然而近十年来，青少年犯罪研究得到极大发展，更多的研究调查了大型的样本，采用多种数据收集方法，考虑了多种影响变量，进行了长期的追踪研究，并随着统计方法的发展更多地注意到数据分析处理时的测量误差处理，潜在影响变量的控制，很大程度上解决了研究方法上的问题。这些研究支持了同伴的选择过程，同时也证实了同伴对青少年犯罪的促进作用，越来越多的研究都支持青少年犯罪与犯罪同伴联系是一种逐步发展、交互作用的过程。③

例如，Matsueda 和 Anderson④ 以 11～17 岁美国青少年为样本，校正了对犯罪同伴和犯罪行为的各种测量误差，使用交叉滞后分析，结果同时支持了社会选择过程，以及犯罪同伴对犯罪的因果作用关系。Garnier 和 Stein⑤ 进行了 18 年的纵向研究，结果发现，同伴是青少年问题行为的最强预测因素，而且支持了同伴之间的相互作用，即儿童期社会能力低的青少年后来会更多地卷入偏离同伴联

① Loeber R, Farington D P. Child Delinquent: Development, intervention, and service needs[J]. International Educational and Professional Publisher, 2001.

② Bauman K E, Ennett S T. On the importance of peer influence for adolescent drug use: Commonly neglected considerations[J]. Addiction, 1996, 91(2): 185-198.

③ Loeber R, Farington D P. Child Delinquent: Development, intervention, and service needs[J]. International Educational and Professional Publisher, 2001.

④ Matsueda R L, Anderson K. The dynamics of delinquent peers and delinquent behavior[J]. Criminology, 1998, 36(2): 269-308.

⑤ Garnier H E, Stein J A. An 18-year model of family and peer effects on adolescent drug use and delinquency[J]. Journal of Youth and Adolescent, 2002(31): 45-56.

系，从而增加了犯罪可能性。Conway 和 McCord① 使用法庭记录来确定和追踪一直在一起犯罪的个体，结果也证明了同伴对暴力行为的传递作用。Dishion 等(1994)②采用现场观察法，直接证实了同伴群体对青少年犯罪行为具有强化作用。

我国研究者③也认为如今基本上形成了一致的观点：不良的伙伴关系是青少年犯罪的诱因之一，不良交往与青少年犯罪具有因果关系。有研究发现，未成年犯中，离家出走的主要原因依次为：想出去玩或赚钱(45.2%)，受伙伴教唆(34.1%)，一时冲动(32.2%)，自己犯错怕父母责备(31.2%)；而不在学校读书的原因则主要是在社会上结交了一些朋友，和他们一起玩，这一点在城市和农村分别占 61.2%，42.6%；犯罪目的是为了朋友的占到 19.8%，仅次于为了钱财(38.8%)。④ 第一次吸毒时毒品由朋友提供的占 81.9%，发现朋友是吸毒者后，继续保持朋友关系或模仿的占 66%。⑤ 在更直接地调查自己的犯罪行为与哪些人有关时，未成年犯回答要好的朋友的占 62.4%，其次是同学、同事，占 14.1%，父亲、母亲则分别为 13.2%、11.9%。⑥

自 Patterson 等⑦提出了早发者和晚发者的区别之后，研究者们开始更深入地考察犯罪同伴对不同特点的青少年所具有的不同的促

---

① Conway K P, McCord J. A longitudinal examination of the relation between co-offending with violent accomplices and violent crime[J]. Aggressive Behavior, 2002, 28(2): 97-108.

② Dishion T. The family ecology of boys' peer relations in middle childhood[J]. Child Development, 1990(61): 874-892.

③ 康树华. 青少年犯罪与治理[M]. 北京：中国人民公安大学出版社，2000.

④ 关颖. 城市未成年人犯罪与家庭[M]. 北京：群众出版社，2004.

⑤ 廖龙辉. 当前青少年吸毒行为现状及其成因的社会学分析[J]. 青年探索，2001(4): 48-52.

⑥ 关颖. 城市未成年人犯罪与家庭[M]. 北京：群众出版社，2004.

⑦ Patterson G R, Capaldi D, Bank L. An early starter model for predicting delinquency[M]//Pepler D J, Rubin K H(eds.). The Development and Treatment of Childhood Aggression. Hillsdale N J: Lawrence Erlbaum Associates, 1991: 139-168.

进作用。例如，Simons 等①对美国初中男生连续 4 年的追踪研究，将 14 岁时具有两种以上严重犯罪行为的男孩称为早发者，15 岁才具有犯罪行为的称为晚发者，结果证实了 Patterson 的理论，并且发现，犯罪同伴联系不是早发者犯罪的主要原因，但是的确进一步加剧了其犯罪。Vitaro 等②综合考虑了青少年破坏、顺从的行为特点和偏离朋友联系对青少年犯罪的共同影响，结果发现，个人特征对于朋友的作用具有调节作用，对于 11、12 岁时高破坏型男孩和顺从型男孩，朋友对其 13 岁时的犯罪行为没有影响，部分支持个体差异模型，即拥有不同特征的朋友对他们没有影响；而对于中度破坏型男孩，拥有攻击性朋友的青少年在 13 岁时犯罪更多，支持了同伴影响模型。另外，没有朋友保护了中度破坏型男孩，防止了犯罪，这也支持了影响模型。

（二）不良同伴交往对青少年犯罪的影响特点

1. 受不良同伴影响的犯罪类型

对青少年犯罪行为产生影响的同伴既包括一般的偏差同伴，也包括联系比较紧密、人数在 3 个以上的犯罪团伙或帮派（clique）。多数有关偏差同伴联系与青少年犯罪行为的关系研究都属于前者。这些研究发现，不良同伴对青少年行为影响最大的主要是物质滥用行为，因此，不良同伴对青少年物质滥用行为的影响也是青少年犯罪行为中研究最多的领域。具体包括吸烟，饮

① Simons R, Wu C-I, Conger R D, Lorenz F. Two routes to delinquency: Differences in early and late starters in the impact of parenting and deviant peers[J]. Criminology, 1994(32): 247-276.

② Vitaro F, Tremblay R E, Kerr M, Pagani L, Bukowski W M. Disruptiveness, friends' characteristics, and delinquency in early adolescence: A test of two competing models of development[J]. Child Development, 1997(68): 676-689.

酒，醉酒，用大麻、可卡因等。①②③④ 我国研究者也发现，青少年吸烟主要受同伴影响。⑤ 吸毒行为的发生，最初主要由朋友提供毒品的占 81.9%。⑥

其次，研究发现，在欺骗，⑦ 破坏财产，偷窃，盗窃，⑧⑨⑩⑪

---

① Wills T A, Resko J A, Ainette M G, Mendoza D. Role of parent support and peer support in adolescent substance use: A test of mediated effects[J]. Psychology of Addictive Behaviors, 2004, 18(2): 122-134.

② Conway K P, McCord J. A longitudinal examination of the relation between co-offending with violent accomplices and violent crime[J]. Aggressive Behavior, 2002, 28(2): 97-108.

③ Mears D P, Field S H. A closer look at the age, peers, and delinquency relationship[J]. Western Criminology Review, 2002, 4(1): 20-29.

④ Haynie D L. Delinquent peers revisited: Does network structure matter? [J]. American Journal of Sociology, 2001, 106(4): 1013-1057.

⑤ 林丹华，方晓义. 同伴、父母对青少年吸烟认识、吸烟行为的相对影响力[J]. 心理发展与教育，2001(4): 28-33.

⑥ 廖龙辉. 当前青少年吸毒行为现状及其成因的社会学分析[J]. 青年探索，2001(4): 48-52.

⑦ Warr M. Parent, peers and delinquency[J]. Social Forces, 1993, 72(1): 247-265; Mears D P, Field S H. A closer look at the age, peers, and delinquency relationship[J]. Western Criminology Review, 2002, 4(1): 20-29.

⑧ Paschall M J, Ringwalt C L, Flewelling R L. Effects of parenting, father absence, and affiliation with delinquent peers on delinquent behavior among African-American male adolescents[J]. Adolescence, 2003(38): 15-35.

⑨ Warr M. Parent, peers and delinquency[J]. Social Forces, 1993, 72(1): 247-265.

⑩ Mears D P, Field S H. A closer look at the age, peers, and delinquency relationship[J]. Western Criminology Review, 2002, 4(1): 20-29.

⑪ Haynie D L. Delinquent peers revisited: Does network structure matter? [J]. American Journal of Sociology, 2001, 106(4): 1013-1057.

打人①②③等行为上，不良同伴与青少年的犯罪行为具有较显著的关系。

但是，研究一般用同伴的多个犯罪行为预测青少年的多个犯罪行为，很少专门细分在不同的犯罪行为上不良同伴所具有的作用，因而不能确定具体的同伴犯罪行为的影响。Hochstetler④ 曾经细分了攻击、偷窃、破坏三类犯罪行为，以及青少年单独实施犯罪还是与同伴群体一起实施的，考察朋友的态度和行为对青少年犯罪的影响，结果发现，只有朋友的态度对青少年攻击行为没有影响，其他行为上，朋友的态度和行为都具有直接的影响。由此看来，不良同伴交往对青少年犯罪的影响是非特异性的，同伴的各种犯罪行为都会相互影响，相互促进，使得青少年犯罪行为由物质滥用、违规违法等轻微犯罪行为逐步发展为严重犯罪行为。

另外，根据我国学者对团伙犯罪的罪名的描述研究⑤发现，团伙犯罪与非团伙犯罪的罪名有很大不同，非团伙犯罪的罪名主要是盗窃、抢劫、伤害、强奸、挑衅滋事，团伙犯罪依次是抢劫、盗窃、挑衅滋事、伤害、聚众斗殴，即表现出青少年团伙犯罪的暴力性特征。研究者认为可能是因为团伙中，人多而"胆量"较大，而且犯罪青少年多好"自我表现"，希望通过这种行为在群体中获得尊重或者领袖地位。

2. 不同结构的同伴关系对青少年犯罪的影响

近来的研究越来越多地注意区分最好朋友和一般朋友，或者是

---

① Paschall M J, Ringwalt C L, Flewelling R L. Effects of parenting, father absence, and affiliation with delinquent peers on delinquent behavior among African-American male adolescents[J]. Adolescence, 2003(38): 15-35.

② Warr M. Parent, peers and delinquency[J]. Social Forces, 1993, 72(1): 247-265.

③ Haynie D L. Delinquent peers revisited: Does network structure matter? [J]. American Journal of Sociology, 2001, 106(4): 1013-1057.

④ Hochstetler A, Copes H, Delisi M. Differential association in group and solo offending[J]. Journal of Criminal Justice, 2002(30): 559-566.

⑤ 张宝义. 青少年犯罪团伙的结构特征及形态分析[J]. 福建公安高等专科学校学报, 2001, 15(4): 40-46.

互选朋友与一般朋友。例如，Mounts 和 Steinberg,① Maxwell② 专门考察了青少年提名的最好朋友的物质滥用对其物质滥用的影响。Erickson, Crosnoe, Dornbusch 的研究中用 3 个以上的朋友的犯罪行为的平均分来代表同伴群体的影响，并注意到这些朋友都是互选朋友。③ Urberg, Degirmencioglu 和 Pilgrim 研究了最亲近朋友和除了最亲近朋友之外的其他朋友组成的友谊群体对青少年物质滥用的作用，结果发现，两者对青少年的吸烟和饮酒行为都有独立的影响作用，但是影响程度都是中等。④

有些研究开始更进一步比较不同层面的友伴关系对青少年犯罪的不同作用。例如，Bender 和 Losel⑤ 研究了有无好朋友、好朋友的数量、是否属于帮派，以及是否有异性朋友与青少年外化问题行为之间的关系，通过两年的追踪研究发现，有无好朋友与青少年的问题行为没有关系；朋友数量越多，女孩具有外化问题的可能性越大；没有男朋友的女孩，外化问题行为一直比较稳定，而对于有男朋友的女孩，当女孩的攻击行为比较多时，男朋友对问题行为起到了保护作用；不属于帮派对于反社会行为比较多的男孩和女孩是一个保护因素，两年后外化问题行为会降低，而对于反社会行为比较少的男孩和女孩会增加问题行为。研究表明，朋友关系各个变量对

---

① Mounts N S, Steinberg L. An ecological analysis of peer influence on adolescent grade point average and drug use[J]. Developmental Psychology, 1995(31): 915-922.

② Maxwell K A. Friends: The role of peer influence across adolescent risk behaviors[J]. Journal of Youth and Adolescence, 2002, 31(4): 267-277.

③ Erickson K G, Crosnoe R, Dornbusch S M. A social process model of adolescent deviance: Combining social control and differential association perspectives [J]. Journal of Youth and Adolescence, 2000, 29(4): 395-426.

④ Urberg K A, Degirmencioglu S M, Pilgrim C. Close friend and group influence on adolescent cigarette smoking and alcohol use[J]. Developmental Psychology, 1997 (33): 834-844.

⑤ Bender D, Losel F. Protective and risk effects of peer relations and social support on antisocial behaviour in adolescents from multi-problem milieus[J]. Journal of Adolescence, 1997(20): 661-678.

女孩更有影响力。这说明朋友与帮派对于青少年的问题行为具有不同的意义：第一，朋友对于女孩的影响更大，这与已有的发展心理学研究相一致。第二，帮派的作用与个体本身的攻击行为多少交互作用，当青少年本身攻击行为比较多时，不属于帮派，就会缺乏行为强化的背景，因此问题行为会减弱。

Hussong① 研究了最好朋友、同伴群伙(peer clique)和社交团体(social crowds)三种不同的同伴背景下，同伴物质滥用与青少年物质滥用的预测关系。结果表明，这三种同伴结构对于预测青少年物质滥用都有独特的作用，最好朋友的预测力特别强。但是，这里的社交团体是指彼此并无广泛联系的同辈，是其他青少年根据他们的行为和人格特点给他们的一个名声和标签，比如淘气包、受欢迎者、智慧星等，实际生活中社交团体对青少年的影响并不显著。

Haynie② 分析了犯罪青少年的同伴网络结构属性，即网络的紧密性(intensity)，青少年在网络中地位的中心性(centrality)和受欢迎性(popularity)，并进一步考虑了不同的结构属性对同伴犯罪行为与青少年犯罪关系的调节作用，结果发现，友谊网络特征不同，朋友犯罪对青少年犯罪的作用不同，其中网络紧密性尤其重要，网络越紧密，犯罪同伴联系的作用就越强。Baron 和 Tindall③ 对帮派中的网络结构的研究发现，处于青少年帮派网络中心的成员，其犯罪态度得分更高。

3. 不良同伴交往影响青少年犯罪行为的年龄特点

犯罪同伴联系对青少年犯罪的作用是否会随着年龄的发展而变化？这种变化是怎样的？这些问题，还很少有研究考虑，也很少有

① Hussong A M. Differentiating peer contexts and risk for adolescent substance use[J]. Journal of Youth and Adolescence, 2002, 31(3): 207-220.

② Haynie D L. Delinquent peers revisited: Does network structure matter? [J]. American Journal of Sociology, 2001, 106(4): 1013-1057.

③ Baron S W, Tindall D B. Network structure and delinquent attitudes within a juvenile gang[J]. Social Network, 1993(15): 255-273.

理论来解释为什么这种关系会随着年龄而变化。Thornberry① 曾经提出交互作用理论，专门解释了犯罪同伴联系对青少年犯罪的作用随年龄的发展而变化的情况。他认为，在青少年中期，犯罪同伴的作用会急剧增加，到青少年后期和成人前期，随着青少年对教育、家庭等传统活动的承诺，该作用会逐渐减弱；儿童期到青少年期的过渡期，是青少年发展的关键期，同伴网络对青少年建立同一性具有重要作用，因此，犯罪同伴联系具有重要影响作用。近来，Jang② 的验证性研究发现，整个青少年期，同伴联系的作用都很强，在青少年中期(14~15 岁)作用达到最高峰，到晚期(18 岁以后)开始逐渐下降。Giordano，Cernkovich 和 Demaris③ 研究发现，青少年知觉到的同伴压力随着年龄增长，具有与偏差同伴联系的年龄分布特点一致的趋势，并认为这也是与个人同一性发展有关。

Mears 和 Field④ 进一步考察了犯罪同伴联系对青少年犯罪行为的作用，在特定的犯罪行为上是否具有不同的年龄交互作用模式。结果发现，对于吸食大麻、在公共场合醉酒，犯罪同伴联系的作用随着年龄升高而显著增大，特别是 16 岁时增加尤其显著；对于卖药、行窃，犯罪同伴联系的作用随着年龄升高而增加，但到 18、19 岁时作用减少；其他犯罪行为如打人、破坏财产、偷东西等，犯罪同伴联系的作用没有明显地随着年龄增大而显著增加或减小的趋势。研究者认为物质滥用行为更依赖于同伴群体，是因为同伴对物质滥用提供了更多的鼓励和支持，从而使得该行为在同伴背景下变得“合法化”。

---

① Thornberry T P. Toward an interactional theory of delinquency. Criminology [J]. 1975(4): 863-891.

② Jang S J. Age-varying effects of family, school, and peers on delinquency: A multilevel modeling test on interactional theory[J]. Criminology, 1999, 37(3): 643-686.

③ Giordano P C, Cernkovich S A, Demaris A. The family and peer relations of black adolescents[J]. Journal of Marriage and the Family, 1993(55): 277-287.

④ Mears D P, Field S H. A closer look at the age, peers, and delinquency relationship[J]. Western Criminology Review, 2002, 4(1): 20-29.

(三)不良同伴交往影响青少年犯罪的内部心理动力

已有的研究和理论确立了不良同伴对青少年犯罪的影响作用，但是同伴影响青少年犯罪的内在机制仍不清楚。Warr 和 Stafford (1991)最早提出这个问题，“尽管犯罪朋友与青少年犯罪行为之间的关系已经研究得很多了，但是犯罪被社会化传递的机制很不清楚”。已有的研究大多从不良父母养育和青少年个人特征两个角度试图回答这个问题，但是很少有研究关注不良同伴群体的内部作用过程，因而未能真正揭示同伴群体影响青少年犯罪的内在作用机制。在这方面，Emler 和 Reicher① 曾作出很好的概括。他们认为，关于青少年犯罪的理论和研究要么从心理学的角度关注个体内部因素，认为青少年缺乏控制从而犯罪，要么从社会学的角度关注外部因素，考虑影响个体缺乏控制的社会心理原因，而缺乏从青少年的社会关系层面考虑其犯罪的中介因素。

如今，已有少量研究从不良同伴群体的关系层面考虑不良同伴影响青少年犯罪的内在机制，这类研究，主要从两方面入手：一是从群体动力出发，考察群体关系本身对青少年犯罪的推动作用，比如同伴支持、同伴压力，这是大多数研究都比较注重的因素；二是从青少年的动机角度出发，关注青少年在群体中的主动建构作用，考虑到青少年在不良同伴交往中所寻求的内部心理资源，比如群体同一性、群体中获得的个人力量感等。

1. 不良同伴群体对犯罪青少年的关系功能

从同伴群体本身的特点考察不良同伴交往对青少年犯罪的影响机制研究，主要包括群体给予个体的社会支持和压力，也包括群体与个体之间的依恋关系等，这些都属于群体的关系特点，从犯罪青少年的角度来说，也是不良同伴群体给予他们的关系功能。

(1)同伴的社会支持

---

① Emler N, Reicher S. Adolescence and Delinquency: The Collective Management of Reputation[M]. Oxford: Blackwell, 1995.

Vitaro 等①较早地考虑了青少年为什么会选择偏差同伴，并可能受偏差同伴影响的原因。研究同时还考虑了同伴支持行为和父母养育的作用，但是结果发现，13 岁儿童具有偏离的朋友与具有一般朋友在最好朋友支持上没有差异。朋友的支持不能揭示青少年为什么会选择偏离朋友联系。

Bender 和 Losel② 研究了青少年知觉到的社会支持的满意度与外化问题行为(包括攻击行为和犯罪行为)之间的关系，两年的追踪研究发现，社会支持对青少年的外化问题行为同时具有保护作用和危险作用。外化问题行为得分比较低的青少年，当他们对社会支持不满意时，两年后问题行为会增加，而对于外化问题行为得分比较高的男孩，不满意社会支持会轻微地减少问题行为。社会支持网络比较小对于女孩具有保护作用，即外化问题行为会减少。Wills 等③的研究发现，同伴支持行为既与良好自控正相关，又与不良自控和冒险性正相关，还与同伴物质滥用正相关。

从以上研究可见，也许同伴支持本身的确在犯罪同伴群体和正常群体中没有显著差异，同伴支持的作用在于促进了群体内部的一致性和进一步的紧密联系，从而加强了与群体一致的行为，即在偏差群体中，同伴支持促进了非顺从行为，而在正常群体中，同伴支持促进了顺从行为。也有可能是已有研究主要测量了同伴的实际支持行为，而不是感知的社会支持，而一般来说，后者对于个体行为影响更大。④

---

① Vitaro F, Tremblay R E, Kerr M, Pagani L, Bukowski W M. Disruptiveness, friends' characteristics, and delinquency in early adolescence: A test of two competing models of development[J]. Child Development, 1997(68): 676-689.

② Bender D, Losel F. Protective and risk effects of peer relations and social support on antisocial behaviour in adolescents from multi-problem milieus[J]. Journal of Adolescence, 1997(20): 661-678.

③ Wills T A, Resko J A, Ainette M G, Mendoza D. Role of parent support and peer support in adolescent substance use: A test of mediated effects[J]. Psychology of Addictive Behaviors, 2004, 18(2): 122-134.

④ Rhodes G L, Lakey B. Social support and psychological disorder: Insights from social psychology[M]//Kowaiski R M, Leary M R. The social psychology of emotional and behavioral problems: Interfaces of Social and Clinical Psychology. American Psychological Association. Port City Press, Inc, Baltimre, MD, 1999: 281-309.

(2)同伴群体压力

许多研究认为，青少年知觉到偏离同伴群体从事偏离行为的同伴压力在很大程度上促使了青少年的偏离行为发生。特别是在青少年的物质滥用行为上，相关的干预研究都是训练青少年抵制同伴压力的能力。① Pleydon 和 Schner② 研究发现，知觉到的压力能够显著辨别女性犯罪者与普通女高中生的行为差异。

研究认为，青少年的同伴关系与家庭关系符合补偿性原则，犯罪青少年往往具有家庭缺陷，父母关心较少，因而他们往往非常在意同伴关系，同伴间的亲密性较高，更易于受到知觉到的同伴的影响。③ 个体受知觉到的压力的影响具有个体差异，也称为易感性。因此，近年来研究者开始更多地关注青少年的易感性。研究发现，传统纽带弱，会增加青少年的易感性，从而增加犯罪行为。④

(3)同伴依恋

虽然已有研究还存在很多问题，但是关于同伴支持和同伴压力对于青少年犯罪的影响作用基本上是肯定的，而犯罪青少年的同伴依恋是否存在、同伴依恋对青少年犯罪起到什么作用却很不明确。

首先，犯罪青少年是否具有同伴依恋受到质疑。按照前面同伴关系与家庭关系具有补偿性的观点，青少年与同伴之间应该具有紧密的情感关系，按照社会学习理论，也只有当青少年与同伴具有依恋关系时，才会受其影响，依恋越强，同伴的潜在影响就越强，因此，犯罪青少年的同伴情感关系应该与非犯罪者是相似的。但是按照社会控制理论，犯罪青少年的家庭关系弱、依恋低，正是犯罪的

---

① 林丹华．青少年吸烟行为影响机制及预防干预研究[D]．北京：北京师范大学，2003.

② Pleydon A P，Schner J G. Female adolescent friendship and delinquent behavior[J]. Adolescence，2001，36(42)：189-195.

③ Angenent H. Background Factors of Juvenile Delinquency[M]. New York：Peter Lang，1996.

④ Erickson K G，Crosnoe R，Dornbusch S M. A social process model of adolescent deviance：Combining social control and differential association perspectives[J]. Journal of Youth and Adolescence，2000，29(4)：395-426.

主要原因，而且犯罪青少年社会技能不良，没有能力形成稳定、信任的情感依恋。

已有的研究结果也很不一致，多数研究都不支持犯罪青少年具有亲密的情感关系。① 但是从更细的具体维度来看，已有研究认为犯罪者与非犯罪者在亲密性、依恋和自我表露上很少有差异，②③④ 并且犯罪者比非犯罪者，女性犯罪者比男性犯罪者自我表露更多。⑤⑥ 但是犯罪者与同伴间的冲突较多，包括有疏离感，被拒绝和被嘲笑，⑦⑧⑨⑩ 犯罪者与同伴之间的交流更少。⑪

其次，同伴依恋对于青少年犯罪似乎并非主要因素。Haynie⑫

---

① Marcus R F. The friendships of delinquents[J]. Adolescence, 1996(31): 145-158.

② Brownfield D, Thompson K. Attachment to peers and delinquent behavior[J]. Canadian Journal of Criminology, 1991: 45-60.

③ Claes M, Simard R. Friendships characteristics of delinquent adolescents[J]. International Journal of Adolescence and Youth, 1992(3): 287-301.

④ Giordano P, Cernkovich S, Pugh M. Friendships and delinquency [J]. American Journal of Sociology, 1986 (91): 1170-1202.

⑤ Deptula D P, Cohen R. Aggressive, rejected, and delinquent children and adolescents: A comparison of their friendships[J]. Aggression and Violent Behavior, 2004(9): 75-104.

⑥ Pleydon A P, Schner J G. Female adolescent friendship and delinquent behavior[J]. Adolescence, 2001, 36(142): 189-195.

⑦ Claes M, Simard R. Friendships characteristics of delinquent adolescents[J]. International Journal of Adolescence and Youth, 1992 (3): 287-301.

⑧ Marcus R F. The friendships of delinquents[J]. Adolescence, 1996(31): 145-158.

⑨ Marcus R F. The friendships of delinquents[J]. Adolescence, 1996(31): 145-158.

⑩ Windle M. A study of friendship characteristics and problem behaviors among middle adolescents[J]. Child Development, 1994(65): 1764-1777.

⑪ Pleydon A P, Schner J G. Female adolescent friendship and delinquent behavior[J]. Adolescence, 2001, 36(142): 189-195.

⑫ Haynie D L. Delinquent peers revisited: Does network structure matter[J]? American Journal of Sociology, 2001, 106(4): 1013-1057.

分析了朋友的依恋和卷入的作用，结果发现，朋友依恋会减少犯罪行为，与朋友卷入多会增加犯罪。但是该研究没有区分依恋的对象是否具有犯罪行为。Wong① 专门研究了同伴依恋与犯罪同伴联系的交互作用，并进一步区分了朋友是否具有犯罪行为，结果发现，对于非犯罪朋友联系，高依恋没有起到约束作用；联系于犯罪水平高的朋友时，依恋与青少年犯罪负相关，说明依恋对于那些有犯罪危险的人有较强的约束作用。研究者指出，依恋与同伴联系的交互作用比较小，与犯罪同伴的情感联系不足以抵消犯罪同伴的主效应。该研究一个很大的不足之处是对朋友是否有犯罪行为进行区分之后，样本比较小，因此结果不稳定。

2. 犯罪青少年在不良同伴群体中的自我建构功能

按照人的社会性特点，偏离行为是一种不被社会接受的行为，青少年的家长和周围的成人也都会反对青少年的偏离行为，但是青少年却要与偏离同伴联系，并表现偏离行为，这意味着在同伴群体中，偏差行为必然是能够给青少年带来某种心理资源的一种行为，而且该心理资源是在其他地方所不能获得、对青少年具有重要意义的。这种需求大多与青少年期这个特定阶段的心理任务相关，比如，对自我同一性的认识，对自我力量感的把握，获得成人社会的认可，获得自尊，等等。Moffitt② 的青少年期犯罪理论，Emler 与 Reicher③ 的声望自我表征理论以及相应的实证研究支持了这种假设。这些理论和研究都认为：犯罪是青少年的主动性行为，犯罪群体能够给青少年提供重要的心理功能或者资源，并且这些心理资源主要与青少年的自我建构有关。

(1) 自主性需求

按照 Moffitt 的理论，青少年实施轻微犯罪是因为他们认为这

---

① Wong S K. Peer relations and Chinese-Canadian delinquency[J]. Journal of Youth and Adolescence, 1998, 27 (5): 641-660.

② Moffitt T E. Adolescence-limited and life-course-persistent antisocial behavior: A developmental taxonomy[J]. Psychological Review, 1993, 100(4): 674-701.

③ Emler N, Reicher S. Adolescence and Delinquency: The Collective Management of Reputation[M]. Oxford: Blackwell, 1995.

是获得自主性和成人地位的有用技能，因此青少年主动与不良同伴交往并模仿其犯罪行为，所以，具有轻微犯罪行为对青少年来说是一种有社会能力的表现，其内部动机是青少年的自主性需求。

Moffitt 等①的研究证实了青少年期犯罪是有社会能力的表现。后来的研究者从不同角度论证了有些青少年犯罪者的确是有社会能力的。有研究专门考察了在校青少年的犯罪行为对他们的同伴关系质量的影响，② 结果发现，较严重的犯罪行为负向预测了同伴依恋，而像偷窃、逃学、搭车不付钱这样的轻微犯罪行为不会影响其同伴依恋关系。由此，研究者认为，犯罪行为对青少年具有社会功能，它提供了青少年加强同伴联系的机会，或者引发新的同伴关系建立，这些都对同伴关系具有"积极"的意义。

另有大量研究从 Moffitt 的理论出发，考察了自主性和生理成熟与青少年犯罪的关系。研究发现，早熟和晚熟都与犯罪相关，③ 但是，早熟并不直接影响青少年犯罪，而是通过自主性需求预测了青少年的犯罪。④⑤

我国也有研究者认为青少年与不良同伴交往并实施犯罪是自我表现的要求与表现的目的和手段相矛盾的结果。⑥ 青少年时期最主

---

① Moffitt T E, Capsi A, Dickson N, Silva P, Stanton W. Childhood-onset versus adolescent-onset anti-social problems in males: Natural history from ages 3 to 18 years [J]. Development and Psychopathology, 1996(8): 399-424.

② Engels R C M E, Finkenauer C, Meeus W H J, Dekovic M. Parental attachment and adolescents' emotional adjustment: The associations with social skills and relational competence[J]. Journal of Counseling Psychology, 2001, 48(4): 428.

③ Williams J M, Dunlop L C. Pubertal timing and self-reported delinquency among male adolescents[J]. Journal of Adolescent, 1999, 22(1), 150-171.

④ Piquero A R, Brezina T. Testing Moffitt's account of adolescence-limited delinquency[J]. Criminology, 2001, 39(2): 353-371.

⑤ Felson R B, Haynie D L. Pubertal development, social factors, and delinquency among adolescent boys[J]. Criminology, 2002, 40(4): 967-989.

⑥ 罗长钢．试析青少年犯罪团伙形成的社会心理因素[M]//《青少年犯罪研究》编辑部．青少年犯罪研究文集(下)．《青少年犯罪研究》编辑部，1983：139-149.

要的矛盾是渴望自主，要求得到社会承认和重视的“自我表现”的愿望，与客观社会环境不易满足这一要求之间的障碍和分歧，即自我需要和社会需要之间的矛盾。当自我表现的要求无法通过正当的手段达到时，少数青少年就会与不良同伴接触，把斗殴、抢劫、凶杀、偷盗等视为表现自己勇敢、大胆的行为方式。

但是，总的来说，Moffitt 的理论主要限于解释轻微的犯罪行为，更准确地说是学校违规行为、反叛性行为，而且，其中同伴的影响是一种间接的作用，并不需要与青少年直接发生互动，他们只是对青少年的违规行为起到了一种榜样作用，彼此不一定需要直接联系。① 因而该理论并不能普遍地解释不良同伴群体对青少年一般犯罪行为的影响过程。

(2)声望提升

Emler 提出的声望自我表现理论突出了青少年犯罪的非病理性和目的性，认为青少年犯罪是一种有意识的声望管理过程，是提升和维持声望的方式。Carroll② 由此进一步强调了声望提升意识对青少年犯罪的作用，并发展了目标设定和声望提升理论，详细阐述了犯罪青少年和普通中学生的声望类型及其对青少年犯罪的作用。

Carroll③ 通过对犯罪青少年访谈的质性研究发现，青少年犯罪是一种有目标的行为，目标具体并具有挑战性，而且犯罪青少年会对目标进行承诺。进一步的问卷调查研究发现，犯罪程度不同的三类青少年，即非危险青少年、危险青少年和犯罪青少年具有不同的

---

① Moffitt T E. Adolescence-limited and life-course-persistent antisocial behavior: A developmental taxonomy[J]. Psychological Review, 1993, 100(4): 674-701.

② Carroll A. The Development of Delinquency: Integrating Reputation Enhancement and Goal Setting Theory[D]. Unpublished Doctorial Dissertation, The University of Western Australia, Perth, Austalia. 1995a.

③ Carroll A. Characterising the goal of juvenile delinquents: Nature, content and purpose[J]. Psychology, Crime & Law, 1995b(1): 247-260.

目标取向，① 非危险青少年认为教育目标更重要，重视学业自我意象(academic image)，而危险青少年和犯罪青少年更重视社会自我意象(social image)；三类青少年也具有不同的社会声望，② 非危险青少年具有顺从声望，危险青少年和犯罪青少年具有非顺从声望，他们认为自己是非顺从的，如是破坏规则的人，并希望他人这样看待自己。而且研究者认为，按照 Emler 的声望管理理论，青少年的声望是建立在与目标相一致的各类行为基础上的，即建立在他们所希望的自我意象以及希望他人认为自己所具有的自我意象之上，研究发现的确如此。③ 非危险青少年寻求顺从声望，并且他们的目标与这种想要的声望一致，即与教育期望有关，希望在家庭、学校和社会中是传统的、守法的。同样，危险青少年和犯罪青少年寻求非顺从的、犯罪的声望，他们期望同伴评价他们为淘气、破坏法规的人，他们所公开表达的目标也与他们想要获得的非顺从声望相一致，证实了犯罪和危险行为的外显性的重要性。这些结果说明，青少年通过具有公开性的、外显性的犯罪行为来追求其非顺从的、犯罪的声望，这是一种目标承诺行为，正是这种声望提升意识成为青少年犯罪的社会动机。

Carroll 等④通过对中学生的犯罪卷入与声望提升的关系研究进一步发现，高卷入犯罪者比低卷入犯罪者能获得更多的非顺从声望，而且初中生比高中生能获得更多的非顺从声望。研究者认

---

① Carroll A, Durkin K, Hattie J, Houghton S. Goal setting among adolescents: A comparisons of delinquent, at-risk, and not at-risk youth [J]. The Journal of Educational Psychology, 1997(89): 441-450.

② Carroll A, Houghton S, Hattie J, Durkin K. Adolescent reputation enhancement: Differentiating delinquent, nondelinquent and at-risk youths[J]. Journal of Child Psychology and Psychiatry and Allied Disciplines, 1999, 40(4): 593-606.

③ Carroll A, Hattie J, Durkin K, Houghton S. Goal-setting and reputation enhancement: Behavioural choices among delinquent, at-risk and not at-risk adolescents [J]. Legal and Criminological Psychology, 2001(6): 165-184.

④ Carroll A, Green S, Houghton S, Wood R. Reputation enhancement and involvement in delinquency among high school students [J]. International Journal of Disability, Development and Education, 2003, 50(3): 253-273.

为，这支持了 Emler 的理论，说明犯罪青少年想要获得非顺从声望，会更多地参与那些支持非顺从声望的活动，与同伴交流这类行为，从而产生更多犯罪行为。并且，声望在青少年早期更为重要，初中生具有更大的从属于某一群体的需要，声望就相当于 Crowds 类型，提供了青少年的同一性参照群体，满足了友谊和同一性的需要。

声望提升对于青少年犯罪的确具有重要作用，但是它只是青少年的自我意识中有关社会意象的一个方面。Carroll 等的声望提升理论强调了自我同一性，将自我认同的追求作为青少年犯罪的内在动机，同伴群体只是青少年获得社会意象的参照群，这沿袭了 Emler 的早期声望管理理论，却没有注重 Emler 和 Reicher① 后来的理论中所强调的同伴群体本身对于青少年犯罪声望以及犯罪活动的重要作用，即忽视了群体同一性的存在及其对于犯罪的驱动价值。这也不利于理解青少年声望提升意识是如何发展而来的。

(3)个人力量感

Emler 和 Reicher② 通过质性研究详细地描述了犯罪群体对于青少年的功能以及犯罪行为作为一种群体规范和集体界定对于群体联系的重要性。但是，他们的质性访谈更多地关注于群体中犯罪事件的过程，而对于青少年在群体互动中的内心感受关注得较少。Ungar③ 进行过这样的探讨。通过对 41 个 13~18 岁的加拿大青少年心理患者(有一半同时也是青少年犯)的访谈，Ungar 认为，青少年与犯罪同伴一起进行反社会行为，也许是发现了他们自身在其他处所缺乏的个人能力，他们用不良同伴交往来建构和保持自我良好

---

① Emler N, Reicher S. Adolescence and Delinquency: The Collective Management of Reputation[M]. Oxford: Blackwell, 1995.

② Emler N, Reicher S. Adolescence and Delinquency: The Collective Management of Reputation[M]. Oxford: Blackwell, 1995.

③ Ungar M T. The myth of peer pressure[J]. Adolescence, 2000(35): 137-150.

感，促进同一性，并挑战其他人给他们的不良标签。并且，该研究认为，青少年与偏离同伴在一起，是一种个人选择，他们是在有意识地运用策略来提高个人和社会的能量，并不存在一般研究所认为的偏离同伴压力。

该研究所采取的个人同一性的角度与 Carroll 的声望提升理论具有一致之处，而且 Ungar 所强调的个人力量感是对于声望提升意识的一种补充，两者共同阐明了犯罪群体交往对青少年个体自我的作用。但是，该研究的对象仅限于具有三个以上危害心理健康指标的青少年，因而不能说明是否所有犯罪青少年都能够从不良同伴交往以及犯罪行为中获得个人力量感，也不能揭示与偏差同伴群体的互动是否影响了青少年犯罪行为的发生。

3. 青少年在不良同伴交往中的群体自我建构功能：偏差群体同一性

Emler 和 Reicher① 认为青少年犯罪是一种声望管理的自我表现行为，同时也是在同伴群体的互动中获得群体自我界定的群体行为，犯罪群体给青少年提供了群体同一性。Emler 和 Reicher② 通过质性分析发现犯罪群体对于个体具有重要的功能，即陪伴（一起做事，共同活动），匿名性（个体的同一性与社会同一性相融合，群体内个体间差异减少），声望管理（群体和个体的行动与他们想要具有的声望相一致），规范性（个体行为反映了群体风格），群体还给个体提供了一个“安全的天堂”的信念。并且，这些犯罪群体的重要功能，正是犯罪行为产生的驱动因素。

① Emler N, Reicher S. Adolescence and Delinquency: The Collective Management of Reputation[M]. Oxford: Blackwell, 1995.

② Emler N, Reicher S. Adolescence and Delinquency: The Collective Management of Reputation[M]. Oxford: Blackwell, 1995.

Heaven①② 采纳了 Emler 和 Reicher 的犯罪群体同一性的观点，认为青少年的自我界定和身份感与对一个群体的归属感密切相连。犯罪群体也与其他群体一样，由具有相似社会身份的成员组成，具有相似的社会表征，群体身份的界定就表明了个体可接受的思维和行为方式。相应地，群体的规范、价值和行为就会被个体接受。“群体成员将只按照与他们的集体自我界定相一致的方式行动。”因此，Heaven 认为青少年在同伴群体互动中获得了犯罪群体同一性，并由此获得犯罪身份认同，从而进行犯罪行为。Heaven 以 Emler 和 Reicher 的质性研究材料为依据，编制了青少年犯罪群体同一性问卷，专门研究了青少年的犯罪群体同一性和结构特点及其对于青少年犯罪的影响。结果发现犯罪群体同一性主要有两个因子：犯罪陪伴和犯罪规范，两个因子都对青少年犯罪具有影响作用。而且，青少年的精神质人格特质通过犯罪陪伴和犯罪规范对青少年犯罪行为产生作用，其中犯罪陪伴对青少年犯罪行为具有更强的直接作用。研究者认为，青少年对犯罪群体的认同，有力地形成了个体的价值观和行为。

我国也有研究发现，青少年吸毒行为具有不同的类型，其中有的是炫耀型，主要目的是获得特殊的社会群体影响力，借助吸毒行为显示自己具有勇冒风险、藐视法律的实力，标明自己在群体中的身份；有的是利他型，为了表明从属于特定群体和亚文化，或是为了确定自己认同某个特别人物而采取的吸毒行为。这类吸毒者通常把吸毒看成一种仪式，其功能是让某一特定团体和某个特别人物认

---

① Heaven P C L, Caputi P, Swinton T-S T. Personality and group influences on self-reported delinquent behavior [J]. Personality and Individual Differences, 2000 (28): 1143-1158.

② Heaven P C L, Virgen M. Personality, perceptions of family and peer influences, and males' self-reported delinquency [J]. Personality and Individual Differences, 2001(30): 321-331.

同自己，进而获得一种群体归属感。①② 这也证实了犯罪青少年会在犯罪同伴群体中主动建构个人和群体同一性，其中炫耀型犯罪行为更类似于声望提升行为。

关于青少年是否从偏离同伴联系中主动获得了他们所需要的心理资源，需要将 Emler 与 Ungar 的研究特色结合起来，从青少年自身的角度进行深入研究，既探讨群体互动过程，又关注青少年自身的内在感受，既关注偏差群体联系的群体同一性功能，又关注其自我同一性的声望表达功能。

（四）影响青少年与不良同伴交往的个体因素

目前很少有专门进行青少年与不良同伴交往影响因素的研究，但是由于大多数青少年犯罪都是集体行为，很多青少年犯罪的影响因素研究必然会涉及青少年与不良同伴交往的原因。其中，青少年的个体因素是一个非常直接和强有力的影响因素。从相关研究推论，这些个体因素主要包括三个方面：(1)正常同伴群体拒绝以及社会疏离感，该因素与青少年的群体属性需要相关，会导致青少年缺乏正常的群体归属，从而转向寻求偏差群体认同；(2)价值观和自尊，这会直接影响青少年同伴群体的关系互动特点，偏离价值取向和低自尊会导致青少年寻求偏差群体联系，同时犯罪同伴群体也会强化青少年的偏离价值，并可能代偿性满足自尊需要；(3)个性特征，自我控制、冒险性等个性特征会影响青少年与犯罪同伴联系的机会，以及群体成员共同活动的内容和犯罪行为类型。

1. 正常同伴群体拒绝和社会疏离感

正常同伴群体拒绝可能威胁了青少年的归属感，使得青少年与不良同伴联系，从而导致或者加剧了犯罪行为。一般研究都认为儿童的被拒绝会引起偏差行为增多，被拒绝可能是早期的攻击行为和

---

① 徐向群．青少年吸毒行为及其防控的社会学分析[J]．青年研究，2000(3)：43-48.

② 廖龙辉．当前青少年吸毒行为现状及其成因的社会学分析[J]．青年探索，2001(4)：48-52.

后期的犯罪行为之间的一种中介变量。①② 我国研究也发现，没有朋友的儿童与具有三个以上朋友的儿童在行为问题上具有显著差异，同学关系不好的儿童与同学关系较好或良好的儿童在问题行为上也具有显著差异。③④

但是关于青少年的犯罪与正常同伴拒绝的关系的研究成果较少。有研究表明，严重缺少在同伴群体中受欢迎的物质资源，会影响青少年的犯罪行为。⑤ 这提示正常同伴群体的接纳对青少年犯罪仍然具有作用。我国研究者也认为青少年在学校中受到歧视会引起他们与不良同伴交往，从而导致犯罪。⑥ 初中生中，被同伴拒绝者会有更多的问题行为，主要表现为上课不注意听讲、考试作弊等过失行为和骂人、讽刺人等攻击性行为。⑦

然而，很多研究都认为疏离感会影响青少年犯罪。疏离感一般是指个体对于社会、工作、自己或者显著的他人的一种分离感或者疏远感。Sankey 和 Huon⑧ 以犯罪青少年和在校高中生为研究对象，

① Moffitt T E. Adolescence-limited and life-course-persistent antisocial behavior: A developmental taxonomy[J]. Psychological Review, 1993, 100(4): 674-701.

② Caspi A, Moffitt T E. The continuity of maladaptive behavior: From description to understanding in the study of antisocial behavior[M]//Cicchetti D, Cohen D J (Eds). Wiley Series on Personality processes. Developmental Psychopathology, Vol. 2, Risk, disorder, and adaptation. New York: John Wiley & Sons, 472-511.

③ 俞倩仪，李松，李晶，等. 6~8 岁儿童行为问题及其影响因素的研究[J]. 中国学校卫生，1995，16(6)：418-419.

④ 李霞，彭涛，张鹤. 小学生行为问题及影响因素分析[J]. 健康心理学杂志，2000，8(6)：623-625.

⑤ Hurrelmann K, Engel U. Delinquency as a symptom of adolescents' orientation toward status and success[J]. Journal of Youth and Adolescence, 1992, 21(1): 119-139.

⑥ 王成义. 青少年同辈群体与青少年犯罪[J]. 山东公安专科学校学报. 2002，65(5)：68-69.

⑦ 李梅. 学业成绩、同伴交往与学生问题行为关系的研究[J]. 徐州师范大学学报(哲学社会科学版)1997(3)：137-140.

⑧ Sankey M, Huon G F. Investigating the role of alienation in a multicomponent model of juvenile delinquency[J]. Journal of Adolescence, 1999, 22(1): 95-107.

考察了疏离感对于许多引起犯罪和犯罪同伴联系的社会因素和个人因素的中介作用，结果发现，一般疏离感并不是必要的中介成分，但是其中的社会疏离感具有部分中介作用，青少年具有低学业技能和低社会技能时，会有更强的社会疏离感，从而具有更多的犯罪同伴联系和犯罪行为。同伴拒绝以及类似的其他正常社会活动的失败经验和缺失感，比如学业失败，缺少教师和父母的关注，都会导致青少年的社会疏离感。而且，疏离感是与社会归属感相对的一种心理现象，Newman① 甚至提出青少年的群体同一性和疏离感是青少年早期的重要心理发展任务，并早于青年时期的个人同一性和同一性混乱的发展任务。因此，对于青少年来说，疏离感应该是直接影响青少年与偏差同伴群体交往的心理因素。

2. 价值观和自尊

我国研究者认为，青少年犯罪团伙既属于一般的青少年群体，又具有独特的社会心理结构特点。其首要特点是整体性，这是犯罪团伙形成的重要条件之一。这种整体性表现为犯罪团伙的社会心理因素在社会意识、社会情感和社会行为等方面的统一，而这种统一是依靠价值定向和成员间的类化(即相互影响、相互感染、相互模仿)来实现的。② 青少年犯罪团伙的第二个基本特征是自主性，即犯罪团伙成员的自主、自信和自尊的要求很高，这些要求汇集成一种"自我中心"的倾向，并常常表现出主动地与社会、与非"本集团"成员发生摩擦冲突和攻击的行为。③ 犯罪青少年借助团伙的保

---

① Newman B M, Newman P R. Group identity and alienation: Giving the we its due[J]. Journal of Youth and Adolescence, 2001, 30(5): 515-538.

② 罗长钢. 试析青少年犯罪团伙形成的社会心理因素[M]//《青少年犯罪研究》编辑部. 青少年犯罪研究文集(下).《青少年犯罪研究》编辑部, 1983: 139-149.

③ 罗长钢. 试析青少年犯罪团伙形成的社会心理因素[M]//《青少年犯罪研究》编辑部. 青少年犯罪研究文集(下).《青少年犯罪研究》编辑部, 1983: 139-149.

护和提供的自我活动机会提高自身的社会地位，并实现自身的价值。①

从社会控制理论来看，对传统观念的认同可以减少青少年的偏差行为。宋姝英②指出，犯罪青少年主要受5种不良价值观的影响：吃喝玩乐的享受观、自我中心的荣誉观、亡命称霸的英雄观、低级下流的乐趣观、我行我素的自由观。李日兰③考察了大学生的价值观与社会行为的关系，发现价值观为社会型的大学生有89%的人表现出亲社会行为，而价值观为政治型和经济型的分别只有20%和10%的人表现出亲社会行为。关颖④调查发现，城市闲散未成年犯与城市普通未成年人的交友意向有很大差异，普通未成年人更注重交往对象"品性好""相同的兴趣""聪明好学"；而未成年犯最看重交往对象是否"讲义气"，其次是"兴趣""长相漂亮"。

很多研究都认为低自尊对青少年犯罪具有消极作用，⑤ 高自尊还会抑制早熟对青少年犯罪的消极影响。⑥ 这些都支持了Kaplan的自我防御假说，但是很少有研究支持自我提升假说。⑦⑧ 最近的

① 毛树林．青少年团伙犯罪心理浅析[M]//《青少年犯罪研究》编辑部．青少年犯罪研究文集(下)．《青少年犯罪研究》编辑部．1983：174-188.

② 宋姝英．违法犯罪青少年价值观的特点及成因[J]．沈阳师范学院学报(社会科学版)，1997，21(3)：98-99.

③ 李日兰．浅谈影响大学生心理健康的因素[J]．山西大同大学学报(自然科学版)，1998(1)：58-61.

④ 关颖．城市未成年人犯罪与家庭[M]．北京：群众出版社，2004.

⑤ Rosenberg M, Schooler C, Schoenbach C. Self-esteem and adolescent problems: Modeling reciprocal effects[J]. American Sociological Review, 1989(54): 1004-1018.

⑥ Felson R B, Haynie D L. Pubertal development, social factors, and delinquency among adolescent boys[J]. Criminology, 2002, 40(4): 967-989.

⑦ Rosenberg M, Schooler C, Schoenbach C. Self-esteem and adolescent problems: Modeling Reciprocal effects[J]. American Sociological Review, 1989(54): 1004-1018.

⑧ Owens T J. Two dimensions of self-esteem: reciprocal effects of positive self-worth and self-deprecation on adolescent problems[J]. American Sociological Review, 1994(59): 391-407.

研究却发现，青少年与犯罪同伴联系能够提高青少年的自尊，而犯罪行为本身并不能提高自尊，①② 这从另一个角度支持了 Kaplan 的自我提升假说。我国研究也发现，青少年犯罪往往是为了满足成人感、安全感和自尊心，③ 团伙犯罪的暴力行为是为了自我表现，获得尊重。④

Van Welzenis⑤ 研究发现，犯罪青少年更可能具有积极的休闲/非传统自我概念而不是积极的学校/传统性自我概念。研究者认为青少年具有两个不同的重要领域：学校领域与休闲领域，一个是传统的，一个是非传统的。青少年的自尊也相应地具有不同的方面，学校失败经验会导致青少年产生消极自我概念，但是他们会在犯罪同伴的休闲领域中寻求积极自我概念。该研究较好地将价值观和自尊与青少年的犯罪同伴交往联系起来了，即传统领域的失败使得青少年形成偏离的价值观和非传统自我概念，并在偏差同伴交往中获得自尊。

这些研究都说明了偏离价值观是青少年偏差同伴群体的形成基础，在偏差群体互动中，青少年也进一步形成偏差自我概念，借助偏差同伴联系获得犯罪同伴的尊重来代偿性地满足自己的自尊需求。这些特征也直接影响了青少年在同伴群体中的互动方式，决定了青少年在犯罪同伴群体中通过主动建构所获得的心理资源，正是

---

① Jang S J, Thornberry T P. Self-esteem, delinquent peers, and delinquency: A test of the self-enhancement thesis[J]. American Sociological Review, 1998, 63(4): 586-598.

② Mason W A. Self-esteem and delinquency revisited (again): A test of Kaplan's self-derogation theory of delinquency using latent growth curve modeling[J]. Journal of Youth and Adolescence, 2001, 30(1): 83-102.

③ 吴少君．当前未成年人团伙犯罪的特征及其对策——上海市闸北区调查[J]．青少年犯罪问题，1995(3)：12-15.

④ 张宝义．青少年犯罪团伙的结构特征及形态分析[J]．福建公安高等专科学校学报，2001，15(4)：40-46.

⑤ Van Welzenis I. The self-concept of societally vulnerable and delinqent boys within the context of school and leisure activities[J]. Journal of Adolescence, 1997(20): 695-705.

不良同伴群体影响青少年犯罪的内部心理动力的构成要素。

3. 自我控制

近来的研究认为，大多数犯罪青少年并不存在稳定的犯罪性人格，但是的确有一些个性特点会使青少年更容易犯罪。① 随着社会控制理论的发展，研究者越来越重视自我控制对青少年犯罪的作用。Pratt 和 Cullen② 对 21 个自我控制与犯罪的相关研究进行元分析发现，自我控制对犯罪的解释率为 27%，几乎是对犯罪行为影响最大的独立因素。持社会控制理论观的研究者大多采用 Grasmick③ 的自我控制测量表测量，并且一般都发现，低自我控制与儿童和青少年的各种犯罪具有紧密的关系。④⑤

同时有少量研究发现，自我控制会影响青少年的犯罪同伴联系，从而影响青少年的犯罪行为。比如 Wills 等⑥研究发现，同伴支持会影响青少年的不良自控和冒险性，进而影响犯罪同伴联系，最终影响青少年产生犯罪行为。Evans 等⑦发现，低自我控制与和

---

① 张春妹，邹泓．青少年犯罪与人格的关系研究[J]. 心理科学进展，2006，14(2)：241-248.

② Pratt T C, Cullen F T. The empirical status of Gottfredson and Hirschi's general theory of crime: A meta-analysis[J]. Criminology, 2000, 38(3): 931-964.

③ Grasmick H G, Charles R T, Robert J, Bruce J A. Testing the core empirical implications of Gottfredson and Hirsch's general theory of crime[J]. Journal of Research in Crime and Delinquency, 1993(30): 5-29.

④ Unnever J D, Francis T C, Travis C P. Parental management, ADHD, and delinquent involvement: Reassessing Gottfredson and Hirschi's general theory[J]. Justice Quarterly, 2003, 20(3): 471-500.

⑤ Wood P, Pfefferbaum B, Ameklev B. Risk taking and self-control: Social psychological correlates of delinquency[J]. Journal of Crime and Justice, 1993(16): 111-130.

⑥ Wills T A, Resko J A, Ainette M G, Mendoza D. Role of parent support and peer support in adolescent substance use: A test of mediated effects[J]. Psychology of Addictive Behaviors, 2004, 18(2): 122-134.

⑦ Evans D, Cullen F, Burton V, Dunaway G, Benson M. The social consequences of self-control: Testing the general theory of crime[J]. Criminology, 1997, 35(3): 475-504.

家人、朋友的关系不良以及低教育水平有关。Heaven① 发现，青少年的冲动性会影响犯罪同伴的陪伴关系，从而影响青少年犯罪。

(五)小结

从前面的文献梳理可以看出，大量相关研究主要集中于探讨不良同伴联系与青少年犯罪的关系，这些研究都证明了一个问题，即不良同伴联系影响了青少年犯罪，只是对于不同的同伴关系和不同特征的青少年，影响程度不同，而很少有研究深入探讨不良同伴如何影响青少年犯罪行为，青少年与不良同伴交往的内部心理动力是什么尚不清楚。这也阻碍了正确有效地预防和干预青少年犯罪。已有的研究主要存在以下不足，并可以进一步深入研究。

1. 不良同伴群体对青少年的自我建构功能

已有研究从青少年自身的角度出发，考虑了青少年特殊的心理需求，揭示了偏差同伴群体对于青少年的自我建构功能，给予青少年犯罪研究全新的研究视角。但是这类研究还很少，并且这些研究各有侧重，不能全面揭示自我建构功能的内涵以及相互之间的联系。首先，关于群体同一性和自我力量感的研究主要是质性分析，犯罪群体是否对青少年具有这些自我建构功能还需要更多的研究进行检验，而且描述性的质性研究不能考察不良同伴交往对于犯罪行为的具体作用；Heaven 根据 Emler 和 Reicher 的质性材料发展了犯罪群体同一性问卷，并进行了群体同一性对于青少年犯罪的影响作用研究，但是该问卷仅仅包含陪伴和群体规范两个主要维度，未能很好地验证 Emler 和 Reicher 的犯罪群体同一性理论。其次，关于声望提升意识的研究直接探讨了声望提升意识对于青少年犯罪行为的影响，但是没有考察声望提升意识与不良同伴交往之间的关系，忽略了群体同一性本身对于青少年的重要作用。前面的文献综述和假设的理论模型已经提出，要全面揭示青少年与不良同伴交往的内

---

① Heaven P C L, Virgen M. Personality, perceptions of family and peer influences, and males' self-reported delinquency [J]. Personality and Individual Differences, 2001(30): 321-331.

部原因，必须同时关注不良同伴群体的偏差群体同一性功能，以及青少年由此进一步发展而来的声望提升意识和自我力量感。而且，已有研究所揭示的这些心理现象是否适合于我国青少年还有待于研究。

2. 不良同伴群体的关系功能对青少年同伴交往的影响

已有研究从同伴的社会支持、同伴压力和同伴依恋等方面探讨了不良同伴给予青少年的关系功能，进而试图揭示青少年选择并维持不良同伴交往的原因。但是这些研究一般仅仅探讨关系功能的特点及其对青少年犯罪的影响，很少有研究直接探讨关系功能对于青少年不良同伴交往的影响，尤其缺乏这些关系功能对于青少年在不良同伴交往中的自我建构的影响研究。由已有研究可知，同伴社会支持和同伴压力相对于同伴依恋在不良同伴群体中更为普遍，对青少年犯罪也具有较强的影响。同时，同伴支持和同伴压力也是同伴之间的相互作用方式。从 Emler 和 Reicher① 的质性分析可以看出，同伴支持导致犯罪青少年的被支持感，从而有助于其形成群体联盟感，并直接影响偏差群体同一性；而同伴压力被认为是增强群体凝聚力，维护和管理群体声望的方式，个体对同伴压力的感受并服从也是其接受群体规范的表现，因此，同伴支持和同伴压力不仅仅是一种同伴关系，它们作为群体内同伴的互动，是形成偏差群体同一性的直接推动因素。而且，由此可以推测，同伴支持和同伴压力对青少年犯罪的影响作用很可能主要是通过促进青少年偏差群体同一性的形成而间接发挥作用的。

另外，已有的关于同伴社会支持和同伴压力对于青少年犯罪的研究非常少。关于社会支持的研究要么主要探讨的是具有破坏性的青少年，而不能代表所有的犯罪青少年；要么笼统地考察了同伴支持行为，或者主要考察了感知的社会支持的满意度的影响，而没有全面考察各种功能的社会支持的作用，尤其是经济支持的特殊作

---

① Emler N, Reicher S. Adolescence and Delinquency: The Collective Management of Reputation[M]. Oxford: Blackwell, 1995.

用。我国有研究发现，家庭经济水平低下的青少年犯罪更严重①，很多少年犯的犯罪目的是为了钱财，② 而且兼具财产型和暴力型特点的抢劫类犯罪为我国青少年犯罪最多的类型，因此，经济支持可能会是偏差同伴的社会支持的一个重要功能。现有关于同伴压力的研究主要关注于物质滥用行为，而很少考察其对一般犯罪行为的影响，并且缺少比较规范的偏差同伴压力测量。因而已有研究不能清楚揭示偏差同伴群体中的这些关系功能的特点，更不能清楚阐明这些关系功能到底如何影响青少年的犯罪同伴联系和犯罪行为。

3. 社会疏离感和自我控制对青少年同伴交往的影响

正常同伴群体拒绝导致青少年缺乏正常的社交机会以及正常群体归属感的缺失，这势必会导致青少年的不良同伴交往和偏差群体同一性。但是，已有的研究一般仅限于儿童期的被拒绝与儿童或青少年的攻击行为的关系。犯罪青少年被正常同伴拒绝的特点难以测量，这可能是妨碍这类研究开展的一个很大因素，而且，青少年期的被同伴拒绝对于青少年偏差行为的影响可能的确不如儿童期明显。对于青少年来说，同伴拒绝的外在经验可能更多地反映在心理层面，即形成社会疏离感。同时，学业失败、缺乏学校承诺和家庭关爱等经验对于青少年卷入偏差同伴群体也很重要，这些外在因素也同样会引发青少年的社会疏离感。社会疏离感在青少年的外在社会因素与犯罪同伴联系和犯罪行为之间的中介作用已有研究证实。因此，从青少年的社会疏离感的角度考察青少年与不良同伴交往的个体驱动因素，既考虑了青少年卷入偏差群体的社会环境因素(正常同伴、家庭、学校等关系卷入)，又能比纯粹的客观环境测量更为准确地反映外在因素通过个体内在心理感受产生的影响。同时，按照 Newman③ 的青少年群体同一性理论，疏离感是促使青少年形

---

① 屈智勇．青少年犯罪：发展轨迹及家庭因素、价值观和自我控制的作用[D]．北京：北京师范大学，2005.

② 关颖．城市未成年人犯罪与家庭[M]．北京：群众出版社，2004.

③ Newman B M, Newman P R. Group identity and alienation: Giving the we its due[J]. Journal of Youth and Adolescence, 2001, 30(5): 515-538.

成偏差群体同一性的直接因素。

随着人格心理学的发展，青少年的个体因素近年来受到越来越多的关注。尤其是自我控制这一个性因素，不仅成为社会控制理论研究者近年来的研究重点，也受到其他青少年犯罪理论研究者的重视，只是不同的研究者会采用不同的理论视角和不同的自我控制测量方法。在生态系统观和交互作用论的影响下，研究者们越来越注重个体因素与其他环境因素的交互作用，会联合考虑自我控制等个体因素与家庭、同伴等环境因素对于青少年犯罪的影响。在这些研究中，自我控制对于犯罪青少年受同伴联系的影响也开始受到关注，但只是初见端倪。同伴是青少年犯罪的重要因素和犯罪行为产生的背景之一，深入理解青少年与不良同伴交往的原因，除了要考虑不良同伴群体的内部推动因素，还需要考虑青少年的自身特点所具有的驱动作用，这样才能更全面地理解青少年与不良同伴交往、在偏差同伴群体中进行自我建构的内外原因。从已有研究可知，自我控制显然是一个重要的个体因素。

已有的少量理论和研究提示，只有站在青少年自身的角度，考虑青少年的各种发展需求，才能找到青少年与不良同伴交往的真正动因，找到符合于青少年现实的真实解释。另外，个体需求和群体功能的探讨还需要综合考虑青少年自身特点所带来的认识、行为的局限性，才能全面地理解青少年与不良同伴交往的内部过程。

四、研究目的与意义

(一)研究目的

本研究的主要目的是采用人与社会互动的社会适应性观点，站在青少年的心理需求的视角，考察青少年与不良同伴交往并实施犯罪行为的内在心理动力，即不良同伴交往对于青少年这一特殊发展时期的群体的自我建构功能，发展我国青少年的偏差群体同一性理论。并进一步考察同伴群体关系(主要包括同伴压力和社会支持)、青少年个体的社会疏离感和同伴依恋以及自我控制人格特点等对偏差群体同一性、违法犯罪行为的影响，比较全面地揭示不良同伴交往影响青少年犯罪的内外社会心理因素。最后有针对性地提出青少年犯罪的预防和干预措施。

(二)研究意义

1. 理论意义

(1)促进不良同伴交往如何影响青少年犯罪的内在心理过程的深入研究

青少年犯罪已经引起了犯罪学、社会学和心理学的广泛关注，大量研究表明，家庭和同伴，尤其是不良同伴的影响，是青少年走向犯罪的重要因素。但是，对于青少年犯罪原因的研究主要集中在家庭因素，关于同伴对青少年犯罪行为的研究相对比较薄弱，而且多数属于宏观的犯罪学和社会学领域，停留在犯罪同伴联系这样的外显行为对青少年犯罪行为的影响的研究层面。而从犯罪心理学的角度关注不良同伴对青少年，犯罪影响的内在心理过程的研究还非常缺乏，偏离同伴影响青少年犯罪行为的内在心理机制还不清楚。因此，本研究从犯罪心理学的理论出发，综合运用犯罪学、社会学和心理学等多种学科的理论和现象学、建构主义、实证主义等多种方法论，比较系统而深入地揭示不良同伴交往对青少年犯罪的影响机制，对于青少年犯罪研究可以说具有开创性的价值，对于促进我国青少年犯罪以及不良同伴交往的研究具有抛砖引玉的重大理论意义。

(2)较好地发展了现有的关于青少年犯罪的社会心理理论

本研究提出的偏差同伴群体对于青少年的自我建构功能的观点，采用了青少年期犯罪理论和声望自我表现理论等多种理论及其研究的独特视角，能够比较合理和深入地揭示青少年与不良同伴交往并实施犯罪行为的内部心理动力。而且，本研究在理论上整合了声望自我表现理论、青少年期犯罪理论、偏差群体同一性和个人力量感等多种青少年犯罪理论和研究观点，弥补了各个理论的偏颇之处，提出了比较完备的青少年偏差群体同一性和非顺从声望理论，并考虑了青少年群体同一性理论，有助于理解青少年群体同一性的特点以及群体同一性和个人同一性的关系等理论问题。

(3)对已有的个体层面和社会层面的犯罪理论具有推动与检验作用

已有的研究从青少年的同伴关系和个体特征等方面对于青少年犯罪影响因素做了大量探讨，但是这些因素如何影响青少年的不良同伴交往却鲜有研究。本研究从青少年的偏差同伴群体内部互动关系特点考察了偏差群体内的推动因素，同时从正常社会关系的疏离感和自我控制的个体特点考察了群体之外的个体驱动因素，比较全面地探讨了青少年在不良同伴群体中进行自我建构的影响因素。这本身具有比较大的理论价值。同时，对于社会控制、不同联系、自我贬损、犯罪性理论等已有犯罪理论的发展具有重要意义，也是对于青少年早期的群体同一性和疏离感理论的实证检验，有助于青少年犯罪理论和青少年早期社会性发展理论的发展。

2. 实践意义

大量调查研究表明，大多数青少年走向犯罪道路的直接原因往往就是不良同伴的影响。青少年期是一个比较关键的时期，青少年在这个时期也很容易出现越轨行为。而且，近年来我国青少年犯罪出现了低龄化、暴力化、团伙化的趋势，10~12 岁的小学生就开始出现偏差行为，14 岁左右开始出现比较多的违法犯罪行为，而且大多数都是群体犯罪；青少年团伙犯罪性质也都比较严重，多数为抢劫，也有吸毒、强奸等，对社会的危害性很大。① 因此，了解青少年与犯罪同伴联系的外在原因和内在心理过程，对于预防和干预青少年走向犯罪具有重要的实践意义。

近来的干预研究越来越多地认识到，任何有效的干预都必须建立在关注罪犯的犯因性需要，通过增加个人效能而避免犯罪。② 从青少年自身的角度出发，了解青少年与犯罪同伴的关系特点，以及青少年在偏离群体中获得的个人心理资源和群体对青少年的重要功

---

① 张潘仕．中国青少年犯罪年鉴[M]．北京：中国方正出版社，2002.

② 吴宗宪．国外罪犯心理矫治[M]．北京：中国轻工业出版社，2004.

能，能够深入地揭示青少年与偏离同伴保持联系的内在心理机制，了解青少年的内心需求。这将对于犯罪青少年的干预和矫治，以及有犯罪危险的青少年的预防工作，提供重要的理论基础。

从群体互动特点揭示青少年与不良同伴交往并建构自我功能的影响因素，将有助于深入了解不良同伴群体保持联系和相互作用的方式，为寻找抑制甚至阻断偏差同伴互动、降低偏差同一性、减少偏差行为的途径提供可能性。而从青少年的社会疏离感和自我控制的个性特点了解促使青少年与不良同伴交往的原因，能避免片面强调同伴群体对青少年犯罪的影响作用，注意到青少年个体因素对于青少年不良同伴交往和犯罪行为的促发作用，以及青少年远离传统社会走向偏差道路的重要社会背景原因，从而为从改善青少年的社会环境的角度入手减少青少年犯罪提供一定的指导，并针对不同人格特点的青少年实施不同的教育和预防措施。

最后，基于本研究的结果，在梳理了现有的预防和干预青少年犯罪的措施与方案的基础上，提出以帮助青少年实现其群体同一性和自我声望表达的自我心理需求为核心目标，以降低其低自我控制、提高社会技能和同伴关系为辅助目标，建立系统的青少年犯罪预防和干预方案，为有效降低青少年犯罪提供切实有效的新措施。在我国青少年犯罪研究尚薄弱，而青少年犯罪的科学预防和矫治工作更为缺乏的现实情况下，此项工作对于推进我国青少年犯罪预防工作具有重要现实意义。

第二章

理论模型与研究设计

一、假设的理论模型

(一)现有理论观点的评价

从以上分析可见，社会控制理论过于强调家庭和自我控制的作用，社会学习理论肯定了同伴的影响，但是对于同伴影响的作用机制过于机械，认为主要是观察模仿和强化，没有考虑个体的主动调节、目标导向作用。声望自我表现理论采用了社会同一性理论，强调了青少年犯罪的内部社会心理过程，认为青少年犯罪是有目的的声望管理行为，同时同伴是青少年获得声望的重要背景，但是该理论的重点在声望自我表现这一个体同一性心理现象。目标设定和声望提升理论按照声望自我表现理论中有关声望管理的思路，解决了青少年个体如何通过目标设定来达到声望管理的过程，有助于理解青少年个体同一性是如何发展的，但却未关注群体本身对青少年发展的重要意义，即忽视了声望自我表现理论所强调的不良同伴交往对于青少年偏差群体同一性建构的重要作用。Heaven 的犯罪群体同一性理论强调了偏差群体对犯罪青少年的群体同一性功能，并发展了犯罪群体同一性问卷，却又忽略了群体的声望管理功能，其犯罪群体同一性结构的代表性也非常有限。①

青少年期犯罪理论和声望自我表现理论给予了解释青少年犯罪原因的全新视角，即认为青少年与不良同伴交往并实施犯罪是一种对于青少年自身具有重要社会心理意义的行为，这种意义主要是同伴群体具有自我建构功能。但是，这些理论和研究都不能很好地解决自我建构功能所包含的群体同一性和个体同一性的关系，尤其是青少年偏差群体同一性的内涵和结构，及其对于青少年心理发展的意义等。群体同一性理论和青少年群体同一性理论在这方面可以给予重要启示。

(二)青少年群体同一性理论简介

群体同一性是社会同一性的一种，按照 Turner② 提出的“自我分类”理论有关社会同一性的表述，社会同一性是自我概念的一种，是个体对于自己作为某个或某些社会群体的成员身份的认识，这些认识对于作为社会成员的个体而言，具有特定的情感或价值意义。社会同一性会决定个体行为。

社会同一性的形成要经过分类、认同和比较的过程。首先，个体会根据一定的分类标准把自己归入特定的群体类别中。只要个体意识到自己的群体类别，就会产生对这一群体的认同。其次，是认同，即个体对其身份的一种确认和接纳。个体根据群体类别来确定自我身份，把自己看作是和群体中其他成员一样的一类人，接受群体的规范并与群体中其他成员的行为保持一致。最后是比较，即个

---

① Heaven P C L, Caputi P, Trivellion-Scott D. Personaltiy and group influences on self-reported delinquent behavior[J]. Personality and individual differences, 2001, 28(6): 1143-1158.

② Turner J C. Towards a Cognitive Redefinition of the Social Group[M]//Tajfel H. (Ed.). Social Identity and Intergroup Relations, Cambridge: Cambgridge University Press, 1982: 15-40.

体把自己所属的群体(内群体)与其他群体(外群体)进行比较。

Newman① 专门提出了青少年群体同一性的理论，认为在青少年早期，同伴群体的认同和支持非常重要，主张在艾里克森的青少年期个体同一性发展任务之前，应该加上青少年早期的群体同一性对疏离感的发展任务。个体不能很好地整合到社会群体中，就会产生疏离感，即与社会脱离，缺少社会支持或有意义的社会联系的感觉。

他提出，群体同一性形成需要 4 个成分：(1)分类，区分出界定成员特征的属性。(2)经历作为一个群体成员的历史感。总是与一个群体的成员连续互动，并且被他人知道，有共享的经验，参与群体共同环境中，开始内化群体的价值、信念和行为，导致对自我进行修正，强化了“我们”。这就相当于社会同一性形成中的认同。(3)群体中的情感投入。对群体自豪，对群体成员理想化，会为群体目标作出牺牲。情感投入是一个纽带，有助于解释青少年为什么不愿意离开群体。(4)对于群体以及它与其他群体关系的社会评价。他们知道其他人如何看待他的群体，形成自己对于该群体的价值和重要性。会有很多时间分析和评价群体。面对其他人威胁自己群体的时候，会增强群体凝聚力。国内最近有研究者依照这 4 个成分对正常青少年的群体认同进行了研究，结果发现了情感投入、体验承诺、认知和自尊感受 4 个因子，② 但是该研究未关注到 Newman 提出的 4 个成分中还包含更细的多个因子，也未注意到群体对于个体的声望表达这一重要群体功能。

由上可见，青少年群体同一性应该包含以下成分：第一，群体身份认同，也就是个体的自我分类。个体根据群体原型，区分出界定成员特征的属性，产生一种区别于其他群体的身份感。第二，群体成员的互动经验，以及由互动经验形成的价值和行为一致的紧密

---

① Newman B M, Newman P R. Group identity and alienation: Giving the we its due[J]. Journal of Youth and Adolescence, 2001, 30(5): 515-538.

② 安秋玲，王小惠．班级内青少年非正式群体认同发展研究[J]．心理科学，2006，29(1)：94-97.

联系感。第三，个体对于群体声望的管理，包括两个方面：一是个体表现出与群体成员一致的行为，表达个体在群体中的声望，实现个人对群体的归属和被接纳；二是对于群体声望作为一个集体存在的保护，表达和维护群体特性和利益，群体受到威胁的时候，表现出群体凝聚行为。第四，群体规范，在群体成员的互动中，形成并遵守一定的行为规则，这些规则能够显示整个群体的特点。第五，群体承诺。在群体的比较中，个体对于自己所属群体具有积极的评价，认为群体对于自己是重要的，并具有一定的情感投入，不愿意离开群体。

（三）偏差群体同一性理论假设

综上，本研究认为，不良同伴交往对青少年具有自我建构功能，青少年由此获得了对其早期心理发展具有重要意义的群体同一性，这正是青少年与不良同伴交往的内部心理动力。并且，在偏差群体同一性的建构过程中，青少年进一步建构了自我同一性，即非顺从声望，这其中包含了个人力量感。因此，偏差群体同一性是大多数青少年与不良同伴结交并实施犯罪的主要内部心理原因，它展示了作为群体的集体声望，只有少数群体同一性较高、犯罪行为较严重的青少年会进一步具有明确的个人非顺从声望。同时，这种偏差群体同一性和非顺从声望的获得，可能使得犯罪青少年获得了积极的自我评价，即代偿和提升了以前的消极自我评价。

而群体内部的社会支持、同伴压力等群体互动关系本身就是青少年相互作用，加强群体联盟感、形成群体规范等的重要形式，这种互动本身就是接受犯罪行为规范、进行群体声望表达的方式，因此对于青少年偏差群体同一性具有非常强的群体动力作用。

同时，青少年之所以要与不良同伴交往并建构偏差群体同一性，是因为犯罪青少年的正常群体同一性缺失，造成他们具有社会疏离感，因而在不良同伴群体中获取这种对于所有青少年都非常重要的心理资源，即取得青少年早期的群体同一性，将有利于下一阶段的自我同一性发展。从社会控制理论和生态系统观来看，青少年自身的自我控制人格特点对于青少年的不良同伴交往和同伴互动过程必然具有重要影响作用，其冲动性、冒险性倾向等使得他们更易于发展偏差群体同一性。

二、本研究的问题

本研究将从青少年的自我发展、群体关系和个性特点的角度出发，专门分析青少年与不良同伴联系的内部心理动力，深入揭示不良同伴影响青少年犯罪的内在心理过程。基于前面的文献分析，本研究将主要探讨下面三个方面的问题。

(一)不良同伴群体对青少年的自我建构功能

本研究将首先采用质性研究，从青少年的研究视角出发，运用深入访谈方式，考察不良同伴交往是否能够在犯罪青少年发展过程中具有特殊的自我建构功能，即犯罪青少年是否在不良同伴交往中获得了群体同一性和声望提升意识，从而加强了犯罪同伴联系和犯罪行为。

然后以此为基础，运用社会同一性理论，编制适用于我国青少年的偏差群体同一性问卷，进一步量化研究青少年的偏差群体同一性与声望提升意识的关系，以及两者对于青少年犯罪行为的影响。

(二)不良同伴群体的关系功能对青少年同伴交往的影响

本研究将采用包含财物支持在内的多种功能的同伴社会支持测量方法，以及适用于一般犯罪行为的同伴压力量表，首先全面考察青少年偏差同伴群体中的同伴社会支持和同伴压力的特点，了解偏差同伴群体的互动方式和关系功能；然后分析同伴支持和同伴压力对青少年偏差群体同一性的影响，并检验偏差群体同一性在同伴支持、同伴压力与青少年犯罪行为关系的中介作用，从而理解青少年偏差群体同一性形成的群体内部过程，并从群体关系功能的角度揭示青少年与不良同伴交往并进行犯罪的群体内部原因。这样，既有助于更为全面地理解青少年与不良同伴交往并进行犯罪行为的内部动力过程，也有助于深入探讨同伴支持、同伴压力等青少年群体关系特点对青少年犯罪的影响机制。

(三)社会疏离感和自我控制对青少年同伴交往的影响

本研究将选取社会疏离感和自我控制变量考察个体因素对青少年与不良同伴交往的驱动作用，即社会疏离感和自我控制对于建立青少年偏差群体同一性的作用，以及他们共同对青少年犯罪行为的影响。并且，本研究还会关注这两个因素如何与同伴群体关系功能共同作用，影响偏差群体同一性和犯罪行为，从而建立比较全面的青少年不良同伴交往的社会心理模型。

三、总体研究设计

(一)研究思路

本研究将采用群体同一性理论和声望自我表现理论，从不良同伴交往给予犯罪青少年群体同一性的角度分析不良同伴群体对于青少年犯罪的影响机制。

首先，本研究运用质性分析方法，从犯罪青少年的视角出发，了解不良同伴交往对于犯罪青少年的心理意义，考察是否存在着犯罪群体同一性，其特点是什么；在犯罪群体中，犯罪青少年是否在进行着声望管理，并获得了非顺从声望，其主要特点是什么；并通过多维尺度分析探讨偏差群体同一性概念结构及其与非顺从声望的关系。

其次，以此为基础，编制青少年犯罪群体同一性和非顺从声望问卷，为系统地研究不良同伴群体对青少年犯罪的内部心理动力提供有效的测量工具，并考察犯罪青少年和非犯罪青少年等不同群体的青少年在犯罪群体同一性和声望提升上的不同特点。

再次，运用青少年偏差群体同一性和非顺从声望问卷，调查偏差群体的自我建构功能对于青少年自我报告的犯罪行为的影响，以及偏差群体同一性和非顺从声望在影响青少年犯罪行为上的关系，从而更明确地理解偏差群体同一性对于青少年犯罪行为的影响程度和方式。

最后，从偏差同伴群体内部互动关系特点和青少年的个体特征考察影响青少年偏差群体同一性形成的动力因素，确立具体因素的影响大小和作用方式。

（二）总体研究假设

（1）通过对犯罪青少年关于不良同伴交往过程和互动特点、心理感受的访谈和质性分析，能够发现不良同伴交往对于我国犯罪青少年的确具有自我建构功能，青少年获得了偏差群体同一性，并进一步发展了非顺从声望。

（2）青少年偏差群体同一性是一种用偏差行为进行群体自我的界定，包括对于自己群体身份的感知、群体的情感和评价、群体成员联盟感和群体规范；非顺从声望则衍生于偏差群体同一性，属于个体自我有关自己社会声望的感知，只有具有了较高的偏差群体同一性才会进一步产生非顺从声望。

（3）未管和普通青少年的偏差群体同一性和非顺从声望存在显著差异，普通中学生的偏差群体同一性和非顺从声望具有显著的年龄发展特点；偏差群体同一性与非顺从声望都会对青少年犯罪具有正向预测作用，但是偏差群体同一性对于青少年犯罪的影响更大。

（4）同伴社会支持和同伴压力与青少年偏差群体同一性正相关，而且会通过影响偏差群体同一性而间接影响犯罪行为，同伴压力还会直接影响犯罪行为。

（5）青少年的高社会疏离感和低自我控制与偏差群体同一性正相关；社会疏离感既会直接正向影响偏差群体同一性，还会负向预测同伴社会支持，从而负向影响偏差群体同一性，偏差群体同一性在社会疏离感和犯罪行为之间具有完全中介作用；低自我控制与同伴社会支持和同伴压力都具有正相关，从而正向影响偏差群体同一性，偏差群体同一性在低自我控制与犯罪行为之间具有部分中介作用。

(三)研究方法与流程

本研究将分 5 个研究点来实现总体研究目的，每个研究点要解决的主要问题、所使用的方法和期望得到的结果如图 2.1 所示。全部研究涉及的主要变量及其关系如图 2.2 所示。

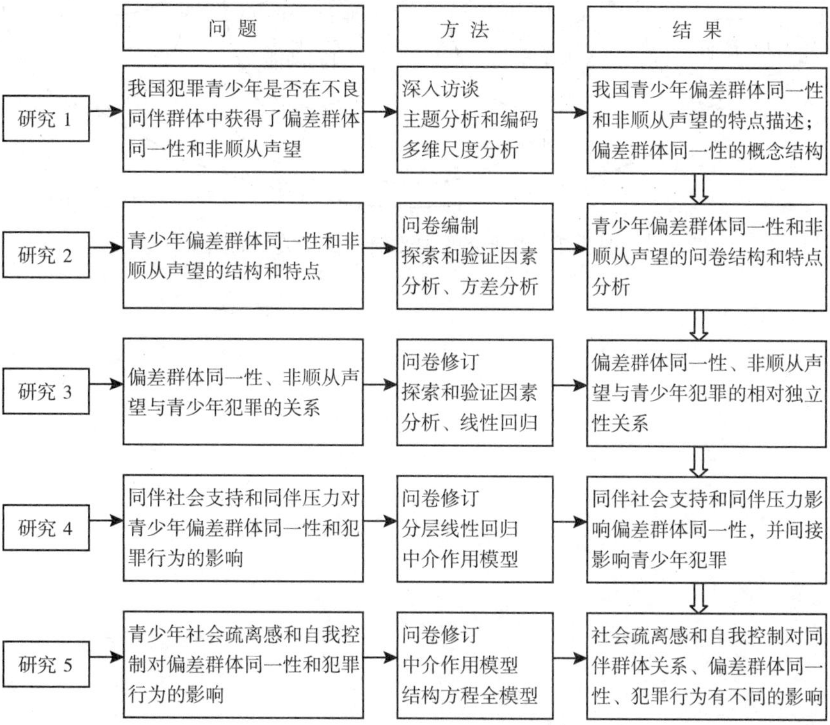

图 2.1　总体研究设计和流程示意图

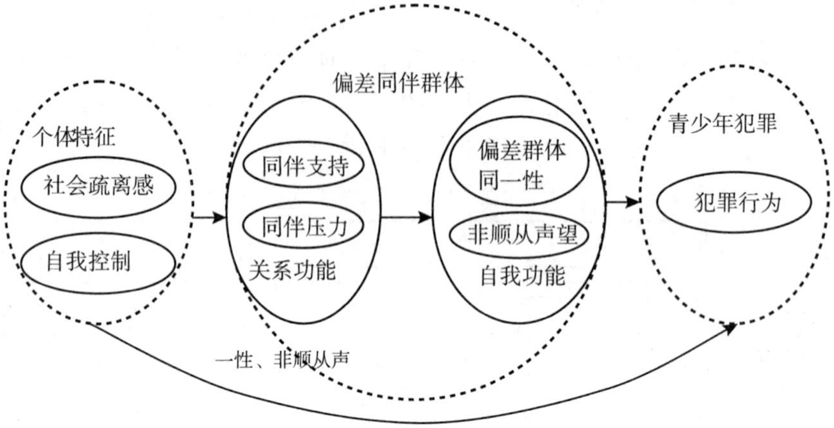

图 2.2 本研究的主要变量及其关系简图

第三章

青少年偏差群体同一性理论建构的质性研究

一、研究目的

本研究拟采用现象学的认识论，通过对犯罪青少年有关不良同伴交往的发生、发展过程，以及不良同伴群体交往特点的深入访谈，运用质性研究方法，站在犯罪青少年的视角，了解犯罪青少年与不良同伴交往的内部心理动力特点，构建不良同伴群体对青少年犯罪影响机制的理论性解释架构。具体达成以下两个研究目标：

(1)确定犯罪青少年在不良同伴交往中是否获得了偏差群体同一性，并产生了非顺从声望。

(2)分析偏差群体同一性的概念结构，建立青少年偏差群体同一性的理论结构。

二、质性研究方法

(一)理论抽样

质性研究的抽样不同于量化研究，其抽样目标不是特定的人群，而是行为事件，考虑的重点不是对象人群对于母群的代表性，而是行为事件的变异性，即行为事件是否代表了我们所研究的“现象”的属性，并充分反映了研究现象在各方面的变异情况。其抽样过程是依据代表现象属性的概念之间的比较来不断推进的，以寻找最有可能呈现出概念间变异情形的人、事、情景，最终发展尽可能多的类别，建立理论。① 因此，这个过程称为理论抽样。

本研究的理论抽样是基于已有的青少年犯罪研究发展而出的概念。首先，研究者初步确定研究对象为湖北省未成年犯管教所(以下简称“未管所”)刚被收容的男性青少年，然后根据官方案卷记录选择团伙犯罪成员，他们具有多次团伙犯罪记录，且其连案大多数也同时在该未管中队的一伙犯罪青少年，在同一伙犯罪青少年中，选择一个主犯，两个犯罪程度、文化程度不同的从犯，然后根据判刑罪名选择不同类型的团伙犯罪青少年。由于犯罪青少年的罪名绝大多数都是团伙抢劫，因此，抢劫类的抽样比较多一点。这样，最终确定了属于一个团伙的以抢劫定罪的3名男性青少年作为预访谈对象，正式访谈了11名不同犯罪类型、不同犯罪程度(刑期)、不同群体地位、不同文化程度和不同年龄的男性犯罪青少年。在每次访谈结束后，研究者尽可能地在众多信息中，初步归纳和理解受访者的犯罪心理过程，在访谈日志中记录下有关研究现象的概念和想法。访谈至第11名受访者时，研究者感到收集的信息已经没有明显的变异。因此，对男性犯罪青少年的访谈抽样至此结束。

由于女性犯罪青少年也同样具有团伙犯罪的现象(虽然这种现象比较少，而且在整个湖北省未管所1000余名犯罪青少年中，女性犯罪青少年只有19名)，一般来说，女性的人际关系特点和心理需求应该与男性不同，但是群体接纳和群体交往的需求，似乎对于所有青少年来说又都是一样的，而且，在访谈的过程中，我们了解到有些男性犯罪青少年日常交往的对象除了联系非常紧密的男性同伴外，还有恋人关系的女朋友以及非恋人关系、一起在外面玩的女

---

① Strauss A，Corbin J. 质性研究入门：扎根理论研究方法[M]. 吴芝仪，廖梅花，译. 嘉义：涛石文化事业有限公司，2003.

性朋友，这些女性青少年与他们的生活具有或密切或松散的联系，让我们看到了在这些男性被访者身后独立存在的一群女性偏差青少年。因此，研究者认为有必要对女性团伙犯罪青少年进行访谈，以增进对所有犯罪青少年的不良同伴交往心理过程的理解。这样，我们进一步理论抽样，选取了3名女性团伙犯罪青少年进行访谈。表3.1列出了所有受访者的基本资料。

表3.1 **受访犯罪青少年的基本资料**

阶段	编号	性别	犯罪类型	刑期	文化程度	年龄	是否为领导者	连案人数
预访谈	A	男	抢劫	两年	小学	16	0	3~6
	B	男	抢劫	四年	初三	18	1	
	C	男	抢劫	四年	初中	17	0	
正式访谈	1	男	故意伤害	七年	小学	15	1	3
	2	男	故意杀人	无期	初三	16	0	3
	3	男	抢劫	十二年	小五	17	1	5
	4	男	拦路抢劫	六年	初中	18	1	5~6
	5	男	拦路抢劫	六年	初中	16	0	
	6	男	拦路抢劫	五年	小学	16	0	
	7	男	抢劫强奸	五年六个月	初二	17	0	2
	8	男	强奸	六年	初中	17	0	4
	9	男	绑架	八年	初中	17	0	3
	10	男	抢劫盗窃	四年	小学	17	1	2
	11	男	故意伤害	两年	初中	17	0	5
	12	女	抢劫	两年	初二	15	0	6~7
	13	女	抢劫	三年	小学一年级	18	0	7~8
	14	女	抢劫	六年	初一	19	0	8

注：以上资料主要采用案卷上提供的信息。其中犯罪类型即官方定罪类型；有些连案人数是一个范围值，是由于犯罪青少年往往多次进行团伙犯罪，案卷上记载的每次共同作案的人员和人数不一定完全相同；4、5、6属于同一个同伴群体；是否为领导者的信息由研究者根据访谈信息主观判定，1代表领导者，他们多数也是累犯，0代表从属者。

由表 3.1 可以看出，9 号受访者虽然案卷上是具有同伴共同作案，但是访谈发现，受访者并不具有与不良同伴交往、逐渐变坏的过程，纯粹是出于经济原因而起的偶发性犯罪，因此，不属于本研究的范围，未纳入后续分析。同时，在访谈过程中，研究者发现，不论是以哪种犯罪类型定罪的青少年，只要具有不良同伴交往经历，他们大多具有打架、抢劫或者偷窃等类似的、多样的问题行为。

(二) 访谈材料

访谈提纲包括“访谈导入”“访谈主体”“访谈结束”三大部分，见附录 1。首先向受访者介绍访谈者的身份和访谈目的，并消除受访者的顾虑。在征得受访者同意之后，开始正式访谈。

访谈主体部分设计了四方面的内容：第一部分，受访者的基本情况，从犯罪青少年的个人年龄、家庭背景介绍开始访谈，既能自然引入第二部分的内容，更能很快地让受访者感到访谈者的关心，消除戒备，建立信赖关系。第二部分，关于犯罪青少年的家庭关系和父母教养行为内容。第三、四部分为本研究的重点部分，第三部分要求受访者具体介绍自己变坏的过程，即为什么要偏离正常生活，如何结交不良同伴的，第四部分则聚焦于群体关系的特点，了解群体互动特点和个人在群体中的感受。根据已有研究文献和研究者的假设，第四部分的群体关系又从 3 个核心成分进行剖析和展开，即同伴支持、同伴压力和群体同一性。

访谈结束部分设计了三个问题，第一个询问受访者过去和现在所看重的事物，涉及对受访者的自我价值的了解。第二个和第三个问题则分别要求受访者自己总结过去的经验教训并展望未来、设计愿望，以很好地结束访谈关于过去经历的回忆，鼓励受访者好好面对现在，争取重塑美好的未来人生。这样的结束，既能获得一些有关青少年自身的价值取向描述和走向犯罪道路重要原因的简单总结，更是把整个访谈过程作为一个咨询的过程来实施，期望达到受访者自我教育和访谈者适当的鼓励和正面教育的目的。

(三)访谈者的主观背景

对于任何科学资料的解释，都会存在不同程度的研究者偏差，也都必然包含着研究者的主观经验和知识背景。在质性研究中，对于同一现象的解释，由于研究视角和知识背景的不同，不同研究者之间的偏差可能更容易发生，Glesne 和 Peshkin(1992)鼓励质的研究者提供自己的相关主观背景资料，让读者能了解在资料解释过程中可能出现的研究者的主观偏差。①

笔者连续进行了十年的心理学专业学习，一直从事儿童和青少年的心理学研究，重点关注青少年的同伴关系，从博士学习阶段就开始关注青少年犯罪心理，具有心理咨询的临床经验。笔者认为，不良的同伴群体交往虽然带来了青少年不被社会认可的不良行为，但是该群体交往对于青少年来说，必然具有重要的心理意义。

(四)访谈过程

1. 访谈准备

在访谈之前，研究者首先明确访谈目的，初步编制访谈提纲，并做好访谈准备工作，然后查阅入所青少年学员的案卷，选择受访者，仔细阅读每个受访者的起诉书、判决书、入所干警的辅导谈话记录、个性特征测评结果等资料，了解受访者的个人背景。

2. 预访谈

通过对 3 个预访谈对象的访谈，获得了对犯罪青少年一般变化过程和心理特点、语言特点的理解，对访谈提纲进行了修改，形成正式访谈提纲。而且，确立了访谈者应当采用咨询师的立场，而非教育者的立场，即尽力共情和理解。

3. 正式访谈

访谈开始，首先注意让受访者消除顾虑和紧张。在访谈过程中，不断处理受访者的戒备、激动、悲伤、后悔等情绪，控制访谈

---

① Strauss A, Corbin J. 质性研究入门：扎根理论研究方法[M]. 吴芝仪，廖梅花，译. 嘉义：涛石文化事业有限公司，2003.

情景，使得双方有亲近、自然的互动，围绕着访谈主题顺畅地进行交流。

访谈者的提问并不是严格地按照访谈提纲的提问方式和前后顺序进行，而是大致按照提纲中几大主题的顺序开展，具体提问注意结合受访者的语境变化形式和顺序，并且要不断随着受访者的描述而进行巧妙的追问，这能比主动提问获得更多提纲之外的信息。总之，研究者对于访谈目的和提纲主题要铭记于心，次级提问是因势利导、探讨性的，让受访者感到研究者是在真诚地倾听他们的经历和想法，而不是被迫回答问题。研究者也没有预先设定具体反应，而是给予一些没有想到的主题出现的机会，让受访者与访谈者自由分享观点。在访谈情景中，受访者被给予了很大的空间和鼓励，使他们有机会反省自己过去的经历和感受，并表达自己的想法。①

但是对于有些主题下的次级问题，受访者一直没有涉及，可能对于受访者是不存在的现象，或者受访者认为是不言自明、理所当然的一些现象，研究者则需要在开放性访谈的最后阶段，对于访谈提纲中的有些问题进行主动提问，明确探讨这些问题，从而使得后期的编码分析是在明确的共同成分的基础上进行的。

访谈于 2005 年 8 月在连续 5 个工作日内完成。所有的访谈都是在未管所入所一中队的办公室进行，大多数情况下，都只有访谈者、协助访谈者和受访者 3 人在场，有个别案例访谈刚开始时监管干警同时在场。访谈全程进行了录音，也同时由协助访谈者进行了纸笔记录。

4. 记录访谈日志

访谈当晚，结合访谈纸笔记录，重新回忆访谈过程，记下所有关于受访者的犯罪原因的想法、初步的分析，以及第二天访谈应该重点注意的地方。这些日志，不仅仅有助于及时提高访谈水平和效

① Markova L. Toward an epostemology of social representations[J]. Journal of the Theory of Social Behavior, 1996, 2(2): 177-196.

率，而且关于受访者的所有初步分析，有助于后面的编码分析。①

(五)资料分析

1. 访谈录音文本转录

将访谈的所有录音资料全部逐字原句地转录成文字文本，由研究者本人和本实验室4位硕士研究生共同完成，借助SitMan P C复读机V3.2版软件对录音进行逐句或者逐段重复播放，以获得更准确高效的转录。笔者本人首先对所有的录音资料逐一仔细辨听，获得对当时谈话内容和情景的准确再现，充分理解访谈者话语含义，然后将录音材料分配给研究生进行转录。对所有的转录文本，研究者都再次对照录音资料进行核查、校对，保证转录信度。研究者与所有转录者逐一讨论了受访者的心理过程，听取转录者对于受访者犯罪心理的主要因素的理解，确认研究者心目中出现的一些概念的合理性，保证转录文本和初步出现的编码主题的真实性、客观性。

最终产生的原始文本数据来自于13个有效受访者，大约12万字，访谈时间最短40分钟，最长88分钟，平均57分钟。

2. 资料分析的总体过程和原则

本研究主要采用扎根理论的编码方法②对资料进行文本分析，经过逐级编码过程，精练出青少年偏差群体同一性的扎根理论。然后，为了从青少年偏差群体同一性概念的子类别中归纳出青少年偏差群体同一性的内在结构，进一步将文本编码数据转化为各类别的频次量化数据，借助于多维尺度分析技术对核心概念偏差群体同一性进行了概念结构分析。

整个资料分析的过程，研究者遵循了以下原则：

第一，以资料驱动为主，理论驱动和资料驱动相结合。

质性研究区别于量化研究的最大特点之一就是前者以资料驱动

---

① [英]阮曾媛琪. 中国就业妇女社会支持网络研究——“扎根理论”研究方法的应用[M]. 熊跃根，译. 北京：北京大学出版社，2002.

② Strauss A，Corbin J. 质性研究入门：扎根理论研究方法[M]. 吴芝仪，廖梅花，译. 嘉义：涛石文化事业有限公司，2003.

为主，后者以理论驱动为主。量化研究一般是在明确的理论指导下进行数据分析，而质性研究大多数没有明确的理论，而是通过系统的收集和分析资料之后，理论逐渐从资料中浮现出来。① 扎根理论尤其注重理论扎根于资料，这将比仅仅依据经验或者通过推测将一系列概念聚合在一起更能接近“现象”之后的“现实”(reality)。但是，很少有研究完全没有理论做指导，在提取概念类别时，往往就是借助了已有的理论对现象进行阐释。本研究关于我国青少年偏差群体同一性的概念并没有什么现成的理论，我国犯罪青少年结交不良同伴的内部心理动力是什么并不清楚，不良同伴群体关系具有什么特点也没有研究和理论给予描述或解释，因此，本研究将完全扎根于资料的分析，从犯罪青少年自己关于群体关系的描述中发现偏差群体同一性存在的证据，提炼出有关偏差群体同一性的特点描述，并对其如何影响青少年犯罪作出解释。所有的相关概念将完全依托于犯罪青少年对于他们的偏差群体关系的描述，否则，本研究的“理论”完全无法立足。

但是，由于欲建立的我国青少年偏差群体同一性理论隶属于青少年群体同一性理论，前者必将具有后者所有或者至少部分重要的特点，而且国外也有研究发现犯罪青少年中存在着偏差群体同一性，因此，本研究在将原始资料所抽取的意义单元归纳为概念类别时，必将受到有关群体同一性理论的指导，将扎根于本研究资料的概念类别与现有群体同一性理论的相关概念进行比较，并倾向于运用群体同一性理论的类似概念来对本研究所发现的概念进行命名。该过程并不是将理论概念强加于研究资料的过程，而是研究资料中出现的多个意义单元自然地显现出已有理论概念的特点，从而借助该理论概念名称对自下而上发展的类别进行标识和命名。这就是以资料驱动为主，同时相关理论会作为背景知识影响着概念类别的识别和命名。

第二，既用现象学方法描述概念内容，又用建构主义方法解释

---

① Strauss A, Corbin J. 质性研究入门：扎根理论研究方法[M]. 吴芝仪，廖梅花，译. 嘉义：涛石文化事业有限公司，2003.

概念结构。

本研究的首要目的是确定我国犯罪青少年中是否存在偏差群体同一性，以及该偏差群体同一性的特点，即偏差群体同一性的内容。质性研究材料的归纳分析，将为我们提供偏差群体同一性各方面特点的丰富内容，既从群体同一性的本质特征的存在说明我国青少年偏差群体同一性的存在性，也从具体特点的描述中，生动形象地展示了我国青少年偏差群体同一性独有的特点。这种对于现象特点的描述，本身就是一种获得概念含义和特点的描述性理论。但是，本研究又不仅仅限于对概念进行排序描述，研究者还期望通过核心概念的子类别的相对丰富性建立类别之间的相似性距离，从而发展核心概念的本质结构，了解偏差群体同一性与非顺从声望的结构关系，建构出具有解释性的知识构架和理论。

3. 具体编码过程

编码过程采用了 QSR-Nvivo1.2 计算机辅助编码软件，该软件不但有利于随着开放性编码的过程随时调整、更改编码系统，可以独立地在编码器中直观呈现编码索引，并将编码索引与原始文本语句的对应关系直观显示出来，还可以报告出各个类别的编码结果，更重要的是，它可以将编码结果直接用数据的形式报告出来，建立了质性研究材料进行量化分析的桥梁。

(1)反复阅读访谈资料，确定出现的主题

研究者先反复阅读每个个案的文本资料，提取出受访者话语所包含的主题，以及主题之下的次级主题，将这些精练的主题记录在以个案编号为标志的编码札记中，并记录下在这个过程中发现的概念类别，有关类别、主题之间的关系的思考，以及任何其他头脑中出现的有关该个案犯罪原因的想法，为进一步的分析，提取与研究主题有关的意义单元并留下各种可能的思维线索。

(2)提取意义单元(meaning unit)，进行开放性编码(open coding)

在对单个个案进行了比较宏观的主题分析之后，研究者开始着眼于各个主题，逐行逐句(line-by-line)地进行微观分析(microanalysis)，以产生初步的类别。这个过程也就是开放性编码的过程，即细微地界定资料中出现的所有概念及其属性，同时，作出一些类别提炼的初级分析(Strauss & Corbin，1998)。具体做法是将访谈资料中与主题相关，具有单层含义的陈述句识别、剥离出来，用一个能够代表其隐含意义的概念作出命名，这个概念在Nvivo编码软件中就成为编码器中的一个码号。例如，受访者的原话“那时他到哪里我就到哪里”，“(被爸爸捉了回去，又逃出来之后)我就直接去找他。我和他之间说好了的，我说，如果我被我爸爸捉回去了，或者我们被派出所抓了，再见面，我们就在网吧见面”，可以分别概念化为“总想在一起”“不愿意分开”。也有一些陈述句的命名可以直接从原话中撷取，通常被称为“实境代码”(in vivo codes)，例如，“天天就是玩，这里玩玩，那里搞搞”可以概念化为“天天玩”。这样，一共得到495个意义单元，概念化为196个初级码号。

(3)主轴编码(axial coding)，形成概念类别(categories)

在对资料进行细微的割裂开的分析编码之后，开始根据概念含义的相似性进行归类，形成更抽象的高一级的类别和子类别。运用“不断比较法”对新出现的概念与已有类别下的概念进行异同比较，从而确定新的概念是否属于该类别或者另建新的类别。由于研究者先已反复通读了全部文本资料，在提取主题的时候已经发现了一些不同个案之间共有的类别，因此，本研究的开放性编码与主轴编码几乎是同时进行的，随着开放性编码的推进，不断新增和调整上一级类别。但是，同时，主轴编码过程的完成还是在开放性编码完全完成之后，研究者通过对包含于类别和次级类别之下的初级码号含义的比较，概念所显示出的某种现象的发生条件、背景、结果等分析，再次专门对类别与次级类别的从属关系进行分析，建立比较成熟的编码索引。

(4) 建立和完善编码手册

再次详细全面地确定每个类别的含义、区别于其他类别的本质、与其他类别的关系、所包含的子类别和概念，以及具体的样例。研究者将所有的编码结果罗列出来，仔细比较所有支持某一编码类别的原始陈述句，判断类别的含义、类别之间是否交叉或者包容，对编码的正确性进行确认或修正，对类别的含义进行精确界定和丰富化。然后，研究者请心理学专家对已经建立的详细编码手册进行审阅，对于存在疑问和意见分歧的地方进行讨论，完善编码手册，最终形成的编码索引和编码手册样例见附录2和附录3。

（5）发展核心类别(central category)，选择性编码(selective coding)

发展核心类别，目的在于统整前面所有建立的类别和子类别，精练出本研究的主题，形成各个概念之间关系的陈述，提炼由研究得来的理论。由于这个过程主要针对一些主要类别进行，目的在于精练理论，因此叫做选择性编码。通过对研究资料中发展的类别之间的关系分析，研究者将群体同一性确定为本研究的核心类别，将12个主要类别提炼为群体同一性的主要成分，对其在群体同一性中的相对作用或者说关系，进行了图示化的分析，然后将群体同一性与非顺从声望、同伴支持、同伴压力、疏离感等主要类别之间的关系也依据访谈资料的关系陈述，建构了其间的关系结构，获得了本研究关于犯罪青少年结交不良同伴的内部心理动力，即偏差群体同一性的特点、作用和形成过程的理论。

4. 数据处理分析偏差群体同一性的概念结构

将研究者对偏差群体同一性的编码频次数据，转换为不同类别之间卡方分布的不相似性矩阵(dissimilarity matrix)，采用SPSS 10.0进行多维尺度分析。

三、青少年偏差群体同一性的概念抽取

(一)青少年偏差群体同一性的特点

基于受访者的原始文本资料，本研究自下而上的提取出与偏差同伴群体紧密相关的12个主要类别，在已有关于青少年群体同一性理论的指导下，研究者认为这12个表达偏差群体关系的类别正描述了犯罪青少年的偏差群体同一性，它们共同组成了偏差群体同一性的内容。具体来说，这12个类别分别回答了群体同一性理论

所提出的群体同一性应该具有的5个重要成分，即分类所产生的群体身份认同、行为一致的紧密联系感、个体对于群体声望的管理、群体规范、对群体的积极情感和评价。并且，从本研究的文本分析中发现，这12个类别彼此紧密相关联，互为前提，相互影响，最终共同促进了偏差群体同一性的形成。下面将从这5个方面具体说明12个类别与偏差群体同一性的关系，并详细介绍偏差群体同一性的内容和特点。

1. *群体身份认同*

社会同一性理论和青少年群体同一性理论都认为，群体同一性形成的首要成分就是分类，即个体会根据一定的分类标准把自己归入到特定的群体类别中，① 会区分出界定成员特征的属性。② 社会同一性的研究表明，个体对于自己所属的社会成员身份的分类认识是很普遍的现象，这种群体的分类认知，就是其群体成员的身份意识。

本研究中的"朋友身份"类别正是青少年对其群体成员的身份意识。具体来说，它是关于朋友以及自己的身份特点的描述，是通过群体内外的区分、群体关系距离的区分而实现的关于自我、群体的身份的认知。这其中包含了两种身份描述，也代表了两种获得群体身份意识的认知过程。第一种，是对于自己和朋友的身份的直接描述。本研究中，大多数犯罪青少年都具有这种明确描述。在这种对于朋友身份的明确描述中，大多数犯罪青少年也表达了自己的身份与他们是一样的认知。例如，

> "都是在外面玩的，很容易就熟了"，"是很酷的，很有钱，有的是很调皮的，很捣蛋的。也有的是爱学习的，但是他

① Turner J C. Towards a cognitive redefinition of the social group[M]//Tajfel H (Ed.). Social Identity and Intergroup Relations. Cambridge: Cambgridge University Press, 1982: 15-40.

② Newman B M, Newman P R. Group identity and alienation: Giving the we its due[J]. Journal of Youth and Adolescence, 2001, 30(5): 515-538.

们说，又要学习，又要混，但是那样的人很少”，“当时只知道他们是好玩的人，好打架的人”，“就是(一些)不务正业啦，夜不归宿啦，三五成群在一起(的人)，就是喜欢惹是生非啦，就是不是什么好人”，“都是在外面玩，但是也不算在外面混”。

第二种，通过对于朋友的关系距离的区分、朋友的选择，间接表明了朋友的身份特点。这些话语明确显示出青少年在进行着群体内外的比较，从而获得对于自己身份的认知：

“(当)出了事(时)，在外面，觉得大家都可以(主要指讲义气、不出卖朋友)，觉得做兄弟可以，(所以)跟他们一起玩。”

“我小的时候经常跟同学一起玩，跟旁边的邻居一起玩，后来逃学跟外面的人玩，之后就不喜欢跟同学一起玩了，就喜欢跟街上的人玩。……(觉得)根本就不是在一条路上走的”，“到初中时感觉自己已经变坏了，不想跟她们(指同班同学)谈学习上的事情，也不想跟同班同学玩”。

“打的都是街上玩的，都是跟自己一样的”，“我是又逃课，我又是学生，又是社会青年似的，我好像有两种身份”。

所有这些身份意识，都表明了犯罪青少年在群体之间进行着比较，一般来说，主要是在偏差群体和正常群体之间进行比较和区分，并主要用“在外面玩的”“社会上混的”“好打架的”等词语来表达自己和朋友属于不良同伴群体或者叫偏差群体，而正常群体主要是“学生”“谈论学习的”。同时，在偏差群体内部，青少年还进行了进一步的关系距离的区分，明确界定了群体内部的身份属性，比如，讲义气、不出卖朋友，从而把有些朋友作为“真心兄弟”，有些只是一般的朋友。总的来说，正是这种分类比较的认知过程，导致了犯罪青少年与其他正常群体的心理距离，使得他们进一步发生“物以类聚，人以群分”的行为，加强了与群体内部成员的联系。

2. 群体互动及紧密联系感

群体同一性形成的第二个重要成分是经历作为一个群体成员的历史感。总是与一个群体的成员连续互动，并且被他人知道，有共享的经验，参与群体共同环境中，开始内化群体的价值、信念和行为，导致对自我进行修正，强化了“我们”。这包含了群体互动经历，以及在共享的经验中获得的“我们”的紧密联系感。在偏差群体同一性中，群体互动主要是相互陪伴着从事偏差行为，或者对于同伴的偏差行为主动给予帮助。在同伴群体的共同活动中，犯罪青少年会感觉到“人多”所带来的安全感，会对群体产生一种认知积极评价，并进一步带来互助责任感。这种紧密联系感又会反过来促进更多的互动和共同活动。

(1)行为陪伴

“行为陪伴”是对于犯罪青少年与不良同伴之间的日常行为的描述，是一种行为共生现象，表明了群体成员互动或者说联系的紧密程度。本研究中大多数犯罪青少年几乎都是天天与不良同伴群体在一起，而且活动的内容主要都是偏差行为。例如：

> “八个女生，白天晚上都在一起”，“每天在一起打游戏，有钱就到网吧，没钱就到……就去偷车”。
>
> “(先)本来是一起玩，之后就带着我一起去抢”，(访谈者)“那你当时为什么想着要跟他们一起去洗钱呢?”“(受访者)其实没有想，他们就，反正在一起玩”。

从以上受访者的话语中，还可以看出，青少年与不良同伴的活动卷入往往就必然导致对于不良同伴的不良行为的共同参与。

(2)行为帮助

行为帮助也是一种与同伴之间的行为的描述，是一种给予或者被给予帮助的行为。行为陪伴往往就导致了行为帮助，而行为帮助也会引发更多的陪伴现象。在偏差同伴群体中，相互帮助打架是非常普遍的现象。

“我一般在那里(指网吧)玩，(他们)有什么事(主要指打架)到那去找我”，“有时候遇见我们的仇人，以前打了他们，他们那边很多人十几个，我们这边就四五个人，他们要打我，我就打个电话说‘兄弟们帮我，帮我打’，他们(兄弟们)就来了”，“反正关系很好，我也愿意跟他们帮忙。一般不是很好的朋友我是不会去的。我帮了他们的忙，然后(离家出走的时候)他们也会帮我”。

这种相互帮助的行为，会使得大多数犯罪青少年产生一种行为会得到同伴支持的“被支持感”，例如：

“(访谈者)你觉得你的兄弟们在外面会帮助你吗”，“(受访者)可以，应该会的，在外面，是这样觉得的”。“有时候我出了事，他们也会立马过来帮我”。

有过被抓经历的青少年，会认为这些同伴在外面小事会相互帮助，但是当真正犯了案时，谁也不会管谁，因此，会一分为二地看待这种帮助行为，没有强烈的被支持的信赖感。比如受访者#7认为：

“外面那些朋友，表面上玩得很好，其实心里又是一套。谁也不把谁当成好朋友。在外面玩没有什么真正的好朋友”。

(3)积极认知评价

群体成员会形成一种对于自己属于该群体具有一些好处、避免一些自己讨厌的事情的积极评价，这种认知评价相当于一种价值判断，促进了青少年想要接近该群体，并保持这种群体联系。积极认知评价表现在关于成为群体的一员能够给自己带来好处的积极认知，主要表现为人多力量大、获得保护、免受欺负等。

“我们天天在一起玩，没事玩啦，在网吧、到溜冰场……

在街上到处玩，根本不吃亏似的"，"(访谈者)当时为什么想着要变成兄弟，天天在一起?""(受访者)不知道。就是在一起，人多在一起，不受人欺负"，"那时候想着就觉得(打别人)蛮好玩，因为人多也不怕哪个"。

由于群体给自己的好处，多数犯罪青少年会进一步对整个群体产生肯定和认可。例如：

"当时觉得他们都很好"，"当时我心里面就感觉到这兄弟们真够意思，觉得这就是有难同当"，"在外面的时候，天天在一起很好，一起玩，一起吃饭，一起喝酒。在外面觉得蛮有意思的"。

这种认知上的积极评价，往往直接导致对群体的积极情感和群体承诺的形成。比如有的青少年直接说："在外面觉得蛮有意思的，就愿意和他们在一起。"

(4)安全感

与群体积极评价类似，安全感也与群体给自己的好处有关，但是，安全感主要表达了犯罪青少年不与同伴群体在一起就不能获得保护的感觉。从属性上来说，主要是一种感觉，还没有像积极认知评价一样，形成一种明确的认知。从内容上来看，主要是从反面来说的，因此与同伴群体在一起，似乎存在一些被动的感觉。

"我跟着在旁边，我没有打，慢慢地我也觉得人多还是好一些，我也就有勇气了。"

"有几次我大难临头似的，反正有几个人追来，用刀砍我，他一个人过去，就为我说了几句话，别人就(不再追打我了)"，"但是我觉得我放不下。我觉得我放不下来，如果，我出去，我怕后面冲一个人把我砍了，我有这种恐惧，(所以，还是要继续与那帮朋友在一起)"。

(5)互助责任感

由以上的行为互动和群体积极评价及安全感，犯罪青少年会对群体成员形成一种责任感，主要表现在共同活动从事偏差行为时，具有主动参与、提供给成员以帮助的责任和义务感。群体成员的共同活动使得他们的利益、声望都是卷入在一起的，他们会意识到自己不得不相互帮助，参与群体行为。

“有时候我出了事，他们也会立马过来帮我，也就是我遇到了仇人，他们那边人多，我这边人少，他们找我麻烦，我的朋友们就会过来帮我”，“可是(因为站在一起)你不动手，他们(指对方的人)就动手打你，(所以)也就动手了”。

互助责任感会使得犯罪青少年对群体形成一种联盟感，不参与群体活动就会有愧对群体承诺的感觉。当“朋友们有什么事情的时候叫自己”，会觉得“不去好像不好”，会主动地、似乎感到有责任相互帮助。例如：

“(访谈者)他有什么事也会找你，那会是什么事呢?”“(受访者)有时候他会说，找个借口说是兄弟出事了，叫我帮忙去打架，有时候说他摩托车被人偷去了，让我帮忙去找，这之类的吧，这都是一些小事，反正在外面，做兄弟的，这都不算什么。”

这种互助责任感往往也与犯罪青少年对于自己在群体中的声望认知有关，即犯罪青少年会认为在群体活动的时候，不相互帮助、不共同参与是一种与自我认可的声望和形象相违背的行为。例如：

“(访谈者)有没有让你瞧不起的人?”“(受访者)有。像有的是别人做事(就是指一起打架、抢钱之类的事情)的时候然后他偷偷溜走”。

“不是，当时我想回家，但是又，当时他是这样说的，他说如果愿意去可以去，不愿意去可以不去，以后就不要在一起玩。当时我就想我是回家，但是，我想因为要讲义气啊，所谓的那种哥们义气，和他们挺熟的，平时有吃有喝的时候有我，不应该回去，就是说要和他们一起，不能自己跑了，不然以后别人说我是胆小鬼，我当时就这样去了。”

3. 群体积极情感和承诺

具有了群体同一性的青少年，对群体具有一种情感投入，认为群体对自己很重要，进一步产生群体承诺，不愿意离开群体。

(1) 交友受惠感

群体认知积极评价强调了相互的紧密一致，群体给自己的好处是由于亲密一致的互动和联系所带来的，而交友受惠感强调的是群体单向的给予个体自身的好处，虽然这种好处很多时候也是需要相互联系、群聚在一起才会有。但是对于青少年的感受来说，是一种“受惠”，它与情感联系更紧密。例如：

“朋友多，路好走，我当时想有了朋友，什么都好办”，“我有好几个兄弟在那，他们都在那里，我不知道他们干什么，反正他们给我租了一间房，天天叫我们到餐馆去吃饭。吃完饭后挂个账就可以了”，“刚开始因为其他的学生有钱啊，当然我也需要钱，但是我经济上也没有，当然需要经济诱惑啊(所以就和那些有钱的孩子在一起)”。

(2) 群体积极情感

本研究中的犯罪青少年都表现出一种想要与群体在一起的情感，对群体具有满意感、愉悦感等积极情感体验。例如：

“我很喜欢与他们在一起玩，跟他们一起蛮开心的。想干什么干什么”，“我就觉得很自由，无忧无虑的”，“和他们一起玩就非常快乐”，“三个人关系特别好”，“他很喜欢我，我也很喜欢他”，“就是喜欢他们带我，他们来带我出来玩”。

女犯#14曾经在与同学一起玩的时候，觉得别人瞧不起自己，但是与后来常常在一起逃学、抢钱的朋友们一起的时候，不再觉得他们瞧不起自己，而是获得了自尊以及被群体接纳的愉快体验。

(3)承诺与团结

群体承诺与群体积极情感类似，也表达了想要与群体在一起的情感，但是主要是一种关于彼此行为、利益等的誓约而形成的联盟感，希望将自己的生活、行为、利益与群体紧密联系在一起，不愿意离开群体的情感。可以看出，这种承诺与团结往往来自于对群体的积极情感体验。本研究中犯罪青少年的承诺与团结表现为两个方面，一个是不愿意分开的情感，例如：

> “那时他到哪里我就到哪里”，“(被爸爸捉了回去，又逃出来之后)我就直接去找他。我和他之间说好了的，我说，如果我被我爸爸捉回去了，或者我们被派出所抓了，再见面，我们就在网吧见面”，“觉得我离不开他们似的”。

犯罪青少年有时候也会面临矛盾心理，但是最后还是更愿意与同伴群体在一起。例如：

> “有时候蛮想的(好好上学的)，然后就每天上学。后来他们在校门口等着我的，然后有时候在校门口等着我就跟他们一起去玩，玩玩就又不想上学了。”并且说当时就“没有想过不去和他们一起玩，就是自己想去”。

另一个是行为团结一致的意愿，甚至是一种关于彼此的行为、利益等紧密联系在一起的直接的誓约。例如：

> “我们当时几个年级几个一起说好了的，一定要一起玩。就是说，关系很好，很好”，“(访谈者)你们当时有什么盟约?”“(受访者)现在想起来都后悔，什么有福同享有难同当”，“我们几个要好的兄弟说话，大家都没什么意见，不管是谁说

话(此处说话即'提议'),只要大家不想去做,都可以提出来"。

"(我们当时有一种约定)就是兄弟之间争吵一句,谁先争的,谁先停止,不能争吵,(如果)兄弟在旁边,要在旁边劝一下。……在外面玩,不能产生内讧,产生内讧自然就瓦解,需要团结在一起。"

4. 声望、价值管理

群体同一性理论认为,群体互动是一种公开的行为,是被他人知道的,相当于具有一种社会声望,因此,是一种印象管理的过程。本研究发现,犯罪青少年的确会有意识地表现出与群体成员相一致的行为,从而表达自己的群体声望,其目的往往是实现个人对群体的归属和被接纳,是一种群体地位的强化过程,同时,在这个过程中,青少年也进一步确立了自己的声望形象。本研究还发现,犯罪青少年在进行声望表达行为之前,往往与群体成员具有共同的价值取向,具体来说,即休闲、享乐的价值取向,青少年自身,以及整个群体都具有了该休闲取向,青少年才会进一步想要在群体成员面前表现出与价值取向相一致的行为。即休闲取向是声望表达的前提条件,声望表达则强调了青少年在群体面前表现出该价值取向。

(1) 休闲取向

本研究中的所有犯罪青少年与他们的同伴群体成员都具有共同的价值取向,即享乐、休闲,而不是听话、学习。这主要从他们的日常生活方式中反映出来,他们的日常活动就是从逃学、打游戏、上网、抽烟到打架、偷钱、抢钱等各种偏差行为和犯罪行为。例如:

"天天就是玩,这里玩玩,那里搞搞","吃喝玩乐","每天在一起打游戏,有钱就到网吧","主要是上网,然后有时候没有钱的时候就找别人要钱"。

此外，也从其欣赏、向往的行为中反映出来。例如，女犯#13说男朋友不准自己抽烟喝酒，但是自己就是喜欢与朋友们在一起“抽烟喝酒，蛮轻松自在”。说明他们的生活目的纯粹就是为了自己享乐、开心。

还有不想学习、不想与家人在一起，反映了只想“享乐”的休闲价值取向。例如，“那时候就和同学学着抽烟，然后就不知怎么搞的不愿意学习了”，“就想着逃学之后怎么玩得开心怎么玩”。

(2)声望表达

本研究中，声望表达是指犯罪青少年通过在群体成员面前表现出与群体内他人的行为或者群体规范相一致的行为，来显示自己的非顺从声望和群体属性。本研究发现有三种声望表达行为。

第一种，主动顺从群体成员的要求的行为，比如：

> “有时候他们叫我去打架，让我打架，我就打”，“他们说多多少少要喝一点，他们都喝我也要喝。所以我就和他们一起出去”，“他们让我打啊，因为他们都不打女的都打男的。然后就……”“不想跟他们一起去，也是不可能的。他们也会找你，拉着你一起去”。

第二种，与群体成员在一起，就主动表现与群体成员一致的行为。

> “第一次打架的时候，跟着一起就打了，胆怯是有一点，但是当时也没有想那么多”，“我都是跟他们一起的。反正他们做什么我就做什么”，“我也不知道为什么，觉得自己像那种喜欢别人怎么做我也怎么做的人”。

第三种，通过与某类群体的联系，而向他人表达了自己也具有该群体成员一样的特质，或者具有了自己所认同的某种特质。相对于前面两类声望表达行为，这类行为具有比较明确的确立自己声望的意识，是对于自己的声望的管理行为。比如，犯罪青少年#8认为与班上一个很霸道的同学在一起玩，不但可以“免受欺负”，而且“觉得自己也挺威风的”。#2 说：“后来很看重那个大哥，（想要）获得保护是一方面，反正与这个很有关系，反正就是在外面混”，这表明了反正自己就是在外面混的人，在外面混，就需要与他们那样的混混、社会青年在一起，那样才叫在外面混。

5. *群体规范*

在群体成员的互动中，必然会形成一定的行为规则，群体成员的行为会遵守、体现出该行为规则，同时这些规则能够显示出整个群体的特点。本研究发现，犯罪青少年与同伴群体在一起的确具有一些稳定的群体行为风格，相当于潜规则，描述了群体偏差行为发生的条件，表达了群体成员的偏差行为发生于什么时候、针对什么对象、怎么样进行等内容。对于已经形成群体同一性的群体来说，这种规则代表了他们的群体形象，指导着个人的具体行为表现。这种行为规则内容比较多，大致可以分为 3 种。

第一种，描述了什么样的人会成为青少年偏差群体攻击的对象。

> “就是那种闹事的，那种我就常常会打他”，“我们打的一般都是，学生都不打，都是街上玩的”。

第二种，描述了什么条件下，或者发生了什么事情，青少年偏差群体会发生偏差行为。常常以“当什么的时候，我们就怎么样”的句子形式出现。

> “朋友的弟弟或者朋友的朋友受别人欺负了，我们人多，就去打一下”，“他们有很大一部分，每次说一些横话，（然后）就过去打别人”，“有时候是我们到外面玩，碰见打了他们的人，对我们来说是仇人，我们就打”，“他们这些人因为看别人不顺眼啊，就把别人，就说把他打一顿，打了之后然后就把他身上的钱洗了”，“比如心情不好的时候，就会蛮想跟别人打架”。

第三种，描述了"在什么条件下，青少年偏差群体会感觉到什么"，即明确表达什么样的行为与声望有关，从而指引着青少年偏差群体该如何进行偏差行为。

> "因为他们如果报警啊，什么的，(他们会)觉得比较有损面子"，"在学校里，不能打同班同学，认为打自己同班同学，就觉得地位很低"，"别人打我，觉得不光彩，就想着要报复回来"。

有的甚至会在群体内部明确表达对于群体成员的个人行为要求，使得个体的偏差行为表现出与群体所要求的偏差行为特点相一致。比如

> "(访谈者)你想他有什么样的事，他不敢?""(受访者)比如说那边人多，我们这边人少，打架看他敢不敢上"，"有时候看他，打架的时候心狠不狠啊"。

总的来说，都是对于群体成员该如何表现偏差行为的潜在规则和要求，这些偏差行为的表现方式会代表群体和个人的声望特点。

还有一些可能是某个特定群体内部具体的行为规则，比如对于是否要打某人，群体内部意见不一致的时候，青少年群体表示，"有的时候我们几个人采取选票，少数服从多数"。

(二)青少年非顺从声望的特点

从以上分析可以看出，形成了偏差群体同一性的青少年，特别是声望表达比较明显者，大多数都具有了非顺从声望，即对于自我的人际特点的描述和期望。它属于自我概念中有关人际交往的名声，与青少年对于自我形象的塑造有关，具体来说，会通过对于自己赞赏的身份、赞赏的人际特点等表现出来。本研究中犯罪青少年的非顺从声望主要表现在五个方面。

第一，犯罪青少年都会对非顺从身份表示赞赏。本研究中犯罪青少年几乎都赞赏"在外面玩"、具有偏差行为的身份，即非顺从

性的身份，而不是一般普通中学生的顺从身份。例如，有青少年宁愿与家庭对抗，也要保持在外面玩的生活：

"那时候我想过他说的那种想法。让我回去，想过重新回去，重新开始，因为我觉得已经对不起母亲了，再加上我已经习惯外面的生活了，回去对我自己也不好，就这样在家里，妈妈叫我天天在家里坐着，我也坐不住，想出去外边玩，一玩就又伤了她的心。"

其他犯罪青少年也都对"在外面玩"持有肯定的态度，有的甚至明确表露出"觉得自己应该坏一点，比好一点更好"的思想。

第二，有面子。青少年一般都会关注自己在同伴群体中的"面子"，希望自己有一些行为特点能够给自己带来"光彩"和"面子"。完全确立了非顺从声望的犯罪青少年会进一步将具有偏差行为、与一大群偏差同伴群体欺负别人、打架闹事等看作是一种很有面子的行为。例如，"我们在外面的，一般像我们这样的，觉得自己很有面子"，"觉得在学校里打人，这些行为在学校更有面子"。

第三，有威望、有能力。当犯罪青少年开始喜欢并总是结交同样赞赏偏差身份的朋友时，他们会进一步赞赏"混"得有威望、有能力的人，表现出对于自己也拥有威望的希望。这会指导着他们的行为进一步地偏离正常群体，表现出能够在偏差群体中具有威望的偏差行为。例如，#2 认为，"反正别人一说我是某某的弟弟，反正他坐过牢，他说话比较直，别人也很给他面子。我觉得在我心中他也比较那个(有分量)"。

"我当时明显地欺负我们班上的同学……显得自己很有势力的"，"在外面，都觉得我比较高大……不管他们有钱，没钱，我都帮他们摆平。摆不平，我就找我的大哥"，"觉得自己，很了不起，觉得这样过很好。同学们都陪我玩，我说什么都听"。

第四，受欢迎。"受欢迎"是一种关系自我特点，与有面子、有威望的特点紧密相关，需要在同伴面前才能显示出该特点，同时也是所有青少年都期望具备的特点。但是，具有了偏差群体同一性的犯罪青少年往往并不在意和追求正常群体中的受欢迎，而是注重偏差同伴群体中的受欢迎。

"都对我还可以，都喜欢跟我一起玩"，"只要会做人，到哪儿都能玩得开"。

第五，讲义气。在与他人交往中表现出的个人特点上，犯罪青少年普遍比较注重"讲义气"的特点，具有较高的偏差群体同一性的青少年会尤其注重该特点，并以此要求和塑造自己。例如：

"我看重的是比较有义气"，"我当时感觉到就是这么感觉的，觉得蛮够味，够义气的"，"兄弟说我这个人蛮讲义气的"，"很多方面，我也说不清楚，我不知道，自己做的只要讲义气就够了"。

大多数犯罪青少年的非顺从声望都是在与不良同伴交往，获得了偏差群体同一性之后才开始形成的，在此之前，他们也会追求顺从声望，但往往是以失败、自尊受挫告终，从而开始发生认知转变，转向结交不良同伴，并进一步追求偏差同伴群体中的非顺从声望。例如，#14 女犯自尊心比较强，"我也很简单，其实我也很想跟别人平起平坐而已"，但是觉得"有时候别人穿得好你穿得坏，别人会瞧不起你"，打游戏不如别人也会觉得受挫和孤独，后来与不良同伴在一起，一起玩，一起抢钱，就再也没有被瞧不起、不如人和孤独的感觉，反而觉得自己"很有面子"，并在当时乐意持续保持这种行为。

一旦形成了该非顺从声望，相对于没有明确的非顺从声望自我感知和期望的青少年来说，他们的犯罪行为会更严重，会更主动地参与甚至组织群体活动，进行犯罪行为。比如，在同一个群体中，#4期望自己在朋友中混得开，开始在“做人”方面要求自己，使得自己兄弟更多，而#6与偏差同伴群体有很深的卷入，具有群体承诺和群体声望表达行为，但是对于偏差行为并不是很赞赏，会担心“时间长了，终究要出事的”，因此，他对于同伴的偏差行为就主要是参与和服从，而#4“提议更多”。

(三)青少年偏差群体同一性的概念结构

1. 青少年偏差群体同一性12个类别的概念结构

将14个受访者在12个类别上的频次转入SPSS10.0统计软件，根据类别之间的非相似性卡方分布矩阵计算12个类别之间的空间距离，进行多维尺度分析。结果发现，经过6次迭代之后，S-stress值变化小于0.001，达到收敛标准，模型具有较好的线性拟合。压力系数(stress)为0.20349，2个维度能够揭示相对空间总变异的74.795%。表3.2给出了各个类别在规定的公共空间两个维度上的坐标值，图3.1是相应的距离空间状态图。

表3.2 **偏差群体同一性12个类别在公共空间2个维度上的坐标值**

编码索引号	类别命名	维度1	维度2
5 1	休闲取向	-0.7532	0.7016
5 3	承诺与团结	-0.9812	-1.6077
5 4	行为陪伴	-1.6127	0.3750
5 5	情感积极评价	-1.3548	-0.5497
5 6	交友受惠	-0.7422	0.1855
5 7	行为帮助	0.6774	-0.5870
5 8	行为规则	2.3981	0.1741
5 9	身份认同	1.0177	-0.4204
5 10	安全感	0.5508	-0.9715
5 11	认知积极评价	0.3366	-0.2621
5 13	声望表达	0.3980	1.7573
5 14	互助责任感	0.0655	1.2048

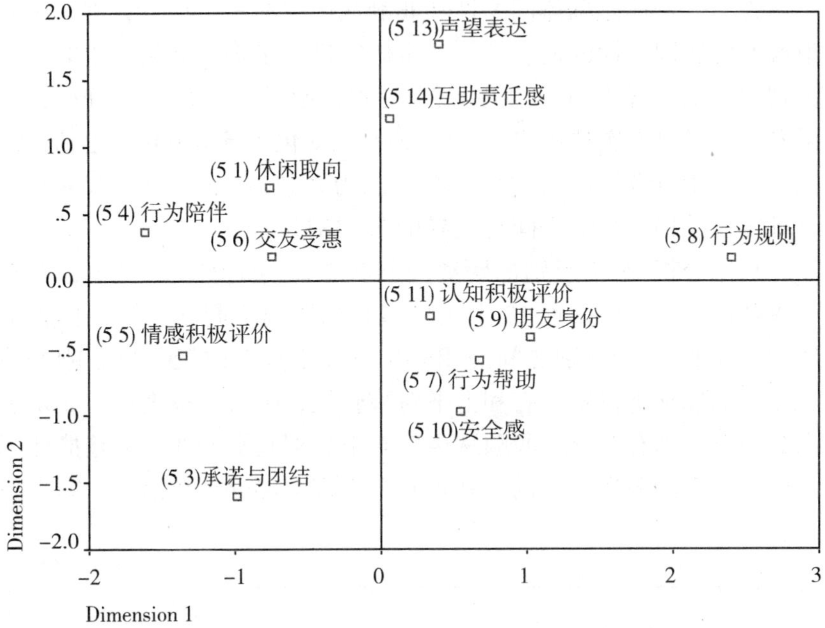

图 3.1　青少年偏差群体同一性 12 个类别的空间状态图

结合表图可以发现，在第一个维度上，行为陪伴处于最左边，交友受惠和行为帮助处于中间，靠右边是朋友身份，最右边是行为规则，这些基本上都属于群体行为互动，并且，从左至右，青少年与群体行为卷入越来越深，获得了群体身份认同，认同了群体行为规则的青少年，其偏差行为就属于非常严重的，行为规则在坐标轴上的位置超过了 2 个单位距离，与大多数类别相隔较远。这个维度可以命名为行为风格。

在第二个维度上，最上端是声望表达，往下是互助责任感和休闲取向，中间是情感积极评价、安全感，最下端是承诺与团结。从上往下，从比较明确的偏差价值取向，逐渐过渡到比较纯粹的群体成员情感联系，反映了个体对于偏差价值的认同程度。这个维度可以命名为情感价值。

2. 青少年偏差群体同一性与非顺从声望的结构关系

为了分析偏差群体同一性和非顺从声望的关系特点，进一步明晰偏差群体同一性的概念结构，本研究进一步将非顺从声望的6个类别加入偏差群体同一性的12个类别一起进行多维尺度分析，结果发现，经过5次迭代之后，S-stress值变化小于0.001，达到收敛标准，模型具有较好的线性拟合。压力系数(stress)为0.20965，2个维度能够揭示相对空间总变异的75.183%。

具体分析18个类别的距离空间状态图(如图3.2)发现，相对于单独偏差群体同一性12个类别拟合的距离空间状态图，偏差群体同一性的12个类别之间的相对位置几乎没有改变，只是刚好沿着2个坐标轴进行了左右和上下对称转换，唯有声望表达、交友受惠2个类别稍有变化；非顺从声望6个类别基本上处于偏差群体同一性所决定的距离空间内，并且6个类别全部分布在第二、第三象

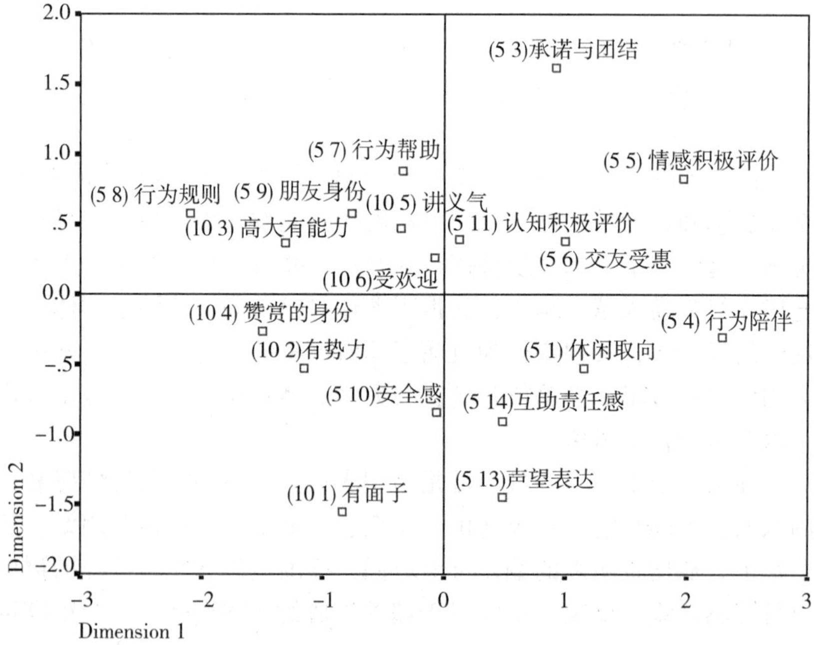

图3.2 青少年偏差群体同一性和非顺从声望的18个类别的空间状态图

限，即都处于行为风格维度上偏向于偏差行为比较严重、具有一定偏差行为规范的一端，而且，大多数类别的坐标值都大于身份认同类别，只有讲义气和受欢迎例外，但是又都在行为规则所界定的范围之内，说明非顺从声望都建立在明确的偏差身份认同之上，偏差行为都比较严重。在情感价值维度上，非顺从声望的有面子比较明显的处于价值取向方向，甚至坐标值略大于声望表达，说明非顺从声望的有面子是一种非常明确的价值取向。相对于非顺从声望的偏差行为之严重性来说，群体中的声望表达由原来的偏向于行为规范方向转为偏向于行为陪伴方向，交友受惠仍然主要属于行为风格维度，但是由原来的偏向于价值方向转为偏向于情感方向，说明相对于非顺从声望这样一个具有明显价值导向的概念来说，交友受惠更偏向于情感维度。由此说明，非顺从声望是偏差群体同一性概念的一个重要部分，但又是由偏差群体同一性发展而来的相对独立的一部分，两者具有交叉关系。

四、青少年偏差群体同一性构成的讨论

1. 关于访谈设计和资料分析方法

本研究采用质性研究方法，站在青少年自身的角度，试图给予青少年与不良同伴交往并实施犯罪的现象学释义，从而达到理解青少年的内在心理需求和犯罪动机的目的。为此，本研究首先借助于深度访谈，了解了犯罪青少年结交不良同伴并实施犯罪的过程，以及在不良同伴交往过程中和一些转折性事件中的心理感受，从而获得他们自己对于犯罪行为的理解和犯罪原因的解释；其次，在资料分析的过程中，研究者不断询问“这个现象到底是什么？与前面现象描述的是同一种心理现实吗？”从而抽取出现象的概括性概念类别，并确保所有概念来自青少年自己的描述，能准确反映他们的心理。这是本研究乃至后续研究的坚实基础，这些过程的有效控制，确保了研究结果的可靠性。

在访谈过程方面，首先，在被试选取上，研究者挑选了刚刚进入未管所不到 2 个月的青少年，这些青少年刚被收容，在思想上还

没有完全接受新的改造观念，对于过去犯罪经历的回忆相对于进入未管所较长时间的青少年更加准确，更加真实，更少受改造后思想的文饰，而且他们对价值中立的研究者有较强的倾诉欲望。其次，访谈实施中采用了咨询的技巧，对受访者完全接纳，尽可能地给予他们共情和理解；提问主要采用追问的方式，依据受访者话语的内容自然引发问题，多采用能引发具体描述的问题，从而获得更多的细节描述；当时对受访者的话语进行诠释性的澄清，保证对于现象理解的准确性。

在资料分析方面，研究者采用了“扎根理论”的逐行分析方法，首先，对原始材料进行细微地分析比较，获取最原始的初级概括描述，这时是完全采用自下而上的数据归纳方法，让事实材料说话。然后，在主轴编码提取概念类别时，采用了不断比较法获得对概念的正确归类，同时运用青少年群体同一性理论来关联各个概念和类别，获得类别的命名和类别之间的关系，这时是以事实数据为主，而理论解释为指导，归纳与演绎相结合的方法。整个资料分析的过程，是一个漫长而艰苦的过程，编码系统的建立是一个琐碎反复、不断完善的过程，但是通过这样的过程，研究者从最初对受访者毫不理解、认为其话语看不出多少有意义的心理特点到逐渐粗线条地理解了他们的发展变化历程，并最终理解了他们的内在感受和心理发展过程，发现了他们话语中的心理含义，而且研究者能够确信最终所发现的东西是客观存在的，对于犯罪青少年的心理特点是得到了正确阐释的，亦即实现了通过系统分析而不是仅凭借对于材料的感觉或者理论分析而得出结论。

2. 偏差群体同一性的构成

通过对访谈材料的质性编码分析和基于概念类别之间不相似性距离的多维尺度分析，本研究发现我国犯罪青少年中的确存在偏差群体同一性，而且其核心成分表现在 2 个维度 5 个方面，第一个维度是行为风格，属于犯罪青少年在偏差行为上的特点，它包括行为陪伴、身份认同和行为规则；第二个维度是情感和价值，包括情感上的承诺和行为价值上的声望表达。这 5 个成分属于偏差群体同一性的典型、标志性特征，并且分别属于青少年群体同一性理论所认为的群体同一性的五个主要特点。在这些典型的特征之间，还存在着一些过渡性的特点，也都是组成青少年偏差群体同一性的主要成分：帮助、互助责任感、休闲取向、认知积极评价、安全感、交友受惠和情感积极评价。

首先，青少年偏差群体同一性的第一个核心成分是群体身份认同，这是一个群体分类过程，也是对于自己群体身份的意识，同时也包含了对于自己的群体成分的初步认同。因此，该成分包括了社会同一性理论所提到的"分类"的全部成分和"认同"中的部分成分，但是还没有达到接纳群体规范的程度。本研究发现，在所有受访者中，都存在很明确的身份意识，并认同该身份，表现出与自己身份相一致的行为。而且，相对于一般的群体同一性，犯罪青少年的身份意识就是行为上"偏差"或者说"非顺从性"，认为自己是"不爱学习的""在外面混的""喜欢在外面玩的"人，不同于那些"老老实实学习"的人。这与 Emler 和 Reicher① 的研究相一致，他们认为犯罪行为似乎是属于一个群体成员的标准。与 Carroll 等②认为犯罪青少年与一般青少年的主要区别就是前者追求"非顺从的"目标和声望，而后者追求"顺从的""与教育期望"相关的目标和声望的研究结果相一致。因此，相对于一般的青少年群体同一性，偏差群体同一性的核心特点也许就是青少年对于自己的群体身份意识是偏差或者非顺从的，即从偏差行为来界定自己的群体身份。

其次，青少年形成偏差群体同一性需要一个"经历作为一个群体的成员的历史感"，③ 本研究认为这是一个"群体互动和紧密联系感"的形成过程，从最基本的行为陪伴，发展到行为帮助，进而产生认知积极评价和行为安全感，以及对于彼此的互助责任感。这是

① Emler N, Reicher S. Adolescence and Delinquency: The Collective Management of Reputation[M]. Oxford: Blackwell, 1995.

② Carroll A, Hattie J, Durkin K, Houghton S. Goal-setting and reputation enhancement: Behavioural choices among delinquent, at-risk and not at-risk adolescents[J]. Legal and Criminological Psychology, 2001(6): 165-184.

③ Newman B M, Newman P R. Group identity and alienation: Giving the we its due[J]. Journal of Youth and Adolescence, 2001, 30(5): 515-538.

一种互动逐渐深入、联系不断紧密的过程。当产生了互助责任感时，青少年已经对群体具有了比较高的认同了，彼此有一种联盟感。Emler 和 Reicher① 的研究也发现了这些成分。同时，这些具体的成分也被 Emler 和 Reicher 认为是所有青少年群体中共同存在的现象。例如，所有的青少年都需要有朋友一起休闲，因此，需要有同伴陪伴一起做事；在传统的正常青少年中也存在安全感或者称为"匿名性"，因为在学校反叛与传统之间有一种紧张气氛，传统青少年有时会被贬低为只对功课感兴趣、只听从老师的话，而群体内的匿名性可以减少特定个体作为贬低的确定对象的机会。所以，在传统群体与反叛群体的比较中，匿名性促进了犯罪，同样也促进了正常青少年对于传统的承诺。

再次，在群体成员不断深入的互动过程中，青少年就会接纳群体规范、表现出与群体规范以及其他成员相一致的行为，这就是第三个重要成分——行为规则。本研究发现，犯罪青少年往往表现出主动反叛、挑衅、打人够狠等特点。当青少年接纳了群体规范，表现出该行为规则的时候，其犯罪行为一般都比较严重，不仅仅是卷入犯罪，而是主动表现犯罪行为。青少年处于一个群体中，就必然要遵从群体规范，不同的群体具有不同的规范，也就决定了青少年的不同犯罪行为水平。

又次，偏差群体同一性具有共同的价值取向，即休闲享乐。这可能也是偏差群体同一性与一般青少年群体同一性的根本性区别之一。我国很早就有研究者认为，犯罪团伙形成的重要社会心理基础就是具有共同的偏离于传统的价值观，这对于相互吸引、形成比较稳定的小群体非常重要(罗长钢，1983)，另有研究者指出，犯罪青少年具有吃喝玩乐的享受观、低级下流的乐趣观、我行我素的自由观等不良价值观。② 国外有研究者发现，犯罪青少年更可能具有

① Emler N, Reicher S. Adolescence and Delinquency: The Collective Management of Reputation[M]. Oxford: Blackwell, 1995.

② 宋姝英. 违法犯罪青少年价值观的特点及成因[J]. 沈阳师范学院学报(社会科学版), 1997, 21(3): 98-99.

休闲的/非传统的自我概念，而不是学校的/传统的自我概念，① 也与本研究结果相一致。在这种共同的价值取向的指导下，犯罪青少年会进一步实施主动表现该价值取向，进行声望表达的行为。也就是说，在群体内部，表现出自己具有非顺从声望，从而达到群体接纳和群体成员一致性，在群体外部，向他人展示自己的“同一性”“自己是一个什么样的人”以及维护整个群体的声望特点。在 Emler 和 Reicher② 看来，休闲取向和声望表达都是一种集体自我界定，是青少年主动遵从群体规范的表现。

这两个成分也与 Newman 所认为的青少年对于群体的社会评价相一致。青少年知道他人如何评价自己，形成对于群体的价值和重要性，而且当他人威胁自己的群体时，会增强群体凝聚力。在本研究中，也的确发现了这种行为，即群体成员受到其他人威胁，比如直接的欺负、打斗，或间接的挑衅、嘲讽等，这时，整个群体都会团结起来，共同对付对方，这也就是犯罪青少年常常在外面打架的首要原因，同时，似乎也是让青少年感觉到群体的重要性的重要因素，让犯罪青少年愿意保持这种群体关系，可以获得保护，更是让他们为了获得该群体的声望特点，进行着声望管理。

最后，是对于群体的积极情感和承诺，也就是说，偏差群体同一性还具有所有青少年群体同一性共有的成分，对群体成员有积极情感，在群体交往的过程中，对群体自豪，不愿意离开群体。具体包括交友受惠感、对群体的积极情感、承诺与团结三个成分。前面的群体身份认同等四个方面在性质上都与偏差行为相关，需要以偏差行为来具体界定其内容，唯有这情感成分是偏差群体同一性与所有青少年群体同一性完全共同的内容。因此，采用该成分描述青少年是否具有偏差群体同一性时，必须要与其他成分结合起来。该结

① Van Welzenis I. The self-concept of societally vulnerable and delinqent boys within the context of school and leisure activities[J]. Journal of Adolescence, 1997(20): 695-705.

② Emler N, Reicher S. Adolescence and Delinquency: The Collective Management of Reputation[M]. Oxford: Blackwell, 1995.

果也是本研究较为独特的发现，在 Emler 和 Reicher,① Heaven 等②的研究中都没有发现偏差群体同一性中情感成分的存在。这揭示了犯罪青少年与一般青少年一样，也具有很强的情感需求，并具有建立紧密的情感联系的能力，而且，不良同伴交往也并不仅仅是偏差行为的共同实施，它也具有与一般青少年同伴交往同样的重要功能——情感维系。

3. *偏差群体同一性与非顺从声望的关系*

本研究发现犯罪青少年的确存在非顺从声望，也就是说，与 Emler 和 Reicher③，Carroll④ 所认为的一样，犯罪青少年在与同伴交往互动过程中，主动建构了自我意象(self-image)，这在同伴中是公开的，因此也是一种声望。前面偏差群体声望表达中已经发现了这种心理现象的存在，但是非顺从声望则完全从青少年个体自身角度，比较明确地表达了一种相对独立的个体同一性。

本研究发现非顺从声望的具体成分包含了 Carroll⑤ 的研究所发现的成分，例如，赞赏非顺从的身份，以及关注自己在同伴眼中的面子、威望、受欢迎程度等。同时，还发现了我国青少年比较独有的特点，即"讲义气"，其他研究也曾发现了犯罪青少年的该特点。⑥ 但是这似乎也是与我国青少年在同伴中受欢迎性有关的自我声望特点。有研究发现，我国儿童小学六年级开始就比较注重朋友

---

① Emler N, Reicher S. Adolescence and Delinquency: The Collective Management of Reputation[M]. Oxford: Blackwell, 1995.

② Heaven P C L, Virgen M. Personality, perceptions of family and peer influences, and males' self-reported delinquency [J]. Personality and Individual Differences, 2001(30): 321-331.

③ Emler N, Reicher S. Adolescence and Delinquency: The Collective Management of Reputation[M]. Oxford: Blackwell, 1995.

④ Carroll A. Characterising the goal of juvenile delinquents: Nature, content and purpose[J]. Psychology, Crime & Law, 1995b(1): 247-260.

⑤ Carroll A, Houghton S, Hattie J, Durkin K. Adolescent reputation enhancement: Differentiating delinquent, nondelinquent and at-risk youths[J]. Journal of Child Psychology, and Psychiatry and Allied Disciplines, 1999, 40(4): 593-606.

⑥ 关颖．城市未成年人犯罪与家庭[M]．北京：群众出版社，2004.

"讲义气"的特点，并尊重这样的朋友。① 因此，赞赏非顺从身份可以说是犯罪青少年比较独有的非顺从声望特点，而关注自己在朋友眼中的声望可以说是所有青少年都会关注的声望自我表达，只是犯罪青少年通过犯罪行为来达到同伴群体中的这种自我表达。

同时，本研究发现，犯罪青少年还会在不良同伴交往和犯罪行为中产生自我能力感，认为自己是有力量的，这也验证了 Ungar 的发现。但是，与 Ungar 的观点不同的是，犯罪青少年中并非不存在同伴压力。比如受访者#8 虽然认为与不良同伴在一起时自己很威风，相对于以前学习成绩很差很丢人并且常受人欺负的状况，"觉得这样在外面打架，这样坏一点也挺好的"，但是也有想听父母话的时候，却会因为感到同伴压力、担心同伴嘲笑而选择不听父母话、与不良同伴在外面玩。可以看出，所谓的同伴压力，并非完全强迫的，它只会对那些自身愿意接受偏差同伴的影响、卷入不良行为倾向的青少年产生作用，因此，本研究明确了主动接受同伴压力的过程也是接受偏差群体规范的过程。而且，在不良同伴交往中获得个人力量感的青少年，往往是在传统的学校领域具有失败经验、自我控制能力比较低的青少年，因此，在犯罪行为中似乎能够对其受损的自尊起到补偿和提升作用。

从本研究可以看出，非顺从声望的这些成分都是在获得偏差群体同一性中逐步发展而来的，是由对于群体声望的顺从、主动表达和维护而逐渐明晰化为个体声望提升意识，因此，非顺从声望可以看作是群体同一性的一部分，而明确的非顺从声望一旦形成，又会成为青少年相对独立的个体自我，对偏差行为具有非常强的推动作用。但是，由于青少年对于群体的依赖性，偏差群体同一性似乎对于大多数青少年更为重要。本研究有助于理解青少年的群体同一性和个体同一性之间的关系。

---

① 张春妹．小学儿童的尊重观念及其与友谊的关系[D]．武汉：华中师范大学，2003.

五、小　　结

1. 犯罪青少年在不良同伴交往中存在着偏差群体同一性，并由此进一步产生非顺从声望。

2. 偏差群体同一性主要由 12 个概念类别组成：行为陪伴、行为帮助、积极认知评价、互助责任感、安全感、身份认同、交友受惠感、群体积极情感、承诺与团结、休闲取向、声望表达、群体规范，分别属于 5 个重要成分，即分类所产生的群体身份认同，群体成员的互动经验以及由互动经验形成的价值和行为一致的紧密联系感，个体对于群体声望的管理，群体规范，对群体的积极情感和评价。

3. 非顺从声望的主要特点是：赞赏的偏差身份、关注偏差行为带来的有面子、有能力和有威望的声望、关注受欢迎和讲义气的公共形象。

4. 偏差群体同一性概念由行为风格和情感价值 2 个维度组成，非顺从声望属于其中的一部分，在行为风格维度上完全处于偏差行为较强的一端，在情感价值维度上偏向于价值一端。

第四章

青少年偏差群体同一性与非顺从声望的结构特点

一、研究目的

（1）编制问卷，确定偏差群体同一性和非顺从声望的问卷结构。

（2）检验问卷的信效度。

（3）考察不同群体、不同年龄青少年的偏差群体同一性和非顺从声望的特点。

二、研究方法

（一）研究对象

本研究对象包括犯罪青少年和普通青少年两类群体。其中犯罪青少年全部来自湖北省未成年犯管教所（以下简称未管所）。由于本研究对犯罪青少年的调查采用的是回溯式自我报告法，为了使报告更准确，研究对象全部来自入所一中队的学员，即进入未管所不满 2 个月的犯罪青少年。本书中后面实证研究的所有研究对象都与此相同。

1. 预测对象

随机选取未管所入所犯罪青少年 169 人。年龄和受教育程度分布见表 4. 1，平均年龄为 16. 01 岁，标准差为 1. 16。

表 4. 1　　预测被试的年龄和受教育程度分布

年龄段(岁)	人数	百分比	受教育程度	人数	百分比
<14	1	0. 6	小三以下	4	2. 4
14~15	28	16. 6	小四、五	15	8. 9
15~16	55	32. 5	小六	12	7. 1
16~17	62	36. 7	初一	48	28. 4
17~18	19	11. 2	初二	41	24. 3
18~19	3	1. 8	初三	27	16. 0
>20	1	0. 6	高中	22	13. 0

2. 正式施测对象

未管所随机选取入所犯罪青少年 290 人，其中 9 人文盲，1 人弱智，余下 280 名有效被试；武汉市两所普通中学随机选取初二、初三、高二这三个年级各两个班，有效被试 279 人。18~20 岁的青少年总共只有 28 人，低于 13 岁的只有普通中学生 7 人，因此，将被试年龄从小于 14 岁到大于 17 岁分为五组，两组被试的年龄和受教育程度分布见表 4. 2、表 4. 3。

由于犯罪青少年在被判刑之前会经历作案、在逃、拘留和审判的过程，因此，少数犯罪青少年的年龄超过 18 岁，达到成人年龄，这部分有 27 人(9. 6%)，其平均年龄为 18. 7 岁。绝大多数犯罪青少年的年龄为 16~18 岁，占 76. 8%。由于青少年由初次发生不良行为到逐渐加剧犯罪行为并最终被判罪，一般有一个逐渐发展的过程，其间大多会经历一至两年的时间，因此，本研究中大多数年龄为 14~17 岁(64.9%)的普通中学生基本上能够与之形成对照样本。犯罪青少年的受教育程度大多是初中水平(69.3%)，说明了他们犯罪行为的起始年龄大多是初中阶段，这也证明了本研究两组被试的可比性。

表 4.2　　正式施测被试的年龄分布

	<14	14~15	15~16	16~17	>17	最小	最大	*M*	*SD*
未管所青少年	1	8	29	103	139	14.0	19.8	17.0	0.95
普通中学生	48	79	44	58	49	12.1	18.5	15.4	1.43
总体	49	87	73	161	188	12.1	19.8	16.2	1.45

表 4.3　　正式施测被试的受教育程度分布 n(%)

	小学	初一	初二	初三	高中	总数
未管所青少年	43(15.4)	72(25.7)	77(27.5)	45(16.1)	37(13.2)	274
普通中学生			82(29.4)	91(32.6)	106(38.0)	279

由于未管所中收容的全部女性犯罪青少年只有 19 人，因此，本调查未测量女犯，后面的分析也未进行男女生的性别差异比较。

正式施测中的犯罪青少年有 53 人同时参与了预测，被用作为问卷重测信度分析的小样本，其年龄和受教育程度分布见表 4.4。由表可见，这些被试相对于犯罪青少年的总体样本来说，年龄偏大，受教育程度偏高，但是，基本上保证了与正式施测全样本相同的年龄和受教育程度分布。而且，平均年龄为 16.9 岁，与犯罪青少年的总体样本基本一致。

表 4.4　　重测被试的年龄和受教育程度分布

年龄段(岁)	人数	百分比	受教育程度	人数	百分比
14~15	1	1.9	小学	8	15.1
15~16	5	9.4	初一	18	34.0

续表

年龄段(岁)	人数	百分比	受教育程度	人数	百分比
16~17	20	37.7	初二	12	22.6
17~18	23	43.4	初三	4	7.5
18~19	4	7.5	高中	11	20.8

(二)研究工具

1. 自编的偏差群体同一性问卷(Delinquent Group Identity Questionnaire)

初始问卷包括身份认同、联盟和安全感、群体承诺、声望管理和群体规范5个维度，一共91个项目。问卷5点记分，用平均分代表总分。其中，身份认同包括对于自己偏差行为身份的确认和对于自己所属群体的意识，即不良群体和传统群体的区分，共8个项目；联盟和安全感包括活动陪伴、被支持感、彼此支持的责任感、群体内部一致感和安全感5个侧面，共28个项目；群体承诺包括对群体的积极评价和情感投入2个侧面，共11个项目；声望管理包括声望表达、声望维护和声望可见性3个侧面，共20个项目；群体规范包括挑衅闹事够狠等犯罪行为特点，休闲取向和哥们义气3个侧面，共24个项目。对未管所青少年要求回忆“原来在外面时的朋友交往情况”，根据那时的实际情况和感受作答，从1完全不符合到5完全符合，5点记分。

预测修订后的问卷共54个项目，包括7个维度：行为规则、情感承诺和团结一致、休闲取向和声望表达、陪伴支持、身份认同、互助责任感、群体积极评价。见附录4。

2. 改编的非顺从声望问卷(Nonconforming Reputation Questionnaire)

借鉴Carroll① 编制的声望提升问卷(reputation enhancement

① Carroll A, Hattie J, Durkin K, Houghton S. Goal-setting and reputation enhancement: Behavioural choices among delinquent, at-risk and not at-risk adolescents [J]. Legal and Criminological Psychology, 2001(6): 165-184.

scale)改编而成，原问卷包括非顺从声望、顺从声望和自我表现3个二阶因子15个一阶因子，本问卷采用了顺从声望和自我表现下的9个因子，分为5个分问卷。A. 自己和朋友所赞赏和感到有面子的身份，为1个因子，例如，“我(我的朋友)赞赏很擅长打架的青年”，分别按照语句与自己和朋友们所符合的情况，1~5五级记分；B1朋友眼中的自己的身份和声望，称为“自我知觉”分问卷，B2希望的朋友眼中的自己的身份和声望，称为“期望的公我”分问卷，分别包含“非顺从性”和“声望”2个维度，例如，B1“我的朋友们认为我是一个常常在外面混的人”，B2“我希望他们认为我是一个常常在外面混的人”，按照符合情况从1“从不这样”到5“总是这样”，五级记分；C1自我声望的感知，称为“自我描述”分问卷，C2对于自己的声望的希望，称为“期望的私我”分问卷，分别包含“声望”和“评价”2个维度，例如，C1在“很有能量”对“卑微”成对的形容词上进行“我认为自己”的1~5五级评分，C2在“很有能量”对“卑微”成对的形容词上进行“我希望我自己”的1~5五级评分。

初始问卷包含27对项目，其中A问卷共7对(自己和朋友为一对)项目，B1和B2共10对项目(知觉和期望的项目相对应)，C1和C2共10对项目(描述和期望的项目相对应)。预测修订后的问卷包含23对项目，其中A问卷共5对项目，B问卷和C问卷的2个因子各9对项目。见附录5。

3. 社会关系网络问卷(Social Network of Relationships Inventory)

该问卷由邹泓修订，包括社会性支持、陪伴支持、亲密性、满意感、冲突惩罚5个维度，其中社会性支持又由肯定价值、工具性支持和情感支持三个侧面组成。① 问卷共34个项目，对每一个项目都依次调查中学生与重要他人(父亲、母亲、教师和朋友)之间支持事件的发生频率。从“从不”到“几乎总是”依次记为1~5分。本研究采用了其中的朋友分问卷，并针对犯罪青少年中财物支持为同伴群体中很重要的一种支持的现象，参考领悟性社会支持问卷增

---

① 邹泓. 青少年的同伴关系——发展特点功能及其影响因素[M]. 北京：北京师范大学出版社，2003.

加了2个财物支持的项目。

将财物支持项目作为一个单独的维度与问卷其他5个维度一起组成的6因素问卷，验证性因素分析结果：$\chi^2/df=2.12$，GFI = 0.89，CFI = 0.96，NNFI = 0.96，RMSEA = 0.045。将社会性支持的三个侧面分开则组成了8因素结构，验证性因素分析：$\chi^2/df=2.10$，GFI = 0.89，CFI = 0.96，NNFI = 0.96，RMSEA = 0.044，可见两种结构都比较好，但是8因素结构略好于6因素结果，而且本研究拟在更细致地分析社会性支持的不同内容，因此采用8因素结构。根据因素载荷和修正指数，删除了载荷低于0.30的两个项目(3和23)。余下各项目因素载荷在0.30到0.78之间。本次测查各维度的α系数分别为0.558，0.634，0.631，0.653，0.801，0.614，0.582，0.694。

4. Rosenberg自尊量表(RSES)

测量整体自尊，由10个项目组成，4点计分，被试根据项目的描述是否符合自身情况，从“非常符合”到“非常不符合”如实回答。将各项目的平均分作为自尊感得分，得分越高表明自尊越高。本次测量的Cronbach's α值为0.723。

(三)研究程序

1. 问卷编制和改编

笔者根据第三章的访谈结果分析，以及Emler和Reicher① 犯罪群体同一性理论和Newman② 的青少年群体同一性理论确立青少年偏差群体同一性的理论结构，然后以访谈结果和Heaven③ 的犯罪群体同一性问卷为问卷项目的语句来源，自编青少年偏差群体同

① Emler N, Reicher S. Adolescence and Delinquency: The Collective Management of Reputation[M]. Oxford: Blackwell, 1995.

② Newman B M, Newman P R. Group identity and alienation: Giving the we its due[J]. Journal of Youth and Adolescence, 2001, 30(5): 515-538.

③ Heaven P C L, Virgen M. Personality, perceptions of family and peer influences, and males' self-reported delinquency [J]. Personality and Individual Differences, 2001(30): 321-331.

一性原始问卷。

四位参与了访谈转录、对犯罪青少年比较了解的发展心理学研究生与笔者一起对原始问卷进行讨论修改。主要考虑以下几个方面：(1)项目是否反映了维度的含义、项目在各个维度上的语义区分性；(2)维度的含义的明确性、维度之间的区分性和维度结构的合理性；(3)项目是否有歧义、表达是否合适、语句是否精练等。另外请专长于青少年同一性研究的博士和精于青少年社会性发展的教授对问卷总体结构和设计进行了修改，添加了一些反向记分项目，最终形成偏差群体同一性初始问卷。

对非顺从声望问卷进行了改编，首先翻译 Carroll① 的声望提升量表，然后根据我国青少年的适应性，采用了其中的部分项目，并依据原问卷的维度含义和项目特点，将访谈材料作为项目来源，重新编写了具有我国青少年语言特色的部分项目，例如"在外面混""有面子""讲义气"等，组成了改编的非顺从声望原始问卷。

2. 问卷预测和修订

在预测之前，先进行了小范围的预实验。将所有需要修订的问卷装订成册，在武汉市工读学校随机抽取 4 名中学生进行集体施测，根据预实验中出现的问题修改初始问卷，形成预测问卷。

2005 年 11 月 10 日以未管所犯罪青少年为被试对所有预测问卷进行集体施测。考虑到被试的文化水平偏低、文化程度差异比较大，由笔者担任主试大声逐题念出每道题，所有被试跟随主试一起逐题作答。另外一名发展心理学研究生协助单独解答被试有关问卷的疑问。问卷采用匿名方式。60 名重测问卷是由监管干警协助随机抽取了一个月后还会留在未管所的犯罪青少年，并在其问卷上编上号码取得。

对问卷结果进行探索性因素分析以调整问卷结构、筛选项目，并根据修订后的维度对偏差群体同一性问卷添加了 7 个项目，形成

---

① Carroll A, Houghton S, Hattie J, Durkin K. Adolescent reputation enhancement: Differentiating delinquent, nondelinquent and at-risk youths[J]. Journal of Child Psychology, and Psychiatry and Allied Disciplines, 1999, 40(4): 593-606.

包含 54 个项目的正式施测问卷。

3. 问卷正式施测

预测一个月后(2005 年 12 月 9 日)进行正式施测。将未管所所有被试分为两个场地同时进行集体施测，每个场地大约 140 人，分别由 3 名心理学研究生担任主试，仍然由一名主试大声逐题念出每道题引领被试一起作答。其他 2 名主试负责检查是否有漏答、错答题目现象，给予及时指出，尽量减少问卷出错率。由预测时协助对 60 名被试进行编号的同一位干警负责回收重测被试的问卷。

普通中学生以班级为单位进行集体施测，每个班级由 2 名研究生担任主试，班主任参与纪律管理。主试讲明问卷要求后，学生自己作答。问卷全部是匿名式，施测时间大约 55 分钟。

(四)数据处理

用 Foxpro4.0 和 SPSS10.0 软件对数据进行录入和管理，结果采用 SPSS10.0 进行探索性因素分析和方差分析、相关分析，采用 lisrel8.53 进行验证性因素分析。

三、偏差群体同一性问卷的结构

(一)初始问卷的项目分析

首先对项目的有效性进行项目分析，依据项目在 1、2、3 三个选项(或 3、4、5 三个选项)中总频率不超过 20%的原则，删除具有很高的社会称许性或较高的表面效度的项目 3 个。

然后，根据心理测量学的一般规则，在样本中取量表总分最高和最低各 27%作为高分组和低分组，取两组被试在每一项目上的平均得分之差，得到该项目的鉴别指数。本研究中项目分布较离散，鉴别指数的范围为 0.22~2.44，因此，采用鉴别指数低于 1.00 的标准，删除了 19 个项目。同时，采用项目与总分相关的方法分析也发现上述项目与总分的相关都低于 0.30。

(二)初始问卷的探索性因素分析

问卷的声望管理、联盟和安全感、群体规范3个维度各自都包含了多个方面，可以成为相对独立的分问卷，因此将余下的69个项目分为四部分分别进行因素分析(身份认同和群体承诺两个含义比较明确单一的维度合为第四部分)，都运用主成分分析法，用特征根大于1提取因子数进行斜交旋转。结果显示，KMO都在0.80以上，因子个数分别为3、4、3、2，比较合理。然后采用限定因子数目法再次分别进行斜交旋转，逐步删除项目负荷低于0.30以及交叉负荷且都低于0.40的项目，共14个。

将余下的55个项目合在一起再次进行因素分析，运用主成分分析法，用特征根大于1提取因子数进行斜交旋转。结果显示，KMO=0.80，球性检验$\chi^2=3643.54$，$p<0.001$，有15个特征根大于1的因子，碎石图显示抽取7个因子比较合适。再次限定7个因子进行斜交旋转，结果发现因子结构比较清晰合理，根据因子负荷小于0.30、交叉负荷较多且低于0.40的原则，结合因子的意义，逐步删除了9个项目。对余下的46个项目进行限定7个因子的斜交旋转，结果表明，KMO = 0.84，球性检验$\chi^2=2879.17$，$p<0.001$，7个因子累积贡献率为54.04%，项目因素载荷在0.37~0.77之间，7个因子各自解释率在3.04%~27.13%之间。前五个因子的Cronbach's α系数都在0.789~0.874之间，第6、7个因子较低，分别为0.472、0.548。

这7个因子的含义分别为：第一个因子主要包含了原来的群体规范中维度的“挑衅、够狠等犯罪行为特点”和“声望维护”2个侧面的项目，重新命名为“行为规则”；第二个因子包含了联盟维度的“团结一致”以及情感承诺2个侧面，命名为“承诺与团结”；第三个因子包含了群体规范维度的“休闲取向”所有项目，以及声望管理维度的部分项目，命名为“休闲取向与声望表达”；第四个因子主要包含了身份认同的项目，还是命名为“身份认同”；第五个因子主要包含了联盟维度中的“陪伴”和“支持”的项目，命名为“陪伴与支持”；第六个因子主要包含了联盟和安全感维度中“互助责任感”的项目，命名为“互助责任感”；第七个因子包含了联盟和安全感维度中有关相互关联的积极认知的 2 个项目，以及声望可见性中的项目“主动表现出一些反叛性行为”，命名为“积极评价”。

依据互助责任感和积极评价 2 个维度的含义以及项目特点，分别为 2 个维度添加了 3 个和 4 个项目，对承诺与团结维度也增加了 1 个项目，形成包含了 54 个项目的正式问卷。

(三)正式问卷的验证性因素分析

基于探索性因素分析的结果，采用极大似然法，对包含 54 个项目的正式问卷进行 7 因子结构的验证性因素分析，模型各拟合指数为$\chi^2=5887.77$，df = 1356，RMSEA = 0.077，NNFI = 0.97，CFI = 0.97，GFI = 0.73。根据修正指数，逐题去掉载荷低于 0.30 的项目：3、49、12，以及交叉载荷较高而没有在任何一个因子上有较高修正指数的项目：21、17、53。另外，根据修正指数和项目含义，将项目 13 归到“承诺与团结”维度。最终的模型拟合指数见表 4.5。由表可知，模型拟合比较理想，达到可以接受的标准。最终形成的问卷的项目分布和因素载荷见表 4.6，该结果表明，问卷项目的因素载荷在 0.39~0.89 之间，达到心理测量学标准。

表 4.5　　偏差群体同一性问卷验证性因素分析的拟合指数

拟合指标	χ^2	df	χ^2/ df	RMSEA	NNFI	CFI	GFI
	3781.66	1059	3.57	0.068	0.97	0.98	0.78

表 4.6　　偏差群体同一性问卷的维度和因素载荷

行为规则		承诺与团结		休闲与声望		身份认同		陪伴与支持		互助责任感		积极评价	
项目	载荷	项目	载荷	项目	载荷	项目	载荷	项目	载荷	项目	载荷	项目	载荷
24	0.76	13	0.61	19	0.78	1	0.80	2	0.66	4	0.39	11	0.47
25	0.84	15	0.70	29	0.80	6	0.81	26	0.75	5	0.53	14	0.74
30	0.89	18	0.76	37	0.79	7	0.86	32	0.71	8	0.62	28	0.53

续表

行为规则		承诺与团结		休闲与声望		身份认同		陪伴与支持		互助责任感		积极评价	
项目	载荷	项目	载荷	项目	载荷	项目	载荷	项目	载荷	项目	载荷	项目	载荷
31	0.90	20	0.62	42	0.70	9	0.81	39	0.82	10	0.62	50	0.54
33	0.84	22	0.53	44	0.76	16	0.81	41	0.48	43	0.65	54	0.59
34	0.39	23	0.71	45	0.54			46	0.58	52	0.56		
35	0.68	27	0.61	47	0.72								
36	0.82	38	0.59	48	0.47								
40	0.83	51	0.56										

问卷各维度之间的相关比较高(见表4.7)，尤其是行为规则维度与其他各维度都具有较高的相关，承诺与团结维度与其他各维度的相关相对来说普遍稍低，而积极评价维度与其他维度之间具有中等程度的相关关系。

表4.7　　偏差群体同一性问卷各维度间的相关(r)

	行为规则	承诺与团结	休闲与声望	身份认同	陪伴与支持	互助责任感	积极评价
承诺与团结	0.343***	1.000					
休闲与声望	0.850***	0.446***	1.000				
身份认同	0.844***	0.373***	0.819***	1.000			
陪伴与支持	0.808***	0.263***	0.807***	0.769***	1.000		
互助责任感	0.736***	0.393***	0.753***	0.786***	0.714***	1.000	
积极评价	0.579***	0.488***	0.680***	0.575***	0.565***	0.589***	1.000

* $p<0.05$，** $p<0.01$，*** $p<0.001$，下同。

(四)问卷信度分析

各维度的Cronbach's α系数、分半系数、重测信度以及维度与总分的相关见表 4.8，同质信度都在 0.678 以上，表明问卷具有很高的内部一致性信度；重测信度除了互助责任感比较低以外，其他都达到 0.605 以上，表明问卷测量比较稳定可靠；各维度与总分的相关都达到非常显著的水平，并且都在 0.588 以上，表明问卷各维度所测量的内容与总体测量具有很高的一致性。

表 4.8 偏差群体同一性问卷各维度的内部一致性、重测信度以及维度与总分的相关（r）

	行为规则	承诺与团结	休闲与声望	身份认同	陪伴与支持	互助责任感	积极评价
Cronbach α 系数	0.931	0.858	0.885	0.908	0.836	0.726	0.729
分半系数	0.865	0.850	0.875	0.880	0.804	0.678	0.703
重测信度 r	0.675***	0.623***	0.673***	0.605***	0.680***	0.311*	0.759***
维度总分相关 r	0.912***	0.588***	0.935***	0.893***	0.853***	0.849***	0.730***

注：承诺与团结、互助责任感和积极评价三个维度采用了与预测相同的项目，即项目数分别为 8、3、3。

（五）问卷效度分析

由问卷的理论构想，青少年偏差群体同一性应该与青少年感知的同伴的社会支持具有中等程度的相关，与个体的自我评价和体验即自尊，具有较弱但显著的相关。由表 4.9 可见，偏差群体同一性的承诺与团结维度与社会支持各维度均有较高的相关，其次是积极评价维度与社会支持各维度的相关较高，而其他维度与同伴社会支持具有显著但较低的相关。从社会支持的内容来看，主要是陪伴与支持与偏差群体同一性各维度具有较高的相关，其次是财物支持。而其他内容的社会支持与偏差群体同一性除了承诺与团结维度之外的其他 6 个维度的相关都较低。另外，青少年偏差群体同一性与整体自尊具有弱相关关系。表明偏差群体同一性问卷与感知的同伴社会支持、自尊问卷具有较好的区分效度。

表 4.9 偏差群体同一性各维度与感知的同伴社会支持、自尊的相关(r)

	承诺与团结	休闲与声望	陪伴与支持	互助责任感	积极评价	行为规则	身份认同
肯定价值	**0.420*****	0.228***	0.156***	0.127**	0.307***	0.195***	0.193***
工具支持	**0.455*****	0.237***	0.125***	0.182***	0.235***	0.185***	0.235***
情感支持	**0.440*****	0.106*	-0.029	0.111*	0.156***	-0.062	0.106***
陪伴支持	**0.515*****	**0.530*****	**0.396*****	**0.473*****	**0.377*****	**0.461*****	**0.520*****
财物支持	**0.426*****	0.311***	0.243***	0.306***	0.331***	0.294***	0.318***
自尊	0.097*	-0.144***	-0.128**	-0.186***	-0.059	-0.137***	-0.110**

四、非顺从声望问卷的结构

(一)初始问卷的探索性因素分析

非顺从声望问卷 B、C 分问卷的项目都是由现实和理想部分成对出现的，为了使得两者具有可比性，进行因素分析的时候也尽量保证两者结构一致。对 A 分问卷进行了主成分分析，以保证项目都属于同一维度。

1. 自我知觉、期望的公共自我两个分问卷的探索性因素分析

对 B1 自我知觉分问卷的 10 个项目进行探索性因素分析，运用主成分分析法，采用斜交旋转，限定 2 个因素，结果发现，2 维度结构比较清晰，只是项目 7 交叉负荷较高，项目 4 负荷低于 0.30，而应该属于非顺从性维度的项目 2 却归到声望自我知觉维度。对 B2 公共声誉分问卷的 10 个项目同样进行探索性因素分析发现类似的结果，只是项目 2 交叉负荷。

因此，对两个分问卷都删除 2、4、7 三个项目，再次分别进行探索性因素分析，结果发现，自我知觉分问卷的 KMO = 0.684，球性检验 χ^2 = 185.872，p<0.001，两个因子能解释的变异分别为 33.86%、20.63%，累积解释率为 54.48%，因子载荷在 0.638~

0.812 之间；期望公我分问卷的 KMO = 0.683，球性检验 χ^2 = 156.163，p<0.001，两个因子的解释率分别为 31.04%、22.25%，累积解释率为 53.32%，因子载荷在 0.66~0.78 之间。根据问卷维度含义以及余下的项目特点，重新编写了两个项目代替删除的项目 2 和 4，形成包含 9 对项目的正式施测问卷。

2. 自我描述、期望的私下自我两个分问卷的探索性因素分析

对 C1 自我描述分问卷的 10 个项目进行探索性因素分析，运用主成分分析法，采用斜交旋转，限定 2 个因素，结果发现，2 维度结构比较清晰，只有项目 10 交叉负荷，并且在第一个维度(声望自我描述)上的负荷为-0.498，而在第二个维度(评价性自我描述)上的负荷也只有 0.410；另外，属于评价性自我描述维度的项目 6、7 归到了声望自我描述维度。对个人声誉部分的 10 个项目采用同样的方法进行探索性因素分析，结果发现，2 维度结果很清晰，也是项目 10 交叉负荷，并且在声望的理想描述维度上负荷为-0.33。

因此，对两个分问卷都删除项目 10，再次分别进行探索性因素分析，结果发现，自我描述分问卷 KMO = 0.771，球性检验 χ^2 = 260.131，p<0.001，两个因子的解释率分别为 35.22%、15.78%，累积解释率为 51%，因子载荷在 0.538~0.747 之间；期望的私我分问卷 KMO = 0.742，球性检验 χ^2 = 375.677，p<0.001，两个因子解释率分别为 38.67%、16.26%，累积解释率为 54.92%，因子载荷在 0.48~0.88 之间。

3. 赞赏的身份分问卷的主成分分析

对 A 赞赏的身份分问卷的 7 对项目进行主成分分析，采用斜交旋转，用特征根大于 1 提取主成分数目，结果发现，KMO = 0.690，球性检验 χ^2 = 1057.326，p<0.001，有 4 个特征根大于 1 的成分，但是从碎石图的拐点来看，主要有 2 个主成分。采用限定 2 个主成分法再次进行因素分析，结果发现，只有第二对项目单独为第二个主成分，其他所有项目都属于第一个主成分，因素载荷都在 0.483 以上。删除项目对 2，再次做主成分分析，结果发现，项目 13 单独为一个主成分，另外项目 A23 具有较高的双重负荷，因此，再删除项目对 3。这时再进行主成分分析发现，KMO = 0.731，球

性检验 $\chi^2 = 778.989$，$p < 0.001$，只有 1 个主成分，其解释率为 47.12%，因子载荷在 0.61~0.76 之间。

(二)正式问卷的验证性因素分析

1. 自我知觉、期望的公共自我分问卷

对正式问卷中“自我知觉”分问卷的 9 个项目进行验证性因素分析，评价假设的 2 因素结构，其中，前 5 个项目属于非顺从性自我知觉维度，后 4 个项目属于声望自我知觉维度。采用极大似然法估计，结果发现模型各拟合指数为 $\chi^2 = 191.90$，df = 26，RMSEA = 0.107，NNFI = 0.87，CFI = 0.91，GFI = 0.94。可见，模型拟合不是很好。根据修正指数，项目 2 在声望自我知觉上的负荷较高(MI 为 20.88)，但是，项目 2 在非顺从性自我知觉维度上的负荷本身也很高，为 0.78，结合该项目本身的含义，考虑将项目 2 双重负荷。另外，项目 1 的因子载荷为 0.24，同时它在声望自我知觉维度上的 MI 并不高(7.77)，可以考虑删除。

对正式问卷中与自我知觉相对应的期望的公共自我分问卷的 9 个项目进行验证性因素分析，假设结构与自我知觉分问卷相同，结果发现，模型各拟合指数为 $\chi^2 = 106.94$，df = 26，RMSEA = 0.10，NNFI = 0.85，CFI = 0.89，GFI = 0.93，说明模型拟合也不是很好。根据修正指数，项目 2 在期望的公开声望维度上的负荷也较高，项目 1 的因子载荷仅为 0.13，同时在期望的公开声望维度上的 MI 也较高。

综合考虑以上结果，分别对两个分问卷进行项目 1 和 2 的删除或者双重负荷处理，多次进行验证性因素分析，最后发现，将两个分问卷都删除项目 1 和双重负荷项目 2，各拟合指数相对来说最好，该结构也比较符合项目本身的含义。拟合指数与因子结构和载荷见表 4.11、表 4.12。

2. 自我描述、期望的私下自我分问卷

对正式问卷中“自我描述”分问卷的 9 个项目进行验证性因素分析，评价假设的 2 因素结构，其中，前 5 个项目属于声望自我描述维度，后 4 个项目属于评价性自我描述维度。采用极大似然法估计，结果发现模型各拟合指数为 χ^2 = 181. 89，df = 26，RMSEA = 0. 104，NNFI = 0. 85，CFI = 0. 89，GFI = 0. 93。可见，模型拟合不是很好，而且项目 8 的因子负荷几乎为 0，根据修正指数，可以将项目 4 和 5 归到评价性自我描述维度上。对正式问卷中“期望的私下自我”分问卷的 9 个项目进行验证性因素分析，假设结构与自我描述分问卷的结构相同，结果发现，模型各拟合指数为 χ^2 = 111. 27，df = 26，RMSEA = 0. 077，NNFI = 0. 94，CFI = 0. 96，GFI = 0. 96。可见，模型拟合较好，但是，与自我描述分问卷一样，项目 8 的因子负荷为 0，并且修正指数显示，将项目 4 和 5 归到期望的评价维度会较大地降低 χ^2 值。

因此，删除项目 8 并改变因素结构，对两个分问卷分别再次进行验证性因素分析，结果见表 4. 11，各个指标都明显提高。最终形成的问卷的项目分布和因素载荷见表 4. 11，该结果表明，问卷项目的因素载荷在 0. 39~0. 89 之间，达到心理测量学标准。

表 4. 10 非顺从声望四个分问卷验证性因素分析的拟合参数

拟合指标	χ^2	df	χ^2/df	RMSEA	NNFI	CFI	GFI
自我知觉	41. 58	18	2. 31	0. 068	0. 91	0. 94	0. 96
期望公我	63. 82	18	3. 55	0. 096	0. 89	0. 92	0. 94
自我描述	86. 58	19	4. 56	0. 080	0. 92	0. 95	0. 96
期望私我	54. 30	19	2. 86	0. 058	0. 97	0. 98	0. 98

由表 4. 12 可见，赞赏的身份分问卷与自我知觉、期望的公我具有较高的正相关，而与自我描述、期望的私我的相关较低。该结果与各问卷含义一致，青少年自己和朋友所赞赏的身份与其知觉到的，以及期望的朋友眼中的自己的声望和行为特点具有较高的一致性，表明犯罪价值倾向决定了被试的公开行为和声望。而对自己声望的实际描述与赞赏的身份的相关较低，表明青少年认为自己所赞赏的身份与自己的实际声望和身份特点还有一定的距离，而赞赏的

身份与青少年对于自己的评价则完全无关。

表 4.11　　非顺从声望四个分问卷的维度和因素载荷

自我知觉				期望的公我				自我描述				期望的私我			
非顺从性		声望		非顺从性		声望		声望		评价		声望		评价	
12	0.46	12	0.29	22	0.56	22	0.20	11	0.67	14	0.58	21	0.67	24	0.66
13	0.40	16	0.79	23	0.66	26	0.78	12	0.62	15	0.63	22	0.65	25	0.62
14	0.41	17	0.71	24	0.55	27	0.75	13	0.52	16	0.68	23	0.61	26	0.70
15	0.72	18	0.54	25	0.72	28	0.62			17	0.65			27	0.64
		19	0.46			29	0.54			19	0.41			29	0.51

表 4.12　　非顺从声望问卷中赞赏的身份与各维度的相关(r)

	自我知觉		期望的公我		自我描述		期望的私我	
	非顺从性	声望	非顺从性	声望	声望	评价	声望	评价
赞赏的身份	0.686***	0.514***	0.561***	0.370***	0.286***	0.085*	0.222***	0.050

由表 4.13 可见，自我知觉和期望的公我问卷各维度之间具有较高的相关，自我描述和期望的私我分问卷各维度之间具有较高的相关，而自我知觉、期望的公我与自我描述、期望的私我之间的相关整体来说低于两个问卷内部的相关，表明这些问卷具有较好的结构效度。

表 4.13　　非顺从声望问卷其他四个分问卷之间的相关(r)

		自我知觉		期望的公我		自我描述		期望的私我
		非顺从性	声望	非顺从性	声望	声望	评价	声望
自我知觉	非顺从性	1.000						
	声望	0.595***						

续表

		自我知觉		期望的公我		自我描述		期望的私我
		非顺从性	声望	非顺从性	声望	声望	评价	声望
期望公我	非顺从性	0.672***	0.431***					
	声望	0.341***	0.548***	0.372***				
自我描述	声望	0.278***	0.479***	0.252***	0.191***			
	评价	0.068	0.342***	0.099*	0.143**	0.544***		
期望私我	声望	0.148***	0.232***	0.101*	0.378***	0.353***	0.247***	
	评价	-0.008	0.152***	-0.084*	0.283***	0.170***	0.360***	0.585***

(三) 问卷信度分析

各维度的 Cronbach's α 系数、分半系数和重测信度见表 4.14，同质信度都在 0.628 以上，表明问卷具有很高的内部一致性信度。在重测信度上，自我描述和期望私我中的评价维度前后测的相关不显著，其他维度前后测的得分都具有显著相关，并且都在 0.30 以上，这表明非顺从声望问卷对于犯罪青少年来说，具有一定的稳定性，但并不是很高，只是基本上可以接受。

表 4.14　　**非顺从声望问卷各维度的同质信度和重测信度**

	赞赏的身份	自我知觉		期望公我		自我描述		期望私我	
		非顺从性	声望	非顺从性	声望	声望	评价	声望	评价
Cronbach's α 系数	0.921	0.738	0.745	0.782	0.726	0.693	0.678	0.705	0.763
分半系数	0.848	0.778	0.628	0.763	0.639	0.654	0.559	0.667	0.652
重测信度 r	0.459***	0.569***	0.530***	0.405**	0.363**	0.309*	0.263	0.428**	0.231

注：重测信度采用前后测都有的项目，其项目数分别为：赞赏的身份中 5 个，自我知觉和期望公我的非顺从性维度中 2 个，声望维度中 4 个，自我描述和期望私我分问卷中声望维度中 3 个，评价维度中 5 个。

(四)问卷效度分析

由表 4.15 可见，非顺从声望问卷中赞赏的身份、自我知觉与青少年的自尊具有较低的负相关，自我描述与自尊具有较高的正相关，而期望的公我和私我，除了期望的私我评价维度以外，都与自尊无关。该结果与各维度的含义比较一致。

表 4.15　　非顺从声望问卷各维度与自尊的相关(r)

	赞赏的身份	自我知觉		期望公我		自我描述		期望私我	
		非顺从性	声望	非顺从性	声望	声望	评价	声望	评价
自尊	-0.139**	-0.162***	0.093*	-0.076	0.007	0.181***	0.316***	0.021	0.099*

五、偏差群体同一性和非顺从声望的特点

1. 不同群体的青少年偏差群体同一性和非顺从声望的特点

对偏差群体同一性各维度和总均分进行 2(群体)×4(年龄段)的多元方差分析(MANOVA)，其中，未管所青少年低于 14 岁的只有 1 人，因此，所有小于 14 岁的被试不参与计算。结果发现，群体主效应显著，$F(7, 394)=63.195$，$p<0.001$，年龄主效应显著，$F(11, 1185)=1.737$，$p<0.05$，群体和年龄的交互作用不显著。进一步的单变量 F 检验显示，在所有维度上未管青少年都显著高于普通中学生，见表 4.16，在承诺与团结维度上，未管所青少年与普通中学生虽然也具有显著差异，但是两类群体的平均数比较接近，不像其他维度差别非常大。在积极评价维度上，年龄差异显著，$F(3, 400)=2.729$，$p<0.05$，事后平均数比较(Turkey)发现，14 岁显著低于 16 岁和 17 岁以后。

同样对非顺从声望各维度进行群体和年龄段上的差异比较，结果见表 4.17，群体主效应显著，$F(9, 469)=28.219$，$p<0.001$，年龄段的主效应、年龄与群体的交互作用都不显著。进一步的单变

量 F 检验表明，除了期望的私我两个维度上群体差异不显著，其他维度上，未管所青少年都显著高于普通中学生。

表 4.16 不同群体青少年偏差群体同一性各维度平均分比较

		行为规则	承诺与团结	休闲与声望	身份认同	陪伴与支持	互助责任感	积极评价	总量表
未管	M	3.17	3.71	3.30	3.36	3.20	3.33	2.90	3.31
	SD	0.92	0.88	0.85	0.97	0.80	0.69	0.88	0.67
	n	272	264	263	276	277	267	273	232
普通	M	1.50	3.46	1.83	1.49	1.91	2.26	2.16	2.13
	SD	0.52	0.78	0.59	0.61	0.63	0.59	0.71	0.44
	n	274	261	264	274	272	255	271	213
F		322.92^{***}	12.50^{***}	246.63^{***}	284.75^{***}	187.68^{***}	164.91^{***}	34.30^{***}	260.52^{***}

表 4.17 不同群体青少年非顺从声望各维度平均分比较

		赞赏的身份	自我知觉		期望公我		自我描述		期望私我	
			非顺从性	声望	非顺从性	声望	声望	评价	声望	评价
未管	M	3.45	2.86	3.47	2.26	3.53	3.81	3.82	4.36	4.46
	SD	0.83	0.84	0.81	0.96	0.92	0.86	0.72	0.80	0.63
	n	272	280	279	276	276	277	277	278	278
普通	M	2.12	1.63	2.60	1.31	3.07	3.27	3.63	4.16	4.48
	SD	0.83	0.60	0.62	0.51	0.84	0.71	0.62	0.76	0.61
	n	275	279	279	279	279	277	278	277	278
F		153.77	174.78	88.70	92.80	17.47	24.82	10.47	2.50^{ns}	0.24^{ns}

注：上标 ns 表示差异不显著，其他未注明的 F 值都至少在 0.05 水平上显著，下同。

2. 不同年龄青少年的偏差群体同一性、非顺从声望的特点

由于偏差群体同一性和非顺从声望的测量对于未管所青少年是过去心理状况的回忆，并不与其当前实际年龄一一对应，而对于普通中学生则是当前心理的描述。因此，分别对两类青少年考察偏差群体同一性和非顺从声望的年龄发展特点。

以偏差群体同一性各维度为因变量，5 个年龄段为自变量进行多元方差分析 MANOVA，结果发现，未管所青少年在各年龄段之间的偏差群体同一性都没有显著差异，$F(28, 896)=1.147$，$p=0.274$，而普通中学生具有显著的年龄差异，$F(28, 816)=1.724$，$p<0.05$。随后的单变量 F 检验显示，在行为规则、休闲与声望、身份认同、积极评价四个维度上差异显著(见表 4.18)。

表 4.18 **不同年龄普通中学生偏差群体同一性各维度的平均分比较**

年龄		行为规则	承诺与团结	休闲与声望	身份认同	陪伴与支持	互助责任感	积极评价
<14	*M*	1.64	3.52	1.94^{25}	1.61	2.02	2.27	2.14
(n =35)	*SD*	0.72	0.82	0.76	0.61	0.84	0.69	0.75
14~15	*M*	1.36^{3}	3.44	1.68^{4}	1.40^{3}	1.80	2.14	2.07^{4}
(n =62)	*SD*	0.31	0.75	0.47	0.53	0.58	0.53	0.75
15~16	*M*	1.70	3.36	1.90	1.81^{45}	2.09	2.43	2.11
(n =33)	*SD*	0.81	0.80	0.70	0.84	0.64	0.59	0.76
16~17	*M*	1.42	3.73	1.91^{5}	1.37	1.79	2.29	2.46^{5}
(n =47)	*SD*	0.36	0.76	0.55	0.44	0.51	0.60	0.75
>17	*M*	1.41	3.35	1.65	1.28	1.80	2.14	2.03
(n =35)	*SD*	0.32	0.82	0.39	0.39	0.50	0.49	0.60
F		3.67^{**}	1.67	2.45^{*}	4.98^{***}	2.03	1.77	2.60^{*}

注：上标 1、2、3、4、5 表示平均数事后比较的结果，分别代表自变量不同组别，下同。

事后平均数比较(turkey)发现，行为规则上，14 岁显著低于 15 岁；休闲与声望上，14 岁以下显著高于 14 岁和 17 岁以上；在身份认同上，15 岁显著高于 14 岁、16 岁以及 17 岁以上；积极评价上，16 岁显著高于 14 岁和 17 岁以上。四个维度的年龄特点如图 4.1 所示，可以看出，普通中学生对偏差群体身份认同的年龄特点呈现出典型的倒“U”形，15 岁时达到最高，16 岁以后明显下降；行为规则也具有类似的趋势；对于休闲与声望的追求，14 岁以后也具有平缓的倒“U”形特点；对于群体的积极评价也是从 14 岁开始表现出倒“U”形，只是达到高峰的年龄比身份认同、行为规则等维度晚一年。

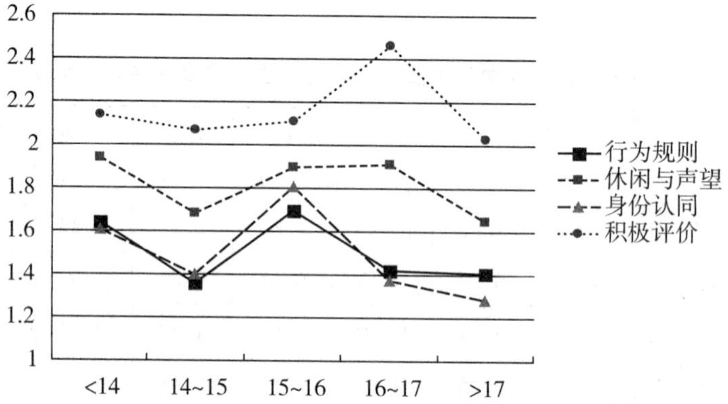

图 4.1 不同年龄普通中学生在偏差群体同一性四个维度上的特点

以非顺从声望各维度为因变量，5 个年龄段为自变量分别对未管所青少年和普通中学生进行多元方差分析，结果发现，不同年龄的未管所青少年在非顺从声望各维度上都没有显著差异，$F(36, 1012)=0.717$，$p=0.274$，而普通中学生的偏差群体同一性在各个年龄段之间差异显著，$F(36, 1044)=1.164$，$p<0.01$。随后的单变量 F 检验发现，在赞赏的身份、评价性自我描述两个维度上不同年龄的普通中学生差异显著，F 值分别为 2.883、2.321，$p<0.05$。

事后平均数比较(turkey)发现，在赞赏的身份上，14 岁以下高于14岁，14岁又显著低于16岁；在评价性自我描述上，14岁显著低于14岁以下，以后随着年龄的发展基本上保持不变。两个维度的年龄特点如图4.2所示。可以看出，赞赏的身份维度与偏差群体同一性中的身份认同、休闲与声望、行为规则的年龄特点类似，即从14~17岁，赞赏的身份也表现出倒“U”形的年龄特点，只是从17岁才开始下降。自我评价的年龄特点似乎与偏差群体同一性和赞赏的身份无关，从14岁以后基本上保持该水平不变。

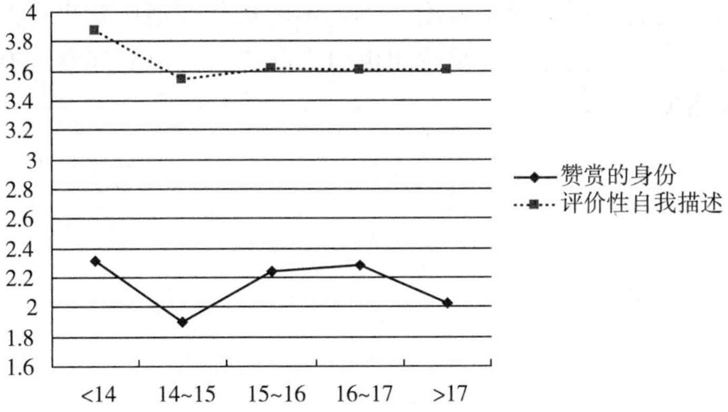

图4.2　不同年龄普通中学生非顺从声望的特点

六、小　结

1. 偏差群体同一性包含7个维度：行为规则、承诺与团结、休闲与声望、身份认同、陪伴与支持、互助责任感、积极评价。验证性因素分析和各个维度的相关分析表明，该问卷具有较好的结构效度。

2. 非顺从声望问卷包含5个分问卷共9个维度，即赞赏的身份、自我知觉的声望、自我知觉的非顺从行为、期望公我的声望、期望公我的非顺从行为、自我描述的声望、评价性自我描述、期望私我的声望和评价性期望私我。验证性因素分析和各维度的相关分析表明问卷具有较好的结构效度。

3. 两个问卷都具有较好的内部一致性、重测信度，表明问卷能够较稳定地测量偏差群体同一性和非顺从声望。

4. 偏差群体同一性与感知到的同伴社会支持具有中度的相关，与自尊具有弱相关，非顺从声望问卷中的自我知觉和公开自我与自尊具有较低的相关，而自我描述和期望私我与自尊具有较高的相关，表明两个问卷都具有较好的区分效度。

5. 不同群体在偏差群体同一性和非顺从声望上具有显著差异，表明问卷具有较好的鉴别效度。不同年龄段的普通中学生在两个问卷上也具有显著的差异，呈现出倒“U”形特点，说明问卷具有较好的外部效度。

第五章

偏差群体同一性、非顺从声望与青少年犯罪的关系

一、研究目的与方法

（一）研究目的

（1）修订青少年犯罪行为自我报告问卷。

（2）考察不同群体青少年自我报告的犯罪行为的特点。

（3）分析偏差群体同一性、非顺从声望的关系以及对于青少年犯罪的影响。

（二）研究方法

1. 研究工具

（1）青少年违法犯罪行为自我报告问卷（self-reported delinquency measure, SRD）

原问卷为 Elliot 和 Ageton① 编制，有 46 个行为指标。本研究以张秋凌和屈智勇②修订后的 25 项行为指标问卷为基础，增加了关于性行为、药物滥用行为等 13 个行为指标，形成 38 项目问卷，期望获得不同违法犯罪行为类型的测量。问卷 0~4 五级记分，采用各项行为指标是否发生的总频次均分和发生频率累计分的平均分两种记分方法。见附录 6。

(2)青少年偏差群体同一性问卷，同第四章研究。

(3)青少年非顺从声望问卷，同第四章研究。

2. *研究程序和数据处理*

首先修订青少年违法犯罪行为自我报告问卷，然后采用预测、探索性因素分析修改问卷，再进行正式施测，经过验证性因素分析得到最终问卷。

用 Foxpro4.0 和 SPSS10.0 软件对数据进行录入和管理，结果采用 SPSS10.0 进行探索性因素分析、方差分析、卡方检验、相关分析和回归分析等，采用 lisrel8.53 进行验证性因素分析。

二、青少年违法犯罪行为自我报告问卷的结构

(一)问卷的探索性因素分析

对初始问卷 38 项目进行探索性因素分析，运用主成分法，采用斜交旋转，结果发现，KMO = 0.851，Bartlett 球性检验 $\chi^2 = 2422.249$，$p<0.001$，说明问卷适合于做因素分析。根据特征根、碎石图和项目意义，确定犯罪行为问卷为 5 个因子，删除多重负荷且负荷都较低，以及负荷低于 0.35 的项目 6 个，结果发现问卷结

① Elliot D S, Ageton S S. Reconciling race and class differences in self-reported and official estimates of delinquency[J]. American Sociological Review, 1980(45): 95-110.

② 张秋凌. 青少年犯罪的影响因素：人格、自我控制、家庭功能与亲子依恋[D]. 北京：北京师范大学，2005.

构较好，KMO＝0. 855，5 个因子累积解释率为 53. 45%，因子载荷在 0. 39～0. 83 之间。

若继续删除仍然具有多重负荷，并且项目意义与该因子中其他项目的意义一致性稍低的项目 32、29、24、9 等之后，问卷的结构也较好，KMO＝0. 856，5 个因子累积解释率为 55. 72%，因子载荷在 0. 37～0. 83 之间。因此，正式施测问卷保留了 32 个项目，以备大样本的正式施测之后经过验证性因素分析最终确定问卷结构。5 个因子分别命名为：严重暴力行为、学校不良行为、严重财产犯罪行为、性和药物滥用行为、轻微财产犯罪行为。

(二)问卷的验证性因素分析

分别依据 32 项目问卷和 28 项目问卷的方差协方差矩阵，采用极大似然法估计，对犯罪行为自我报告问卷的五因素结构进行验证性因素分析，模型拟合指数见表 5. 1。由表可见，两个问卷的五因素结构的拟合指标都较好，而 28 项目问卷的拟合指标略好于 32 项目问卷。并且，28 项目问卷在项目数量上更为简洁，在项目意义与维度含义的关系上更为一致。因此，采用 28 项目问卷。根据修正指数和项目含义，将项目 14 和 30 分别归到第三个和第二个因子，最终结构的拟合指数见表 5. 1，拟合指数较为理想。问卷的项目分布和因素载荷见表 5. 2，说明问卷结构较好，达到心理测量学要求。

表 5. 1　犯罪行为自我报告问卷验证性因素分析的拟合参数

拟合指标	χ^2	df	χ^2/df	RMSEA	NNFI	CFI	GFI
32 项目问卷	1836. 89	454	4. 05	0. 074	0. 98	0. 98	0. 83
28 项目问卷	1238. 59	314	3. 94	0. 073	0. 98	0. 98	0. 86
28 项目最终问卷	1220. 36	340	3. 59	0. 068	0. 98	0. 98	0. 86

问卷各维度之间都具有很高的相关(见表 5. 3)，性和药物滥用行为与财产犯罪行为的相关在 0. 60 左右，其他各维度之间的相关

都达到 0.659 以上，表明问卷的结构效度较好。同时，问卷各维度与总分的相关都在 0.803 以上，表明问卷各维度所测量的内容与总体测量具有很高的一致性。

表 5.2　　**犯罪行为自我报告问卷的维度和因素载荷**

严重暴力行为		学校不良行为		严重财产犯罪行为		性和药物滥用行为		轻微财产犯罪行为	
项目	载荷	项目	载荷	项目	载荷	项目	载荷	项目	载荷
7	0.83	1	0.72	3	0.70	2	0.76	20	0.61
8	0.78	12	0.64	4	0.74	6	0.65	21	0.66
10	0.82	15	0.59	5	0.73	11	0.53	22	0.71
26	0.79	17	0.74	13	0.69	25	0.48	23	0.66
27	0.88	18	0.71	14	0.66				
28	0.88	30	0.72	16	0.77				
31	0.89			19	0.72				

表 5.3　　**犯罪行为自我报告问卷各维度间的相关(r)**

	严重暴力	学校不良	严重财产	性和药物滥用	轻微财产
学校不良行为	0.832***	1.000			
严重财产犯罪行为	0.707***	0.674***	1.000		
性和药物滥用行为	0.752***	0.659***	0.579***	1.000	
轻微财产犯罪行为	0.756***	0.832***	0.725***	0.620***	1.000
总体犯罪	0.952***	0.907***	0.838***	0.803***	0.869***

(三)问卷的信度分析

问卷各维度的 Cronbach's α 系数、分半系数和重测信度见表 5.4，除了性和药物滥用行为的分半系数稍低，为 0.616，其他维度的同质信度系数都在 0.720 以上，总量表的内部一致性达到 0.962；重测信度除了轻微财产犯罪行为较低，为 0.470，其他各维度都比较高，表明问卷测量比较稳定可靠。

表 5.4 犯罪行为自我报告问卷各维度的内部一致性和重测信度

	严重暴力	学校不良	严重财产	性和药物滥用	轻微财产	总体犯罪
Cronbach's α 系数	0.947	0.833	0.883	0.720	0.748	0.962
分半系数	0.943	0.832	0.855	0.616	0.721	0.965
重测信度 r	0.763***	0.645***	0.772***	0.613***	0.470***	0.774***

三、青少年违法犯罪行为的特点

（一）青少年违法犯罪行为的分布特点

对青少年自我报告的犯罪行为按照是否发生逐项计算不同群体青少年各种犯罪行为的发生比例，考察青少年犯罪行为的分布特点，结果见表 5.5。由表可见，各种犯罪行为在两类青少年群体中都有发生，但是大多数犯罪行为在普通中学生中很少发生，低于 10%，像买摇头丸、尝试毒品等药物滥用行为发生率几乎为 0，发生比例大于 40%的只有 4 项行为，并且都是轻微的不良行为。不论哪种犯罪行为，未管所青少年的发生比例都远远大于普通中学生。

从各种犯罪行为的发生比例高低来看，发生比例最高的 7 项行为是打伤别人，踢打学校的门窗、桌椅等，有过于亲密的异性交往，对于去哪儿、和谁在一起，向父母撒谎，在学校考试中偷看别人的答案，悄悄携带刀具、凶器等，调戏或欺负别人。这些行为在未管所青少年中发生比例都高达 85%以上，在普通中学生中前四项行为也都高于 40%以上，基本上属于暴力行为和不良行为，显示中学生也具有较多的亲密异性交往。发生比率最低的是拿刀或武器对着别人、卖摇头丸等违禁药品、因好奇尝试毒品 3 项行为，基本上都属于药物滥用行为，在未管所青少年中低于 30%，在普通中学生中低于 5%。

表 5.5 各种违法犯罪行为在不同群体青少年中的发生比例(%)

	犯罪行为	未管	普通	总体
严重暴力	悄悄携带刀具、凶器等	85.9	7.9	46.7
	故意伤害某人或动物	77.0	8.3	12.6
	徒手打群架	83.7	9.7	14.5
	调戏或欺负别人	85.1	19.0	51.9
	拿刀或武器对着别人	21.9	5.0	43.3
	打伤别人	91.4	15.1	53.1
	用刀、棒等工具参与集体打斗	81.7	2.2	41.9
学校不良	踢打学校的门窗、桌椅等	90.3	48.7	69.5
	在学校考试中偷看别人的答案	86.6	62.2	74.4
	在学校暗地里算计老师	45.0	14.7	29.8
	徒手打同伴或同学	82.9	19.4	50.9
	因行为不端而被叫到校长办公室	81.2	9.4	44.9
	对于去哪儿、和谁在一起向父母撒谎	88.2	51.6	69.9
严重财产	未经允许，骑走陌生人的自行车	42.8	3.2	28.9
	未经允许拿走别人的钱(100 元以上)	41.4	2.9	28.1
	买卖、隐藏或转移赃物	58.1	4.7	31.3
	搭公共车、出租车等不付钱	52.5	12.5	32.4
	悄悄拿走家里的东西	66.2	14.3	40.2
	趁主人不在，偷偷潜入他人家里拿东西	46.2	1.4	23.8
	结伙强行拿陌生人的钱财	70.4	1.8	35.8

续表

	犯罪行为	未管	普通	总体
轻微财产	买东西不付钱	35.3	6.5	20.8
	拿走学校的公共财产	36.1	4.3	20.2
	骗取别人的钱或其他财物	45.5	2.5	23.9
	打骚扰电话或发骚扰短信	66.8	10.0	38.3
性和药物滥用	有过于亲密的异性交往	87.8	40.1	64.0
	更换男女朋友	69.8	8.6	44.0
	卖摇头丸等违禁药品	25.7	0.8	13.2
	因好奇尝试毒品	29.1	0.4	14.7

将所有28项行为按照是否发生的频次进行累积计分，考查不同群体中不同得分组的分布情况。首先将没有发生过任何一项行为的记为零分组，然后按照总分1~9，10~19，20~28，将被试分为低分组、居中组和高分组。对两类青少年群体在4个小组中的分布情况进行交叉分析，结果见表5.6，由表可见，两类青少年在4组分布上具有显著差异，未管所青少年绝大部分都处于居中组和高分组，没有人为零分，而普通中学生绝大多数为低分组，其次为零分组。

表5.6　**不同群体青少年在犯罪行为严重程度分组的分布**

		零分组	低分组	居中组	高分组
未管	%	0	5.7	47.3	47.0
(N=279)	n	0	16	132	131
普通	%	15.4	73.8	9.7	1.1
(N=279)	n	43	206	27	3
χ^2	397.221***				

进一步以群体、频次分组为自变量，各类型犯罪行为频次得分

为因变量进行方差分析，结果发现，群体主效应显著，$F(5, 544)=11.351$，$p<0.001$，频次分组主效应显著，$F(15, 1638)=47.511$，$p<0.001$，群体和频次的交互作用也显著，$F(10, 1090)=3.937$，$p<0.001$。

进一步的单变量 F 检验发现，主要是在严重暴力行为上交互作用显著，对各组别分别进行两类群体的差异比较发现，在犯罪总频次低分组和居中组上，未管所青少年都显著高于普通中学生，而高分组上没有显著差异，说明了在严重暴力行为上，总体犯罪行为发生比例较高时，普通中学生与未管所青少年都一样具有很多的严重暴力行为，反映了普通中学生中，严重暴力行为相对于其他类型的行为，是比较突出的现象。其他各类犯罪行为上，都是犯罪总频次越高，该类犯罪行为也发生得越多(见表5.7)，即青少年各类犯罪行为与总体犯罪具有一致性，总体犯罪发生多的青少年，相应的各类犯罪行为也较多发生。各类犯罪行为之间具有较高的相关也说明了青少年各种犯罪行为具有很大的共生性，也即“偏差综合征”(Angenent，1996)，因此本研究后续分析将主要考虑总体犯罪行为。

表5.7 不同犯罪总频次分组、不同群体青少年各类犯罪行为频次均分差异比较

		严重暴力		学校不良		严重财产		性和药物滥用		轻微财产	
		M	*SD*	*M*	*SD*	*M*	*SD*	*M*	*SD*	*M*	*SD*
未管	低($n=16$)	0.18	0.16	0.30	0.21	0.12	0.12	0.22	0.22	0.23	0.21
	中($n=130$)	0.79	0.21	0.72	0.18	0.36	0.24	0.47	0.25	0.42	0.23
	高($n=130$)	0.97	0.08	0.92	0.10	0.77	0.22	0.64	0.24	0.74	0.24
普通	低($n=206$)	0.06	0.11	0.36	0.18	0.05	0.08	0.15	0.18	0.21	0.16
	中($n=27$)	0.46	0.19	0.73	0.12	0.17	0.16	0.36	0.14	0.44	0.27
	高($n=3$)	0.90	0.17	0.89	0.10	0.67	0.08	0.33	0.14	0.75	0.25
F		216.67***		156.61***		49.79***		21.77***		37.09***	

(二)不同类型青少年犯罪行为的比较

以5种犯罪行为累计均分为因变量，犯罪行为种类(即5个维度)为组内变量，不同群体和不同年龄段为组间自变量，进行重复测量的方差分析MNOVA。结果发现，犯罪行为种类的主效应非常显著，$F(4, 497)=78.293$，$p<0.001$，群体与犯罪行为种类的交互作用也非常显著，$F(4, 497)=56.402$，$p<0.001$，组间变量上，群体主效应显著，$F(12, 497)=408.876$，$p<0.001$，群体与年龄段的交互作用也非常显著，$F(3, 497)=3.543$，$p<0.05$，三者的交互作用不显著。组内对比检验发现，犯罪行为种类$F(1, 497)=178.364$，$p<0.001$，群体与犯罪行为种类的交互作用$F(1, 497)=188.229$，$p<0.001$。

分别对两类青少年进行不同类型犯罪行为的比较，对于未管所青少年来说，严重暴力行为和学校不良行为的发生比例最高，其次是性和药物滥用行为、轻微财产犯罪行为、严重财产犯罪行为；对于普通中学生来说，学校不良行为发生比例最高，其次是轻微财产犯罪行为，再次是性和药物滥用行为、严重暴力行为，严重财产犯罪行为发生比例最低。说明青少年都是暴力行为发生率最高，只是普通中学生的严重程度低于未管所青少年，这与现实情况一致。

对不同群体青少年进行年龄上的差异检验ANOVA，结果发现，只有普通中学生具有显著的年龄差异。对各维度和总均分的群体差异进行简单对比检验，结果发现，在所有维度上，群体差异都非常显著($p<0.001$)，见表5.8。

以青少年5种犯罪行为发生频次的平均分为因变量，进行如上的重复测量方差分析，结果与犯罪行为累计分结果完全相同，对不同群体进行犯罪行为发生频次的比较，见表5.8，各维度之间差异也都非常显著($p<0.001$)。分别对两类青少年进行犯罪行为种类间的比较，也与犯罪行为累计记分结果相同。累计记分能够更敏感地反映行为发生比例较少的普通中学生的犯罪行为的严重程度，因此后面研究主要采用累计记分。

表 5.8 不同群体青少年犯罪行为累计均分、频次均分的差异检验

		严重暴力		学校不良		严重财产		性和药物滥用		轻微财产		总体犯罪	
		累计	频次	累计	频次	累计	频次	累计	频次	累计	频次	累计	频次
未管	*M*	2.30	0.84	2.06	0.79	1.13	0.54	1.42	0.53	1.35	0.56	1.69	0.67
	SD	1.14	0.25	0.96	0.22	0.94	0.32	0.98	0.26	0.90	0.29	0.78	0.19
	n	275	276	275	276	275	276	275	276	275	276	275	276
普通	*M*	0.12	0.10	0.48	0.34	0.07	0.06	0.20	0.15	0.28	0.21	0.22	0.16
	SD	0.26	0.18	0.47	0.25	0.14	0.11	0.30	0.19	0.32	0.20	0.22	0.14
	n	230	279	230	279	230	279	230	279	230	279	230	279
F		802.81	1501.75	772.30	541.79	251.11	502.00	333.35	336.14	291.33	257.06	776.54	1205.85

注：以上 *F* 值都在 0.001 水平显著。

(三)青少年犯罪行为的年龄特点

以5个年龄段为自变量，普通中学生犯罪行为各维度和总均分为因变量进行多元方差分析，结果发现，各年龄段差异非常显著，$F(24, 1084)=2.194$，$p<0.001$，单变量的 F 检验显示，在严重暴力行为、学校不良行为和轻微财产犯罪行为三类行为和总均分上差异显著，见表5.9。

表5.9 **不同年龄普通中学生犯罪行为平均分差异比较**

年龄		严重暴力	学校不良	严重财产	性和药物滥用	轻微财产	总体犯罪
<14	*M*	0.22^{25}	0.57^{2}	0.11	0.19	0.27^{4}	0.27^{2}
(n=48)	*SD*	0.46	0.50	0.23	0.29	0.36	0.32
14~15	*M*	0.09^{3}	0.34^{345}	0.06	0.19	0.18^{4}	0.16^{3}
(n=79)	*SD*	0.22	0.39	0.12	0.30	0.31	0.20
15~16	*M*	0.23	0.64	0.07	0.20	0.28	0.28
(n=44)	*SD*	0.39	0.69	0.16	0.31	0.30	0.31
16~17	*M*	0.10	0.55	0.08	0.23	0.40	0.25
(n=68)	*SD*	0.22	0.37	0.16	0.29	0.34	0.20
>17	*M*	0.08	0.49	0.06	0.20	0.32	0.21
(n=49)	*SD*	0.16	0.41	0.10	0.31	0.29	0.18
F		3.16^{*}	3.59^{**}	1.15	0.14	4.05^{**}	2.57^{*}

事后平均数比较发现，在严重暴力上，14岁以前显著高于14岁，而14岁又显著低于15岁，14岁以前显著高于17岁；在学校不良行为上，14岁以前显著高于14岁，14岁又显著低于15岁、16岁和17岁以后；在轻微财产犯罪上，16岁显著高于14岁以前和14岁，在总均分上，14岁显著低于14岁以前和15岁，如图5.1所示。由图可见，14岁时所有犯罪行为都显著低于14岁以前

和 15 岁，然后从 14 岁开始表现出上升趋势，暴力犯罪和学校不良行为都是在 15 岁时达到最高峰，以后逐渐下降，只是严重暴力行为会降至与 14 岁时相当的水平，而学校不良行为下降水平缓慢，17 岁时仍然高于 14 岁时的水平，轻微财产犯罪行为则稍微延缓，到 16 岁才达到最高峰，然后 16 岁以后开始下降。总体犯罪行为表现出与严重暴力行为一致的趋势。

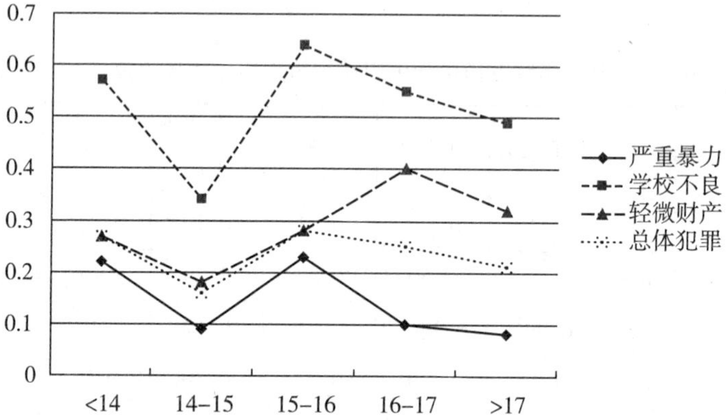

图 5.1 普通中学生自我报告犯罪行为的年龄特点

四、青少年偏差群体同一性、非顺从声望与犯罪行为的关系

(一) 青少年偏差群体同一性与非顺从声望的关系

由表 5.10 可见，除了评价性自我描述和评价性期望私我两个维度之外，偏差群体同一性与非顺从声望具有显著的正相关，而且其他维度与偏差群体同一性的相关还非常高，尤其是赞赏的身份，其次是自我知觉。分别对两个群体进行相关分析可见，在自我知觉的声望上，普通中学生的偏差群体同一性与非顺从声望的相关显著低于未管所青少年。

表 5.10　青少年的偏差群体同一性总分与非顺从声望各维度的相关(*r*)

	赞赏的身份	自我知觉		期望公我		自我描述		期望私我	
		非顺从性	声望	非顺从性	声望	声望	评价	声望	评价
未管	0.668***	0.503***	0.473***	0.359***	0.332***	0.239***	0.024	0.174**	0.005
普通	0.689***	0.563***	0.279***	0.414***	0.268***	0.125	0.064	0.169*	0.056
总体	0.814***	0.745***	0.638***	0.593***	0.389***	0.376***	0.109*	0.210***	0.012

对偏差群体同一性的总体得分进行描述分析发现，总量表分取值范围为 1.17～4.88，近似于正态分布，因此，采用总分标准化值>1 和<−1 的方法将青少年偏差群体同一性分为高中低三种不同水平。由于未管所青少年的偏差群体同一性几乎无低分组，而普通青少年的偏差群体同一性几乎无高分组，因此，无法分别对两类群体进行不同分组的非顺从声望比较。取所有被试，对非顺从声望各个维度进行不同组别的多元方差分析。结果发现，各组差异显著，$F(18, 854)=19.698$，$p<0.001$。随后的单变量 *F* 检验(见表 5.11)表明，只有评价性期望私我在偏差群体同一性不同分组之间无显著差异，其他各维度均具有显著差异。

表 5.11　不同偏差群体同一性水平的青少年非顺从声望各维度平均分比较

		赞赏的身份	自我知觉		期望公我		自我描述		期望私我	
			非顺从性	声望	非顺从性	声望	声望	评价	声望	评价
低分组	*M*	1.63^{23}	1.34^{23}	2.45^{23}	1.11^{23}	2.86^{23}	3.21^{23}	3.74	4.13^{3}	4.55
	SD	0.56	0.44	0.56	0.22	0.82	0.72	0.74	0.74	0.62
	n	88	88	88	88	88	88	88	88	88
中间组	*M*	2.82^{3}	2.22^{3}	3.04^{3}	1.73^{3}	3.33^{3}	3.51^{3}	3.69^{3}	4.31^{3}	4.83
	SD	0.83	0.79	0.79	0.76	0.83	0.81	0.64	0.74	0.57
	n	264	264	264	264	264	264	264	264	264

续表

		赞赏的身份	自我知觉		期望公我		自我描述		期望私我	
			非顺从性	声望	非顺从性	声望	声望	评价	声望	评价
高分组	*M*	4.03	3.36	3.87	2.63	3.88	4.05	3.90	4.52	4.52
	SD	0.63	0.91	0.71	1.15	0.94	0.77	0.67	0.77	0.69
	n	85	85	85	85	85	85	85	85	85
F		224.12	154.13	81.22	82.93	31.37	25.53	3.01	5.83	0.44^{ns}

事后平均数比较(turkey)发现，在评价性自我描述维度上，中间组显著低于高分组，在期望私我的声望描述上，低分组和中间组显著低于高分组，在其余的六个维度上，则都是三组之间两两差异显著，偏差群体同一性得分越高的青少年，非顺从声望得分也越高。

(二)青少年偏差群体同一性、非顺从声望对犯罪行为的预测

以青少年犯罪行为累计总均分为因变量，偏差群体同一性、非顺从声望各维度均分为预测变量，采用逐步进入法(stepwise)，建立回归方程。

结果表明(见表5.12)，青少年偏差群体同一性的行为规则对犯罪行为具有非常显著的预测作用，该维度对犯罪行为独立的解释作用达到65.4%，偏差群体同一性中还有身份认同、休闲与声望、承诺与团结三个维度也具有显著的预测作用，非顺从声望中还有声望自我知觉维度具有显著预测作用。两个变量对犯罪行为的总体预测力为73.9%，但是，相对来说，偏差群体同一性对犯罪行为的预测作用远远大于非顺从声望，前者各维度的预测作用之和达到69%，后者仅为4.9%。这说明虽然偏差群体同一性和非顺从声望都对青少年犯罪具有影响作用，但是偏差群体同一性的影响更大、作用更为重要。

表 5.12　偏差群体同一性、非顺从声望对青少年犯罪行为影响的逐步回归分析

因变量	进入方程的变量	R	R_{adj}^2	F	ΔR^2	ΔF	β	t
犯罪	行为规则	0.809	0.653	822.405***	0.654	822.405***	0.242	4.401***
	非顺从性自我知觉	0.837	0.699	507.624***	0.046	67.368***	0.181	4.481***
	身份认同	0.850	0.721	377.079***	0.023	35.435***	0.223	4.349***
	休闲与声望	0.857	0.732	298.821***	0.011	18.452***	0.269	5.089***
	承诺与团结	0.860	0.737	244.827***	0.005	8.394**	-0.094	-3.344***
	声望自我知觉	0.862	0.739	207.039***	0.003	5.452*	0.079	2.335*

进一步单独分析偏差群体同一性与各类犯罪行为的相关，见表 5.13。由表可知，偏差群体同一性各个维度都与犯罪行为具有非常高的正相关($p<0.001$)，尤其是行为规则、身份认同、休闲与声望三个维度，互助责任感和积极评价相对稍低，但是也达到 0.40 以上，只有承诺与团结维度与犯罪行为具有较弱的相关。在各类犯罪行为上，偏差群体同一性与严重暴力和学校不良行为的相关最强，但是与其他各类犯罪行为的相关也非常高，几乎都在 0.60 以上，与总体犯罪行为的相关达到 0.799。

表 5.13　青少年偏差群体同一性各维度与各类犯罪行为的相关(r)

	行为规则	承诺与团结	休闲与声望	身份认同	陪伴与支持	互助责任感	积极评价	总分
严重暴力	0.814	0.279	0.766	0.804	0.731	0.664	0.475	0.800
学校不良	0.747	0.250	0.727	0.729	0.661	0.617	0.481	0.738
严重财产	0.625	0.143	0.637	0.629	0.589	0.499	0.447	0.618
性和药物滥用	0.634	0.212	0.603	0.634	0.593	0.531	0.423	0.638
轻微财产	0.602	0.218	0.662	0.616	0.570	0.524	0.443	0.636
总体犯罪	0.802	0.258	0.785	0.797	0.732	0.660	0.516	0.799

将青少年总体犯罪在偏差群体同一性各维度上进行回归分析（stepwise），结果发现，仍然是行为规则、身份认同、休闲与声望3个维度具有显著正向预测作用，偏差群体同一性单独对犯罪行为的总体解释率为71.7%。承诺与团结维度变成负向预测作用，而其单独对偏差群体同一性具有较弱的正向预测作用，这表明当与其他维度一起进入回归方程，其共有的预测成分被其他变量解释掉了，剩下的是残差与偏差群体同一性的相关。

五、小　结

1. 青少年自我报告的犯罪行为问卷可以抽取出严重暴力行为、学校不良行为、严重财产犯罪行为、性和药物滥用行为、轻微财产犯罪行为5类维度。问卷具有较好的同质信度、重测信度和结构效度，达到心理测量学标准。

2. 青少年发生比例较高的犯罪行为是暴力行为和亲密异性交往行为，未管所青少年和普通中学生在总体犯罪行为是否发生的频次分组的分布上具有显著差异，但是这两类青少年在各类犯罪行为上都是总体犯罪行为发生频次越高则该类犯罪行为发生也越高，表现出各类犯罪行为较高的共生现象。

3. 在自我报告的各类和总体犯罪行为累计分和频次分上，群体间差异均非常显著，未管所青少年显著地高于普通中学生。5类犯罪行为发生比例的相对高低在两类青少年中显著不同。严重暴力行为、学校不良行为、轻微财产犯罪行为和总体犯罪行为具有显著的年龄差异。

4. 偏差群体同一性与非顺从声望具有显著的相关关系，并且非顺从声望各维度在偏差群体同一性得分不同分组上都具有显著差异，偏差群体同一性越高，非顺从声望越高。

5. 偏差群体同一性、非顺从声望对青少年自我报告的犯罪行为都具有显著预测作用，主要是行为规则、非顺从性自我知觉、身份认同、休闲与声望、声望自我知觉5个维度具有显著预测作用，但是偏差群体同一性对犯罪行为的预测作用远远大于非顺从声望的作用。

第六章

同伴关系与偏差群体同一性、青少年犯罪的关系

一、研究目的与方法

(一)研究目的

考察同伴压力和同伴支持这两种青少年群体中的互动作用对于青少年偏差群体同一性形成的影响作用，具体问题如下：

(1)不同青少年群体中的社会支持、同伴压力的特点。

(2)同伴支持、同伴压力对偏差群体同一性的预测作用。

(3)同伴支持、同伴压力与偏差群体同一性共同对青少年犯罪的预测作用。

(二)研究方法

1. 研究工具

(1)青少年偏差群体同一性问卷，同研究二。

(2)青少年犯罪行为自我报告问卷，同研究三。

(3)社会支持网络问卷，同研究二。

(4)同伴压力问卷(Inventory of Peer Pressure)。

参照Brown①的同伴压力指标(PPI)改编，问卷要求被试报告同伴压力的方向和程度。Brown的问卷的项目范围更广泛，包括了4类压力：顺从行为、社会卷入行为、不良行为、亲成人行为。本研究的具体项目主要来自研究一的访谈结果，包括了两类压力：中性行为(同伴卷入、服饰语言、学校卷入、父母卷入)和问题行为，项目数分别为6个和8个。项目用语义区分的形式呈现，用一对行为短语表达相反的压力事件，例如，中性行为上，“听父母话”对“与父母反抗”，“文明用语”对“说骂人的话”；问题行为上，“吸烟”对“不吸烟”，“夜不归家”对“正常回家”。每个项目7点记分，从-3很大压力，-2有点压力，-1很少压力到0没有压力，1~3依次为方向相反的行为的压力强度。两类行为顺序交叉排列，并且使左右两边与社会期望相一致的行为数量平衡。“你的朋友们”作为被试的压力源。问卷用总平均分记分，将所有项目转换为对消极行为做正向记分，因此，正向得分越高，代表消极行为的压力越大，负向得分越高，代表趋向于积极行为的压力越大。见附录7。

初测问卷的探索性因素分析发现，KMO＝0.763，球性检验$\chi^2=437.320$，$p<0.001$，有5个特征根大于1的因子，碎石图显示抽取2个因子比较合适。再次限定2个因子进行斜交旋转，结果发现因子结构比较清晰合理，根据因子负荷小于0.30、交叉负荷较多且低于0.40的原则，结合因子的意义，逐步删除了3个项目。对余下的11个项目进行限定2个因子的斜交旋转，结果表明，KMO＝0.812，球性检验$\chi^2=354.487$，$p<0.001$，2个因子各自解释率为34.57%、13.44%，累积贡献率为48.01%，项目因素载荷在0.48~0.78之间。根据项目含义，2个因子分别命名为社会卷入(即中性行为)和问题行为。

① Brown B B, Clasen D R, Eicher S A. Perceptions of peer pressure, peer conformity dispositions, and self-reported behavior among adolescents[J]. Developmental Psychology, 1986, 22(4): 521-530.

对正式施测问卷的 11 项目进行验证性因素分析，结果发现，问卷结构拟合较好，$\chi^2=300.32$，df = 43，RMSEA = 0.098，NNFI = 0.97，CFI = 0.97，GFI = 0.91。但是，根据修正指标，项目 7 交叉负荷较高，删除该项目，重新进行验证性因素分析，结果发现(见表 6.1)，各拟合指标都有明显的提高。问卷的维度和因素载荷见表 6.2，项目的因素负荷都在 0.71~0.91 之间。因此，问卷具有较好的结构效度。

两个维度的 Cronbach's α 系数分别为 0.703、0.892，分半系数分别为 0.655、0.850，重测信度分别为 0.382、0.370，2 个维度之间的相关为 0.457，非常显著。

表 6.1　　同伴压力问卷验证性因素分析的拟合参数

拟合指标	χ^2	df	χ^2/df	RMSEA	NNFI	CFI	GFI
	148.75	34	4.375	0.078	0.98	0.98	0.95

表 6.2　　同伴压力问卷的维度和因素载荷

社会卷入压力		问题行为压力	
项目	载荷	项目	载荷
1	0.71	2	0.72
3	0.76	4	0.88
5	0.86	6	0.91
9	0.80	8	0.88
10	0.80	11	0.87

2. 研究程序和数据处理

首先修订青少年同伴压力问卷，然后采用预测、探索性因素分析修改问卷，再进行正式施测，经过验证性因素分析得到最终问卷。

用 Foxpro4.0 和 SPSS10.0 软件对数据进行录入和管理，结果采用SPSS10.0进行探索性因素分析、方差分析、卡方检验、相关分析和回归分析等，采用lisrel8.53进行验证性因素分析。

二、同伴支持与偏差群体同一性、青少年犯罪的关系

(一)青少年的同伴支持的特点

以同伴支持为因变量，未管和普通两类群体、年龄段为自变量进行多元方差分析，结果发现，群体的主效应 $F(8, 492)=11.166$，$p<0.001$，年龄段的主效应不显著，$F(24, 1482)=0.781$，$p>0.05$，群体与年龄的交互作用不显著，$F(24, 1482)=0.780$，$p>0.05$。

随后的单变量 F 检验显示见表6.3，在肯定价值、工具性支持、陪伴支持、财物支持四个维度上，不同群体之间都具有非常显著的差异，未管所青少年感受到的同伴支持都显著高于普通中学生，而在情感支持、亲密感、满意度、冲突与惩罚等与情感有关的维度上两类群体都没有显著差异。

表6.3 青少年的同伴支持在不同群体间的差异检验

		肯定价值	工具性支持	情感支持	陪伴支持	亲密感	满意度	冲突与惩罚	财物支持
未管	M	3.37	3.78	3.68	4.09	3.55	3.91	1.78	3.81
($n=277$)	SD	0.78	0.74	0.83	0.71	0.81	0.75	0.54	0.87
普通	M	3.16	3.49	3.58	3.44	3.45	3.92	1.86	3.30
($n=230$)	SD	0.76	0.84	0.94	0.78	0.84	0.78	0.60	1.04
F		8.82**	8.41**	0.13	50.66***	0.94	0.00	0.34	20.06***

(二)同伴支持对青少年偏差群体同一性的预测

从前面研究可知，偏差群体同一性各维度与同伴支持的5个维度具有显著的相关，其中，群体承诺与团结的相关最高，其次，群

体积极评价与社会支持，尤其是与其中的财物支持、肯定价值、工具性支持具有较高的相关，休闲与声望表达也与社会支持的相关较高。

以偏差群体同一性为因变量，同伴支持各维度为自变量，建立回归方程。回归分析表明(stepwise)，陪伴支持、财物支持 2 个维度对青少年偏差群体同一性具有显著正向预测作用，同伴支持解释了偏差群体同一性 39.8%的变异，其中陪伴支持的预测作用最大(见表 6.4)。

表 6.4 青少年同伴支持对偏差群体同一性影响的逐步回归分析

进入方程的变量	R	R^2	R^2_{adj}	F	β	t
陪伴支持	0.609	0.371	0.369	237.840***	0.601	12.795***
满意度	0.623	0.388	0.385	127.772***	-0.174	-4.035***
财物支持	0.634	0.402	0.398	90.142***	0.144	3.081**

(三)偏差群体同一性在同伴支持与犯罪行为之间的中介作用

以青少年犯罪行为累计得分为因变量，同伴支持、偏差群体同一性为自变量，建立回归方程。依次分层进入上述两个自变量，多元线性分层回归分析表明(enter)，在第一层回归方程中，陪伴支持、亲密感、满意度和财物支持 4 个维度对青少年自我报告的犯罪行为具有显著预测作用，同伴支持解释了犯罪行为 34.1%的变异。其中，陪伴支持的预测作用最大。在第二层回归方程中，偏差群体同一性的行为规则、承诺与团结、休闲与声望、身份认同 4 个维度对青少年犯罪行为具有显著预测作用，偏差群体同一性与同伴支持共同对犯罪行为的预测作用，相对于同伴支持单独的预测作用，增加了 38.8%的解释率(见表 6.5)。

在偏差群体同一性进入回归方程之后，同伴支持中的陪伴支持、满意度对青少年自我报告的犯罪行为的预测作用明显降低，而亲密感和财物支持的预测作用由显著变得完全不显著，这说明偏差群体同一性在同伴支持与青少年自我报告的犯罪行为之间起着部分中介作用。

表 6.5 同伴支持、偏差群体同一性对青少年犯罪影响的多元线性分层回归分析

	进入方程的变量	模型 1		模型 2	
		β	t	β	t
第一层	肯定价值	0.028	0.532	-0.011	-0.328
	工具性支持	0.080	1.235	0.015	0.351
	情感支持	-0.069	-1.140	0.057	1.407
	陪伴支持	0.560	10.872***	0.105	2.628**
	亲密感	-0.113	-2.038*	-0.038	-1.030
	满意度	-0.266	-5.075***	-0.102	-2.924**
	冲突与惩罚	-0.039	-0.900	-0.016	-0.565
	财物支持	0.157	2.865**	0.065	1.808
第二层	行为规则			0.288	4.836***
	承诺与团结			-0.101	-2.764**
	休闲与声望			0.288	4.458***
	身份认同			0.223	3.731***
	陪伴与支持			0.097	1.899
	互助责任感			-0.011	-0.238
	积极评价			-0.042	-1.116
	$R^2_{adj}(F)$	0.328(25.691***)		0.719(69.993***)	
	$\Delta R^2(\Delta F)$	0.341(25.691***)		0.388(79.818***)	

三、同伴压力与偏差群体同一性、青少年犯罪的关系

(一)青少年同伴压力的特点

以同伴压力为因变量，未管和普通两类群体、年龄段为自变量

进行多元方差分析，结果发现，群体的主效应 $F(2, 467)=22.899$，$p<0.001$，年龄段的主效应不显著，$F(6, 936)=0.659$，$p>0.05$，群体与年龄的交互作用显著，$F(3, 468)=3.140$，$p<0.05$。随后的单变量 F 检验显示，在两种同伴压力的表现上，不同组别之间都具有非常显著的差异，普通中学生感受到更高的积极社会卷入压力（$M_{普通}=-0.63$，$M_{未管}=-0.019$），而未管所青少年感受到更高的问题行为压力（$M_{普通}=-0.31$，$M_{未管}=0.69$），在问题行为压力上，年龄与群体的交互作用显著，见表 6.6。

表 6.6　同伴压力在不同群体、不同年龄段上的方差分析

变异来源	因变量	*df*	*MS*	*F*
群体(A)	社会卷入	1	27.945	24.676***
	问题行为	1	85.421	38.160***
年龄段(B)	社会卷入	3	0.420	0.371
	问题行为	3	2.708	1.210
A×B	社会卷入	3	0.188	0.166
	问题行为	3	6.094	2.723*

表 6.7　各年龄青少年的问题行为同伴压力在不同群体间的比较

		14~15 岁	15~16 岁	16~17 岁	17 岁以上
未管	*M*	1.31	1.06	0.55	0.68
	SD	1.45	1.16	1.24	1.24
	n	7	24	90	127
普通	*M*	-0.41	-0.34	0.08	-0.59
	SD	1.67	1.85	1.80	1.62
	n	78	44	58	49
t		2.638**	3.826***	1.742	4.498***

分别对两类群体在年龄上进行问题行为的同伴压力差异检验，结果发现年龄差异都不显著。分年龄段比较同伴压力的群体间差异发现，在16~17岁时，未管所青少年与普通中学生的同伴压力没有显著差异，而在其他各年龄都具有显著差异，见表6.7。总体来说，未管所青少年的问题行为同伴压力随着年龄的增加具有不断减少的趋势，到16岁时降到最低，而普通中学生的同伴压力为不进行问题行为，并且，随着年龄的增加，这种压力也有不断减少的趋势，16岁时降到最低，17岁以后又有上升趋势，见图6.1。

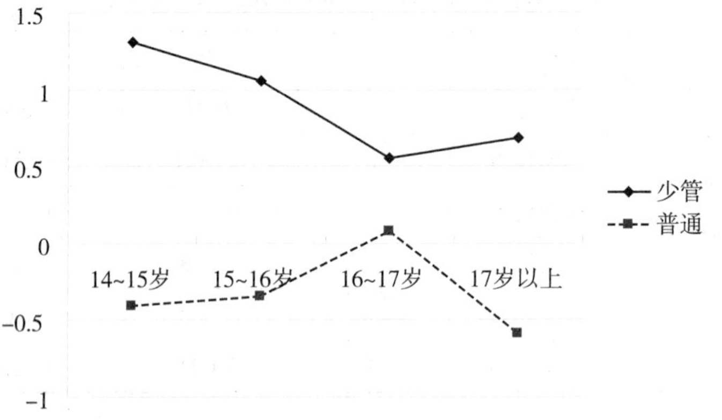

图6.1 两类青少年的问题行为同伴压力在不同年龄段的分布特点

(二)同伴压力对青少年偏差群体同一性的预测

对同伴压力与偏差群体同一性进行相关分析，结果见表6.8。由表可见，同伴压力与偏差群体同一性各维度都具有非常显著的相关，只有承诺与团结和社会卷入压力的相关不显著，与问题行为压力的相关也较低。其中，和休闲与声望表达维度的相关最高，其次，与行为规则和身份认同的相关也比较高，而社会卷入压力和陪伴与支持维度具有较高的相关。

表 6.8　同伴压力与偏差群体同一性各维度的相关(r)

	行为规则	承诺与团结	休闲与声望	身份认同	陪伴与支持	互助责任感	积极评价
社会卷入压力	0.346	0.047[ns]	0.323	0.335	0.368	0.287	0.231
问题行为压力	0.322	0.146	0.362	0.322	0.305	0.305	0.272

以偏差群体同一性为因变量，同伴压力为自变量，建立回归方程。回归分析表明(stepwise)(见表6.9)，社会卷入和问题行为两个维度对青少年偏差群体同一性都有显著预测作用，问题行为压力的预测作用更大，同伴压力共解释了偏差群体同一性 18.7% 的变异。

表 6.9　青少年同伴压力对偏差群体同一性影响的逐步回归分析

进入方程的变量	R	R^2	R^2_{adj}	F	β	t
问题行为压力	0.398	0.157	0.155	71.044***	0.306	5.951***
社会卷入压力	0.438	0.192	0.187	45.023***	0.207	4.022***

(三)偏差群体同一性在同伴压力与犯罪行为之间的中介作用

以青少年犯罪行为累计得分为因变量，同伴压力、偏差群体同一性为自变量，建立回归方程。依次分层进入上述两个自变量，多元线性分层回归分析表明(enter)，在第一层回归分析中，社会卷入压力和问题行为压力2个维度对青少年自我报告的犯罪行为都有显著预测作用，同伴压力解释了犯罪行为18.6%的变异，其中问题行为压力的预测作用更大。

在第二层回归方程中，行为规则、休闲与声望、身份认同、陪伴与支持4个维度对青少年犯罪行为具有显著预测作用，偏差群体同一性与同伴压力共同对犯罪行为的预测作用，相对于同伴压力单独的预测作用，增加了53.8%的解释率(见表6.10)。

在偏差群体同一性进入回归方程之后，社会卷入压力的预测作用变得不显著，问题行为压力的预测作用也显著降低。由此可见，偏差群体同一性在同伴压力对青少年自我报告的犯罪行为的影响作用中，起着部分中介作用。

表6.10 同伴压力、偏差群体同一性对青少年犯罪影响的多元线性分层回归分析

	进入方程的变量	模型1		模型2	
		β	t	β	t
第一层	社会卷入压力	0.215	4.171***	0.011	0.336
	问题行为压力	0.291	5.646***	0.068	2.107*
第二层	行为规则			0.286	4.716***
	承诺与团结			-0.061	-1.873
	休闲与声望			0.276	4.186***
	身份认同			0.266	4.483***
	陪伴与支持			0.106	2.031*
	互助责任感			0.000	0.002
	积极评价			-0.053	-1.376
	$R^2_{adj}(F)$	0.182(43.381***)		0.717(108.489***)	
	$\Delta R^2(\Delta F)$	0.186(43.381***)		0.538(103.653***)	

四、同伴关系与青少年偏差群体同一性、犯罪行为的关系

以同伴支持、同伴压力为预测变量，偏差群体同一性为中介变量，犯罪行为为因变量建立结构方程模型考察四个变量之间的路径关系。结果发现，模型具有较好的拟合，见表6.11。

表 6.11　同伴压力、同伴支持、偏差群体同一性与犯罪行为路径模型的拟合指数

拟合指标	χ^2	df	χ^2/df	RMSEA	NNFI	CFI	GFI
	767.01	188	4.08	0.074	0.96	0.97	0.89

由图 6.2 可见，同伴支持和同伴压力都主要通过影响偏差群体同一性而间接影响犯罪行为，直接效应在同伴压力、同伴支持对犯罪行为的影响的总效应中的比值分别为 0.10/(0.54×0.84+0.10)、0.03/(0.27×0.84+0.03)，即 15.78%、11.68%，其中，同伴压力对青少年犯罪的直接作用显著(t =2.64)，而同伴支持的直接作用不显著(t=1.31)，根据一般要求，简单地取 t 值大于 2 为显著①，图中用“ * ”表示。

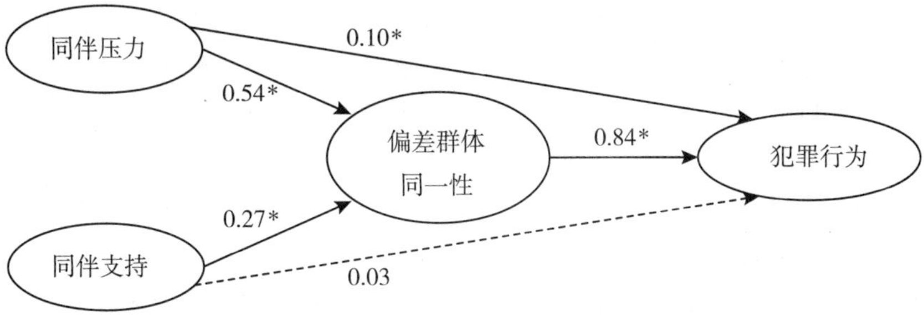

图 6.2　同伴关系、偏差群体同一性与青少年犯罪的路径关系

五、小　结

1. 青少年感受到的同伴压力的 2 个维度都具有显著的群体间差异，未管所青少年显著高于普通中学生，并且普通中学生感受到

① 侯杰泰，温忠麟，成子娟. 结构方程模型及其应用[M]. 北京：教育科学出版社，2004：42.

较高的积极社会卷入压力，而未管所青少年感受到较高的问题行为压力。在问题行为同伴压力上，未管所青少年与普通中学生在16岁时没有显著差异，在其他年龄段上具有显著差异，未管所青少年感受到更高的问题行为压力，普通中学生感受到较低的不进行问题行为的同伴压力。

2. 在同伴支持的肯定价值、工具性支持、陪伴支持、财物支持4个维度上，群体间差异显著，未管青少年都显著高于普通中学生；青少年感受到的同伴支持不具有显著的年龄差异。

3. 同伴压力、同伴支持对青少年偏差群体同一性都具有显著预测作用。

4. 偏差群体同一性对同伴支持、同伴压力与犯罪行为的中介作用都显著，其中，对同伴压力具有部分中介作用。

第七章

社会疏离感、自我控制与偏差群体同一性、青少年犯罪的关系

一、研究目的与方法

(一)研究目的

考察青少年的社会疏离感和自我控制的特点，探讨促进青少年形成偏差群体同一性的外部社会关系的内在感知，以及自身的人格特点等个体因素。具体问题如下：

(1)不同青少年群体的社会疏离感，自我控制的特点。

(2)社会疏离感、自我控制对偏差群体同一性的预测作用。

(3)社会疏离感、自我控制与偏差群体同一性共同对青少年犯罪的预测作用。

(4)社会疏离感、自我控制对同伴压力、同伴支持的影响及其共同对偏差群体同一性、青少年犯罪的影响。

(二)研究方法

1. 研究工具

(1)青少年偏差群体同一性问卷(同研究二)

(2)青少年自我报告的犯罪行为问卷(同研究三)

(3)同伴依恋问卷(IPA—Inventory of Peer Attachment)

该自评问卷由 Armsden 和 Greenberg① 编制，原问卷包括 3 个分量表，对父亲、母亲和同伴分别进行评定，本研究只选用了同伴分量表。该量表包括 25 个项目，由同伴信任、同伴沟通和同伴疏离感 3 个维度组成。问卷要求被试首先选择最要好朋友数，包括同性和异性，从没有到 3 个以上四级记分，并选择这些朋友与被试大多数是同性别还是不同性别，然后要根据自己与这些最好朋友的关系对问卷项目做答。共五级记分，1 为“从不”，5 为“总是”。问卷采用维度记分的方法，其中同伴信任、同伴沟通为正向维度，同伴疏离感为负向维度。

本研究对问卷进行了修订，验证性因素分析发现，原问卷结构拟合较好，$\chi^2=956.10$，df = 272，RMSEA = 0.067，NNFI = 0.94，CFI = 0.96，GFI = 0.88。但是，项目 5、9、10、22 的因子载荷不显著，根据修正指标，项目 19 在同伴沟通和同伴疏离感上都具有较高的负荷，在同伴信任上的负荷并不高。因此，删除这五个项目，重新进行验证性因素分析，结果发现，$\chi^2=425.78$，df = 167，RMSEA = 0.053，NNFI = 0.96，CFI = 0.98，GFI = 0.93，各拟合指标都有明显提高。除了同伴沟通和同伴疏离感各有一项目的因素载荷较低，为 0.46、0.27，其他项目的因素载荷都在 0.46～0.71 之间。因此，问卷具有较好的结构效度。3 个维度的 Cronbach's α 系数分别为 0.908、0.812、0.522。3 个维度之间的相关都非常显著，其中信任与沟通之间的正相关非常高，为 0.802，疏离感与信任、

---

① Armsden G C, Greenberg M T. The Inventory of Parent and Peer Attachment: Individual differences and their relationship to psychological well-being in adolescence [J]. Journal of Youth and Adolescence, 1987, 16(5): 427-454.

沟通的负相关较低，分别为-0.318、-0.188。

(4)青少年社会疏离感问卷

该问卷主要测量青少年的人际疏离感和社会规则疏离感，根据杨东编制的《青少年疏离感量表》(2003)①改编。主要采用了原问卷中人际疏离感和社会疏离感2个二级因子下的孤独感、亲人疏离感、社会疏离感、紧张压迫感和自我疏离感5个维度的部分项目，并根据访谈结果对各维度添加了一些自编项目，将压迫感维度改为"压迫枯燥感"，将社会疏离感维度改为"社会孤立感"，形成包含25项目、五维度的问卷。问卷要求被试根据问卷语句与自己目前实际情况符合的程度作答，从7完全不符合到1完全符合，7级记分。对于未管青少年，则要求被试"回忆"以前"还没有与不良同伴交往的时候"的感受，根据"那时"的感受回答。见附录8。

对问卷25项目的五维度结构进行验证性因素分析，结果发现(见表7.1)，问卷拟合较好。问卷的维度和因素载荷见表7.2，项目的因素负荷都在0.36~0.69之间。因此，问卷具有较好的结构效度。

表7.1　**青少年社会疏离感问卷验证性因素分析的拟合参数**

拟合指标	χ^2	df	χ^2/ df	RMSEA	NNFI	CFI	GFI
	857.68	265	3.24	0.063	0.96	0.97	0.89

表7.2　**青少年社会疏离感问卷的维度和因素载荷**

孤独感		亲人疏离感		社会孤立感		自我疏离感		压迫枯燥感	
项目	载荷	项目	载荷	项目	载荷	项目	载荷	项目	载荷
1	0.55	2	0.46	3	0.36	4	0.47	5	0.55
6	0.41	7	0.62	8	0.53	9	0.59	10	0.63

① 杨东，张进辅，黄希庭．青少年学生疏离感的理论构建及量表编制[J]．心理学报，2002，34(4)：407-413.

续表

孤独感		亲人疏离感		社会孤立感		自我疏离感		压迫枯燥感	
项目	载荷	项目	载荷	项目	载荷	项目	载荷	项目	载荷
11	0. 67	12	0. 63	14	0. 60	15	0. 63	13	0. 37
16	0. 61			21	0. 60	18	0. 60	19	0. 68
20	0. 66			25	0. 66			22	0. 67
								23	0. 67
								24	0. 69

问卷各维度之间都具有很高的相关(见表 7. 3)，亲人疏离感与其他维度的相关相对稍低，与压迫枯燥感的相关为 0. 628，其他各维度之间的相关都达到 0. 64 以上，表明问卷的结构效度较好。5 个维度的 Cronbach's α 系数分别为 0. 733、0. 658、0. 741、0. 716、0. 826，分半系数分别为 0. 723、0. 573、0. 716、0. 699、0. 774，表明问卷具有较可靠的稳定性。

表 7. 3 **青少年社会疏离感问卷各维度间的相关(r)**

	孤独感	亲人疏离感	社会孤立感	自我疏离感
孤独感	1. 000			
亲人疏离感	0. 447***	1. 000		
社会孤立感	0. 712***	0. 443***	1. 000	
自我疏离感	0. 624***	0. 410***	0. 682***	1. 000
压迫枯燥感	0. 642***	0. 628***	0. 672***	0. 640***

为了考察社会疏离感问卷与同伴依恋问卷，尤其是其中的同伴疏离感维度之间的区别，分别对两类群体青少年进行了两问卷的相关分析，结果见表 7. 4。由表可见，社会疏离感与同伴依恋具有较低的相关，大多数维度间的相关都低于 0. 40。其中，同伴疏离感与社会疏离感问卷各维度都具有显著的正相关，相对来说，与社会

疏离感中的孤独感、社会孤立感的相关较高。同伴信任、同伴沟通与社会疏离感问卷各维度具有显著的负相关，尤其与孤独感具有较高的负相关。

而且，对于未管所青少年来说，社会疏离感测量的是与不良同伴交往之前的感受，同伴依恋测量的情感对象则是当前常常在一起的好朋友(其中有不良同伴也有正常同伴，但是大多数未管所青少年常常在一起的好朋友属于不良同伴)，而普通中学生在两个问卷上测量的都是当前的人际交往中的感受，因此，未管所青少年在两个问卷上的相关应该都较低，并明显低于普通中学生。表 7.4 也证明了这一点。尤其是在孤独感与同伴疏离感的正相关上，普通中学生非常显著地高于未管所青少年。

表 7.4　**两类青少年社会疏离感问卷与同伴依恋问卷各维度间的相关(r)**

		孤独感	亲人疏离感	社会孤立感	自我疏离感	压迫枯燥感
未管	同伴信任	-0.322***	-0.282***	-0.161**	-0.171**	-0.144*
	同伴沟通	-0.293***	-0.247***	-0.137*	-0.152*	-0.137*
	同伴疏离感	0.217***	0.229***	0.272***	0.229***	0.133*
普通	同伴信任	-0.424***	-0.107	-0.370***	-0.243***	-0.195**
	同伴沟通	-0.380***	-0.072	-0.350***	-0.194**	-0.112
	同伴疏离感	0.388***	0.253***	0.384***	0.337***	0.305***

(5)青少年自我控制问卷

原问卷为 Grasmick① 根据 Gottfredson 和 Hischi 的低自我控制理论编制，问卷 4 点记分，24 个项目，共包括 6 个维度：冲动性、

① Grasmick H G, Charles R T, Robert J, Bruce J A. Testing the core empirical implications of Gottfredson and Hirsch's general theory of crime[J]. Journal of Research in Crime and Delinquency, 1993(30): 5-29.

简单任务倾向、冒险性、行动性、自我中心、情绪性。屈智勇等①修订后的问卷保留了 16 个项目，合 3 个维度：冲动冒险性、自我情绪性和简单化倾向。问卷的拟合指标为 $\chi^2=376.81$，df = 95，RMSEA = 0.06，NNFI = 0.80，TLI = 0.81，CFI = 0.84，GFI = 0.94。项目载荷在 0.26~0.71 之间。

本研究对屈智勇等修订后的问卷再次进行了验证性因素分析，结果发现，$\chi^2=450.74$，df = 101，RMSEA = 0.083，NNFI = 0.86，CFI = 0.88，GFI = 0.90。拟合指标都比较好，但是原来属于简单化倾向的项目 2 的因子载荷仅仅为 0.17，而且其在其他维度上的修正指数都比较高，尤其是在冲动冒险性维度，就其含义也可以从属于冒险性，因此，将项目 2 归到冲动冒险性维度，再次进行验证性因素分析。结果发现，$\chi^2=438.14$，df = 101，RMSEA = 0.081，NNFI = 0.86，CFI = 0.88，GFI = 0.90。各拟合指标都略有提高，项目载荷除了 2 和 19 为 0.21、0.24，其他都在 0.30~0.88。本次测量，各维度的 Cronbach's α 系数分别为 0.656、0.684、0.549。

2. 研究程序和数据处理

首先修订青少年同伴压力问卷，然后采用预测、探索性因素分析修改问卷，再进行正式施测，经过验证性因素分析得到最终问卷。

用 Foxpro4.0 和 SPSS10.0 软件对数据进行录入和管理，结果采用 SPSS10.0 进行探索性因素分析、方差分析、卡方检验、相关分析和回归分析等，采用 lisrel8.53 进行验证性因素分析。

二、青少年社会疏离感与偏差群体同一性、青少年犯罪的关系

（一）青少年社会疏离感的特点

以社会疏离感为因变量，未管和普通两类群体、四个年龄段为

① 屈智勇．青少年犯罪：发展轨迹及家庭因素、价值观和自我控制的作用[D]．北京：北京师范大学，2005.

自变量进行多元方差分析，结果发现，群体的主效应 $F(5, 409)=5.729$，$p<0.001$，年龄段的主效应、群体与年龄的交互作用不显著。随后的单变量 F 检验显示，除了亲人疏离感之外，其他 4 个维度都具有显著的群体间差异，未管所青少年感受到的社会疏离感都显著高于普通中学生，见表 7.5。

表 7.5　　不同群体青少年社会疏离感平均分的差异检验

		孤独感	亲人疏离感	社会孤立感	自我疏离感	压迫枯燥感
未管	M	3.36	3.28	3.59	3.61	4.02
(n=218)	SD	1.00	1.26	0.88	1.13	1.08
普通	M	3.00	3.26	2.89	3.09	3.54
(n=203)	SD	1.17	2.48	1.11	1.33	1.16
F		4.79*	1.78	23.97***	12.11***	10.61***

(二) 社会疏离感对青少年偏差群体同一性的预测

对社会疏离感与偏差群体同一性进行相关分析，结果见表 7.6。由表可见，青少年感知到的社会疏离感各维度与偏差群体同一性具有显著的正相关，只有亲人疏离感与偏差群体同一性几乎没有相关，其中，压迫枯燥感与偏差群同一性的相关最高，其次是社会孤立感。

表 7.6　　青少年社会疏离感与偏差群体同一性的相关（r）

	行为规则	承诺与团结	休闲与声望	身份认同	陪伴与支持	互助责任感	积极评价	总分
孤独感	0.160***	-0.059	0.178***	0.156***	0.200***	0.217***	0.147***	0.149**
亲人疏离感	0.031	-0.004	0.091*	0.047	0.060	0.103*	0.086*	0.044

续表

	行为规则	承诺与团结	休闲与声望	身份认同	陪伴与支持	互助责任感	积极评价	总分
社会孤立感	0.312***	-0.003	0.321***	0.289***	0.331***	0.323***	0.260***	0.314***
自我疏离感	0.247***	0.029	0.277***	0.258***	0.228***	0.283***	0.213***	0.266***
压迫枯燥感	0.293***	0.063	0.330***	0.314***	0.331***	0.335***	0.325***	0.338***

以青少年偏差群体同一性为因变量，社会疏离感为自变量，建立回归方程。回归分析表明(stepwise)，社会疏离感、压迫枯燥感2个维度对青少年偏差群体同一性具有显著预测作用，社会疏离感解释了偏差群体同一性18.1%的变异，其中社会孤立感的预测作用最大(见表7.7)。同时，孤独感与偏差群体同一性变成负向预测关系，主要在于其相关较弱，能够解释偏差群体同一性的成分被其他变量解释了，余下的是残差部分与偏差群体同一性的相关，原理同研究二。

表7.7 **青少年社会疏离感对偏差群体同一性影响的逐步回归分析**

进入方程的变量	R	R^2	R^2_{adj}	F	β	t
社会孤立感	0.368	0.133	0.133	56.865***	0.378	5.334***
压迫枯燥感	0.393	0.154	0.150	33.134***	0.269	4.062***
孤独感	0.433	0.188	0.181	27.913***	-0.269	-3.864***

(三)偏差群体同一性在社会疏离感与犯罪行为之间的中介作用

以青少年犯罪行为累计得分为因变量，社会疏离感、偏差群体同一性为自变量，建立回归方程。依次分层进入上述2个自变量，多元线性分层回归分析表明(enter)，在第一层回归分析中，亲人疏离感、社会孤立感和压迫枯燥感 3 个维度对青少年自我报告的犯罪行为具有显著预测作用，社会疏离感解释了犯罪行为 16.9%的变异。其中，社会孤立感、压迫枯燥感对犯罪行为具有正向预测作用，孤独感具有负向预测作用，并且社会孤立感的预测作用最大。在第二层回归方程中，偏差群体同一性的行为规则、休闲与声望、身份认同、陪伴与支持 4 个维度对青少年犯罪行为具有显著预测作用，偏差群体同一性与社会疏离感共同对犯罪行为的预测作用，相对于社会疏离感单独的预测作用，增加了 55.5%的解释率(见表 7.8)。

在偏差群体同一性进入回归方程之后，社会疏离感对青少年犯罪行为的预测作用由显著变得完全不显著，这说明偏差群体同一性在社会疏离感与青少年自我报告的犯罪行为之间起着完全中介作用。

表 7.8 社会疏离感、偏差群体同一性对青少年犯罪行为影响的多元线性分层回归分析

	进入方程的变量	模型 1		模型 2	
		β	t	β	t
第一层	孤独感	−0.199	−2.712**	−0.013	−0.296
	亲人疏离感	−0.064	−1.149	0.036	1.100
	社会孤立感	0.349	4.580***	0.033	0.715
	自我疏离感	0.091	1.252	−0.017	−0.387
	压迫枯燥感	0.187	2.646**	0.022	0.522
第二层	行为规则			0.231	3.626***
	承诺与团结			−0.065	−1.912
	休闲与声望			0.330	4.992***
	身份认同			0.306	4.858***
	陪伴与支持			0.108	1.960*
	互助责任感			−0.039	−0.795
	积极评价			−0.040	−0.999
	$R^2_{adj}(F)$	0.157(14.591***)		0.714(77.018***)	
	$\Delta R^2(\Delta F)$	0.169(14.591***)		0.555(101.286***)	

三、青少年自我控制与偏差群体同一性、青少年犯罪的关系

(一)青少年自我控制的特点

以自我控制为因变量，未管和普通两类群体、年龄段为自变量进行多元方差分析，结果发现，群体主效应显著，$F(3, 497)=38.151$，$p<0.05$，年龄段的主效应、群体与年龄的交互作用不显著。随后的单变量 F 检验显示见表 7.9，在自我情绪性和冲动冒险性上，不同群体之间具有显著差异，未管所青少年都显著高于普通中学生。

表 7.9　不同群体青少年自我控制平均分的差异检验

		自我情绪性	简单化倾向	冲动冒险性
未管	*M*	3.19	2.66	3.28
(n=277)	*SD*	0.70	0.66	0.64
普通	*M*	2.58	2.77	2.54
(n=230)	*SD*	0.67	0.66	0.69
F		55.82***	1.77	99.15***

(二)自我控制对青少年偏差群体同一性的预测

以青少年偏差群体同一性为因变量，自我控制为自变量，建立回归方程。回归分析表明(stepwise)，自我情绪性和冲动冒险性 2 个维度对青少年偏差群体同一性具有显著预测作用，自我控制解释了偏差群体同一性 41.9%的变异，其中冲动冒险性的预测作用最大(见表 7.10)。

表 7.10 青少年自我控制对偏差群体同一性影响的逐步回归分析

进入方程的变量	R	R^2	R^2_{adj}	F	β	t
冲动冒险性	0.618	0.381	0.380	273.206***	0.470	10.491***
自我情绪性	0.650	0.422	0.419	161.372***	0.250	5.570***

(三)偏差群体同一性在自我控制与犯罪行为之间的中介作用

以青少年犯罪行为累计得分为因变量，自我控制、偏差群体同一性为自变量，建立回归方程。依次分层进入上述两个自变量，多元线性分层回归分析表明(enter)，在第一层回归方程中，自我情绪性和冲动冒险性 2 个维度对犯罪行为具有非常显著的正向预测作用，自我控制对犯罪行为的解释率比较高，达到44.1%。在第二层回归方程中，偏差群体同一性的行为规则、承诺与团结、休闲与声望、身份认同 4 个维度对青少年犯罪行为具有显著预测作用，偏差群体同一性与自我控制共同对犯罪行为的预测作用，相对于自我控制单独的预测作用，增加了 32.7%的解释率(见表 7.11)。

表 7.11 自我控制、偏差群体同一性对青少年犯罪行为影响的多元线性分层回归分析

	进入方程的变量	模型 1		模型 2	
		β	t	β	t
第一层	自我情绪性	0.355	7.743***	0.132	4.013***
	简单化倾向	-0.020	-0.535	0.024	0.932
	冲动冒险性	0.364	7.971***	0.043	1.233
第二层	冲动冒险性			0.239	4.279***
	行为规则			-0.070	-2.377*
	承诺与团结			0.283	4.752***
	休闲与声望			0.305	5.671***

续表

	进入方程的变量	模型 1		模型 2	
		β	t	β	t
	身份认同			0. 061	1. 281
	陪伴与支持			-0. 036	-0. 808
	互助责任感			-0. 043	-1. 222
	积极评价			0. 239	4. 279***
	$R^2_{adj}(F)$	0. 407(102. 579***)		0. 732(122. 101***)	
	$\Delta R^2(\Delta F)$	0. 441(102. 579***)		0. 327(77. 256***)	

在偏差群体同一性进入回归方程之后，自我控制中的自我情绪性对青少年自我报告的犯罪行为的预测作用明显降低，β 由 0. 355 变为 0. 132，冲动冒险性的显著预测作用则变得完全不显著，这说明偏差群体同一性在自我控制与青少年自我报告的犯罪行为之间起着部分中介作用。

四、社会疏离感、自我控制与偏差群体同一性、犯罪行为的关系

以社会疏离感、自我控制为预测变量，偏差群体同一性为中介变量，犯罪行为为因变量建立结构方程模型 M_0，考察各变量与犯罪行为的路径关系。结果发现，该模型具有较好的拟合，见表 7. 12。

表 7. 12　社会疏离感、自我控制、偏差群体同一性与犯罪行为路径模型的拟合指数

拟合指标	χ^2	df	χ^2/df	RMSEA	NNFI	CFI	GFI
	477. 68	157	3. 04	0. 063	0. 98	0. 98	0. 91

如图 7.1 所示，从路径系数可见，自我控制对偏差群体同一性的直接作用很大，达到 0.75，对犯罪行为也具有直接作用，但是通过偏差群体同一性的中介作用更大，为 0.75×0.75 即 0.56，在总效应中占 0.56/(0.56+0.20)=73.7%。另外，将自我控制变量加入结构方差模型中后，社会疏离感对偏差群体同一性的直接作用由原来的 0.30 变得只剩下 0.01。可以看出，社会疏离感对偏差群体同一性的总效应很大一部分是通过社会疏离感与自我控制的相关而发生作用的。

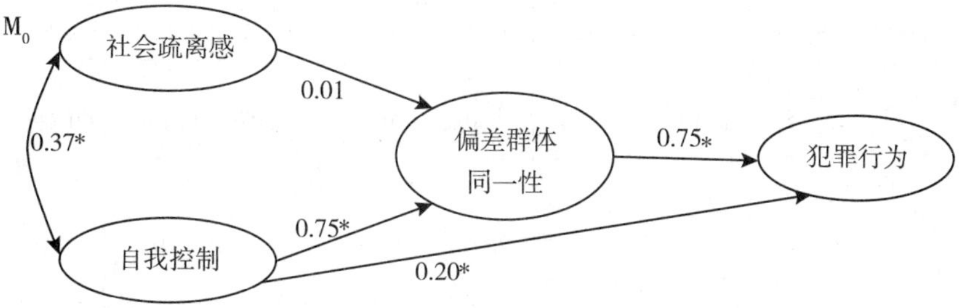

图 7.1 社会疏离感、自我控制、偏差群体同一性与青少年犯罪的路径关系

五、社会疏离感、自我控制、同伴关系与偏差群体同一性、犯罪行为的关系

（一）社会疏离感、同伴关系与偏差群体同一性

对同伴社会支持与社会疏离感进行相关分析，结果见表 7.13。由表可见，孤独感与同伴社会支持维度存在显著负相关，其次，社会孤立感也与同伴社会支持也存在较显著的负相关，另外，同伴之间的冲突与惩罚和社会疏离感各维度都存在较显著的正相关。

依据研究假设，进一步以偏差群体同一性为因变量，社会疏离感、同伴支持为自变量，建立回归方程。依次分层(enter)进入上述 2 个自变量，多元线性分层回归分析表明(见表 7.14)，在第一层回归分析中，社会疏离感各维度对偏差群体同一性都具有显著预测作用。在第二层回归方程中，同伴支持进入之后，孤独感、亲人疏离感对偏差群体同一性的预测作用由显著变得完全不显著，社会孤立感和压迫枯燥感的偏回归系数也明显降低。这说明同伴社会支持在社会疏离感与偏差群体同一性之间起着部分中介作用。

表 7.13 **青少年社会疏离感与同伴支持的相关(*r*)**

	肯定价值	工具性支持	情感支持	陪伴支持	亲密感	满意度	冲突与惩罚	财物支持
孤独感	-0.210***	-0.195***	-0.285***	-0.132***	-0.196**	-0.237***	0.231***	-0.225***
亲人疏离感	-0.131**	-0.129**	-0.111**	-0.022	-0.057	-0.076	0.103*	-0.096*
社会孤立感	-0.150***	-0.146***	-0.211***	0.010	-0.164***	-0.178***	0.202***	-0.073
自我疏离感	-0.084	-0.090*	-0.130**	0.028	-0.100*	-0.112**	0.149***	-0.067
压迫枯燥感	-0.046	-0.024	-0.116*	0.098*	-0.052	-0.118**	0.218***	0.021

表 7.14 **同伴支持、社会疏离感对偏差群体同一性影响的多元线性分层回归分析**

	进入方程的变量	模型 1		模型 2	
		β	t	β	t
第一层	孤独感	-0.283	-3.914***	-0.085	-1.438
	亲人疏离感	-0.107	-1.961*	-0.073	-1.707
	社会孤立感	0.347	4.652***	0.254	4.303***
	自我疏离感	0.144	2.024*	0.124	2.224*
	压迫枯燥感	0.261	3.779***	0.109	1.975*

续表

	进入方程的变量	模型 1		模型 2	
		β	t	β	t
第二层	肯定价值			-0.002	-0.037
	工具性支持			0.080	1.356
	情感支持			-0.089	-1.66
	陪伴支持			0.521	10.698***
	亲密感			-0.025	-0.478
	满意度			-0.114	-2.515*
	冲突与惩罚			0.014	0.368
	财物支持			0.169	3.432***
	$R^2_{adj}(F)$	0.197(18.814***)		0.514(30.558***)	
	$\Delta R^2(\Delta F)$	0.208(18.814***)		0.324(30.220***)	

(二)自我控制、同伴关系与偏差群体同一性

对自我控制与同伴支持、同伴压力进行相关分析，结果见表7.15。由表可见，自我情绪性和冲动冒险性与陪伴支持具有较高的相关，其次，冲动冒险性与财物支持也具有较高的相关，与感知到的同伴的肯定价值、工具性支持也具有显著的相关。自我情绪性和冲动冒险性与同伴压力中的社会卷入压力具有较高的相关，与问题行为压力的相关稍低。

表 7.15　**青少年自我控制与同伴支持、同伴压力的相关(*r*)**

	肯定价值	工具性支持	情感支持	陪伴支持	亲密感	满意度	冲突与惩罚	财物支持	社会卷入压力	问题行为压力
自我情绪性	-0.040	0.020	-0.080	0.217***	-0.060	-0.06	0.116**	0.102*	0.276***	0.178***

续表

	肯定价值	工具性支持	情感支持	陪伴支持	亲密感	满意度	冲突与惩罚	财物支持	社会卷入压力	问题行为压力
简单化倾向	-0.096*	-0.121**	-0.070	-0.060	-0.070	-0.03	0.154**	-0.060	0.003	-0.011
冲动冒险性	0.145***	0.168***	0.070	0.338***	0.094*	0.03	0.070	0.224***	0.240***	0.199***

为了分析同伴支持、同伴压力在自我控制与偏差群体同一性之间的中介作用，分别将自我控制做自变量，同伴支持、同伴压力为中介变量，偏差群体同一性总分为因变量，建立2个回归方程，进行多元线性分层回归分析，结果分别见表7.16，7.17。由表可见，同伴支持和同伴压力对自我控制与偏差群体同一性具有部分中介作用，尤其是同伴支持进入回归方程之后，冲动冒险性的偏回归系数明显降低。

表7.16 **自我控制、同伴支持对偏差群体同一性影响的多元线性分层回归分析**

	进入方程的变量	模型1		模型2	
		β	t	β	t
第一层	自我情绪性	0.252	5.531***	0.220	5.585***
	简单化倾向	-0.017	-0.465	-0.001	-0.021
	冲动冒险性	0.469	10.367***	0.307	7.694***
第二层	肯定价值			0.084	2.171*
	工具性支持			0.011	0.232
	情感支持			-0.01	-0.216
	陪伴支持			0.393	9.576***

续表

	进入方程的变量	模型1		模型2	
		β	t	β	t
	亲密感			-0.015	-0.348
	满意度			-0.091	-2.341*
	冲突与惩罚			0.031	0.957
	财物支持			0.105	2.578**
	$R^2_{adj}(F)$	0.419(107.199***)		0.594(59.705***)	
	$\Delta R^2(\Delta F)$	0.423(107.199***)		0.181(24.604***)	

表7.17　**自我控制、同伴压力对偏差群体同一性影响的多元线性分层回归分析**

	进入方程的变量	模型1		模型2	
		β	t	β	t
第一层	自我情绪性	0.251	5.329***	0.211	4.573***
	简单化倾向	-0.015	-0.385	-0.013	-0.349
	冲动冒险性	0.461	9.808***	0.428	9.392***
第二层	社会卷入压力			0.054	1.303
	问题行为压力			0.198	4.824***
	$R^2_{adj}(F)$	0.408(96.784***)		0.453(70.153***)	
	$\Delta R^2(\Delta F)$	0.412(96.784***)		0.048(18.167***)	

(三)社会疏离感、自我控制、同伴关系与偏差群体同一性的路径分析

为了进一步考察社会疏离感、自我控制与同伴支持、同伴压力对青少年偏差群体同一性和犯罪行为的影响的路径关系，依据研究假设分别建立结构方差模型 M_1 和 M_2，其中，M_1 单独考察同伴支持对社会疏离感、自我控制与偏差群体同一性的中介作用，M_2 加入

同伴压力的中介作用。结果发现，模型均具有较好的拟合(见表7.18)。

表7.18 青少年个体特点、同伴关系与偏差群体同一性和犯罪行为路径模型的拟合指数

拟合指标	χ^2	df	χ^2/ df	RMSEA	NNFI	CFI	GFI
M_1	1176.39	323	3.64	0.069	0.96	0.97	0.87
M_2	1244.85	378	3.29	0.064	0.95	0.96	0.82

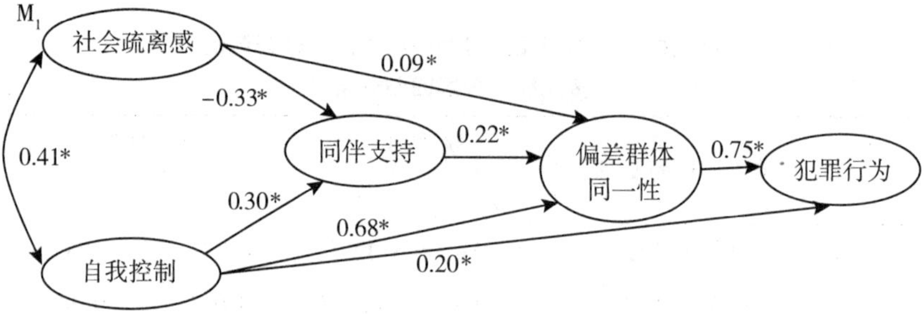

图7.2 社会疏离感、自我控制、同伴支持与偏差群体同一性、犯罪行为的路径关系

如图7.2所示，由M_1的路径系数可见，加入同伴支持中介变量之后，自我控制对偏差群体同一性的直接作用由M_0中的0.75降到0.68，说明同伴支持对自我控制与偏差群体同一性之间具有部分中介作用；社会疏离感会通过负向影响同伴支持而负向影响偏差群体同一性，并且在分离出了同伴支持的影响之后，社会疏离感对偏差群体同一性还具有显著的正向直接作用。如图7.3所示，由M_2的路径系数可见，进一步加入同伴压力中介变量之后，自我控制对偏差群体同一性的直接作用再次下降为0.55，说明同伴压力对自我控制与偏差群体同一性之间的关系也具有部分中介作用。

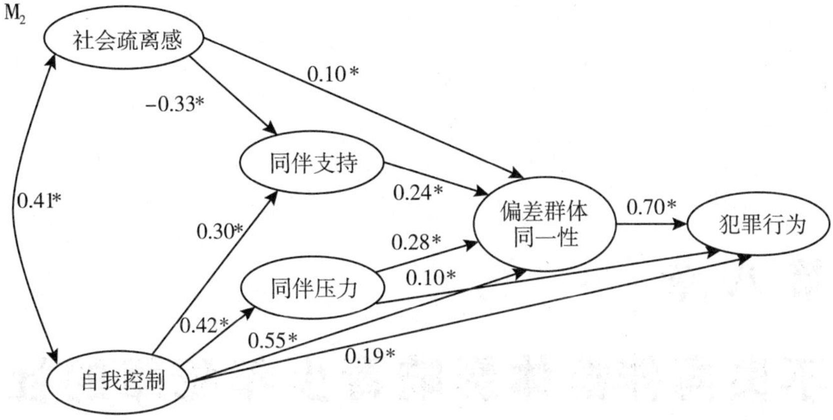

图 7.3　社会疏离感、自我控制、同伴关系与偏差群体同一性、犯罪行为的路径关系

六、小　　结

1. 未管所青少年比普通中学生具有更高的社会疏离感、自我情绪性和冲动冒险性。

2. 社会疏离感、自我情绪性和冲动冒险性对青少年偏差群体同一性具有显著预测作用。

3. 社会疏离感通过偏差群体同一性的中介作用间接影响犯罪行为，自我控制既对犯罪行为具有直接影响，也通过偏差群体同一性间接影响犯罪行为，但是自我控制对犯罪行为的间接效应占总效应的比例高达 73.8%；社会疏离感对偏差群体同一性的预测很大一部分来自社会疏离感与自我控制的相关。

4. 社会疏离感会负向影响同伴支持而对偏差群体同一性具有负向影响，同时会直接正向影响偏差群体同一性；自我控制既会影响同伴支持，也会影响同伴压力而间接影响偏差群体同一性和犯罪行为。

第八章

不良同伴群体影响青少年犯罪的社会心理动力

本研究采用了质性研究与量化研究相结合的方式，揭示了我国青少年与不良同伴交往的内在社会心理动力，即形成偏差群体同一性，甚至发展非顺从声望的个体认同，从而提高个体自尊，并探讨了群体的关系功能对于偏差群体同一性、青少年犯罪行为的影响关系，以及个体的社会疏离感和自我控制人格特点对于偏差群体同一性形成的促进作用，从而较全面地揭示了不良同伴群体影响青少年犯罪的社会心理过程，建立了偏差群体同一性理论。下面在反思研究过程涉及的方法基础上，从三个方面深入分析该理论的内容和特点：偏差群体同一性概念的内涵与结构、偏差群体同一性对于青少年犯罪的影响、影响青少年形成偏差群体同一性的同伴关系特点和个体特点。最后基于该研究结果，对已有的青少年犯罪理论作出了检验和发展，作出了青少年犯罪的进一步理论思考。

一、偏差群体同一性概念的内涵与结构

(一)研究方法的反思

1. 质化与量化研究方法的有效结合

本研究提出了青少年偏差群体同一性理论，揭示了我国青少年偏差群体同一性的内涵与特点，而这都基于我国犯罪青少年自身视角的质性访谈分析和进一步的量化研究。在研究过程中，同时采用了心理学研究中曾经被视为两种不同研究取向的方法：质化和量化研究方法，并使之相互印证，互为启发，充分体现了两种方法互补性的优势，实现了两种方法的有效结合，并使得本研究的问题达到比较深入、有效的解决。

本研究的首要问题是探讨青少年与不良同伴交往的内部心理动力，即不良同伴交往是否给青少年提供了偏差群体同一性？是否由此而进一步发展非顺从声望？其内涵和特点如何？研究者不得而知，国内未有这方面的研究，国外也只有少量的相关质性研究，难以进行推论，更无从全面揭示偏差群体同一性的本质特点及其对于青少年犯罪的作用。因此，对于该"是什么"的问题，必须借助于质性研究方法。而且，要想了解青少年的行为动机和内在需求，必须站在青少年的角度去深入了解他们在不良同伴交往中的感受和互动特点。因此，这决定了本研究采用现象学的方法论，通过对犯罪青少年的深度访谈，阐释犯罪青少年行为现象后的需求本质，并用建构主义的方法获得偏差群体同一性的概念类别，从而初步获得了关于青少年结交不良同伴的心理需求的知识，并对于青少年偏差群体同一性的特点、犯罪行为的作用方式及其影响因素有了具体生动的了解。

但是，借助于这种纯粹的经验归纳法只能对概念类别进行罗列和分类，很难抽象出偏差群体同一性概念下各个子类别之间的结构关系。因此，本研究直接将质性数据进一步量化处理，采用多维尺度分析获得了偏差群体同一性的概念结构，并形象直观地看出子类别之间的差异距离，以及非顺从声望与偏差群体同一性的从属关系。

质性研究的缺陷在于研究结果可推广性的局限性、对于现象的描述和解释存在较大的研究者主观性，虽然这可以通过理论抽样、用扎根理论进行编码并检验编码信度等方法得以尽可能减小，但是其更大的缺陷是难以抽象概括出概念子类别中最重要的、共同的变异成分，以尽可能简化而又不损失解释信息地描述概念的特点，更无法得到各影响因素的相对解释作用的大小，这必须借助于量化研究在经验事实的基础上进一步抽象出概念的变异关系，通过变量之间共变性的数量统计获得更抽象、普适性的解释和预测。

因此，本研究进一步编制了青少年偏差群体同一性问卷，分析偏差群体同一性的结构特点，以及偏差群体同一性对犯罪行为的预测作用、各重要影响因素对偏差群体同一性的作用。而且，在问卷编制时，为了真正做到让基于有限现象的经验性理论具有普适性和有效性，研究者注意既以本研究的质性材料和编码结果为基础建立偏差群体同一性问卷的结构和项目，同时采用了其他研究者的理论和问卷条目，丰富本研究的理论结构和初始问卷项目。在分析和解释各影响因素对于偏差群体同一性和犯罪行为的具体作用时，质性研究获得的对于研究对象的细致描述，以及基于个案的各因素的综合考察，又为抽象的数据分析提供了解释的现实合理性基础，以及补充性说明。

从本研究的结果可见，在严格按照科学研究的标准和程序进行了严谨的研究过程之后，质化研究和量化研究都可以达到对于事物的本质的理解，两者的结果基本上是相一致的，可以说是相互验证；在研究过程中两者也是紧密结合在一起的，各有所长，互为所用，相互补充。因此，质化与量化研究方法都是有效的科学研究方法，都有其有效的科学程序和科学标准。本研究只是将两种研究方法相结合的多种可能途径中的一种，理智的研究者应当更多地综合采用不同的研究方法为研究目的服务。尤其对于刚刚进入一个新的领域的研究者来说，或者是研究一个知识建构还比较少的领域时，质性研究对于获得有关现象的直观、生动和全面的理解是非常有裨益和必要的。

2. 关于测量的有效性

本研究主要编制了青少年偏差群体同一性问卷，根据质性研究得到的概念类别，以及青少年群体同一性的理论建构了青少年偏差群体同一性的理论结构，通过对问卷结构的探索性和验证性因素分析，发现了偏差群体同一性的7维度结构，基本上符合原有的理论构想，说明该7维度结构基本上能够较好地反映青少年的偏差群体同一性。对问卷的信度检验，也说明了问卷测量具有较好的可靠性和稳定性。唯有互助责任感维度的重测信度偏低，可能与该维度的项目具有较高的情景性有关，但是基本上还是达到测量学标准。

本研究的其他测量工具大多在国内较少使用，因此也进行了改编或者修订，并检验了问卷的结构效度和同质信度。结果表明，这些问卷都具有较好的结构效度和内部一致性信度，改编问卷的重测信度分析进一步表明它们具有较好的稳定性。例如，本研究改编的青少年自我报告的犯罪行为问卷和同伴压力问卷，分别区分出了与预想一致、具有现实合理性的多维结构，将犯罪行为分为严重暴力、学校不良、严重财产、轻微财产、性与药物滥用行为五种不同类型和严重程度的行为，为进一步分析不同类型犯罪行为的特点提供了依据；同伴压力分为同伴社会卷入压力和问题行为压力2个维度，也分别代表了不同领域的压力，与国外已有研究结果一致。① 唯其重测信度比较低，这可能也与该问卷的情景性比较强有关，鉴于相关研究还比较少，有待于进一步研究。

对所有问卷测量变量的特点描述进一步说明了本研究问卷具有较好的外部效度，能够有效地测量预期的概念。首先，所有问卷在未管和普通两类青少年之间都具有显著差异，说明问卷具有很好的鉴别效度。其次，与青少年犯罪行为紧密相关的3个心理变量：偏差群体同一性、非顺从声望、同伴压力都具有与犯罪行为相类似的

---

① Brown B B, Clasen D R, Eicher S A. Perceptions of peer pressure, peer conformity dispositions, and self-reported behavior among adolescents[J]. Developmental Psychology, 1986, 22(4): 521-530.

年龄发展趋势，并显示出这些与同伴有关的个体心理变量在青春期对于同伴影响的易感性，①②③④ 说明问卷都具有很好的外部效度，尤其是同伴压力测量在社会卷入和问题行为不同的行为领域中，不同机构青少年感受到的压力类型不同，并且问题行为压力对犯罪行为的预测更强，与已有的关于不同压力领域对应不同类型行为的理论相一致。⑤⑥ 最后，本研究构建的核心概念，偏差群体同一性能够很好地预测青少年犯罪行为，而且其预测作用明显大于非顺从声望的作用，其他对于青少年犯罪具有重要影响的因素也会通过偏差群体同一性的部分或者完全中介作用而影响犯罪行为，说明了偏差群体同一性具有很好的预测效度，是影响青少年犯罪的一个很重要的心理指标。

(二)偏差群体同一性的结构特点

通过“扎根”于访谈资料的编码分析，本研究发现了偏差群体同一性的 12 个主要成分，分属于五个方面，以大样本的未管犯罪青少年和普通中学生为调查对象发展而来的偏差群体同一性问卷进一步验证了偏差群体同一性存在 5 个典型性成分，同时还确立了 2 个具有过渡性特征但是同样非常重要的成分。因此，以上三种研究

---

① Giordano P C, Cernkovich S A, Demaris A. The family and peer relations of black adolescents[J]. Journal of Marriage and the Family, 1993(55): 277-287.

② Carroll A, Green S, Houghton S, Wood R. Reputation enhancement and involvement in delinquency among high school students[J]. International Journal of Disability, Development and Education, 2003, 50(3): 253-273.

③ Moffitt T E. Adolescence-limited and life-course-persistent antisocial behavior: A developmental taxonomy[J]. Psychological Review, 1993, 100(4): 674-701.

④ Brown B B, Lohr M J, McClenahan E L. Early adolescents' perceptions of peer pressure[J]. The Journal of Early Adolescence, 1986, 6(2): 139-154.

⑤ Brown B R, Clasen D R, Eicher S A. Perceptions of peer pressure, peer conformity dispositions, and self-reported behavior among adolescents[J]. Developmental Psychology, 1986, 22(4): 521-530.

⑥ Sim T N, Koh S F. A domain conceptulizaiton of adolescent susceptibility to peer pressure[J]. Journal of Research on Adolescence, 2003, 13(1): 57-80.

方法互为补充，又相互验证地说明了同样的结果：青少年偏差群体同一性由 7 个重要成分组成，这些成分在行为风格和情感价值 2 个维度上具有一定定位，其中，行为规则等 5 个成分处于 2 个维度上的端点位置，代表了偏差群体同一性较典型的特点，互助责任感和群体积极评价在 2 个维度上处于中间位置，代表了偏差群体同一性的过渡性特点。

青少年偏差群体同一性这 7 个特点基本上涵盖了社会同一性理论和青少年群体同一性理论所描述的有关群体同一性的构成特点，并通过实证研究将其明晰化，并丰富化。例如，Newman① 提到青少年群体同一性的第二个成分是“经历作为一个群体的成员的历史感”，第四个成分是对于群体以及它与其他群体关系的社会评价，形成自己对于该群体的价值和重要性的评价。这两个成分实际上是交叉在一起的，内化群体的价值，往往同时或者先要经历对于群体的重要性的内部评价过程，评价又来自成员互动，本研究的 4 个维度能够比较清晰地说明这 2 个成分：陪伴与支持，即群体成员的互动；行为规则，即内化了群体价值和信念，稳定地表现出群体行为风格；群体积极评价，即对于群体的重要性的评价；互助责任感，即对于群体的价值评价，在面临他人对于群体的威胁时，表现出群体凝聚行为。因此，这 7 个成分很具有代表性，应该能够反映所有青少年群体同一性的典型特点。

同时，本研究发现，这 7 个成分具有非常紧密的相关，并且无法提取高阶因子。在质性访谈中也发现犯罪青少年的同一个话语常常反映了偏差群体同一性的多种心理功能。这说明了偏差群体同一性的心理成分虽然是具有独立心理含义的概念，但是彼此具有非常高的关联，某一个成分的存在意味着其他成分也往往存在。尤其是行为规则成分，代表了群体规范，认同于群体规范，必然具有身份认同，也会有群体声望表达意愿等。对于该现象是偏差群体同一性所特有的，还是青少年群体同一性共有的，有待于进一步研究。

---

① Newman B M, Newman P R. Group identity and alienation: Giving the we its due[J]. Journal of Youth and Adolescence, 2001, 30(5): 515-538.

在这7个成分中，最能突出偏差群体同一性的本质特点的是行为规则和休闲与声望表达2个成分，这在多维尺度分析、问卷的因子分析以及偏差群体同一性与犯罪行为的关系中都能表现出来。行为规则维度既反映了群体对于成员的行为规范和要求，也反映了群体稳定的行为风格，个体对于群体的认同集中地表现在对其行为规范的接受和服从，主动表现出与群体行为风格相同的行为特点。与之相近的是对于群体身份的认同，个体首先有了明确的群体身份意识，将自己归类于某种群体，在行为、价值等特点上将自己所属群体与其他群体区分开来，然后进一步用群体的特点和规范来要求自己，使得自己的行为表现与群体风格相一致。在偏差群体同一性上，青少年主要用偏差行为来界定自己的身份，将自己与一般青少年区分为偏差的和传统的，或者非顺从的和顺从的，具有明确的两种不同的身份意识。并用群体有关如何达到偏差或非顺从性的“规范”来要求自己，达到自己所认同的群体规范的行为标准。

休闲与声望表达维度强调了群体的价值导向和声望管理功能，这是一般群体同一性理论所没有突出的成分，也是安秋玲等①对普通青少年的群体认同所未发现的维度，该维度可能反映了休闲价值取向和声望表达对于偏差群体同一性尤其重要，但是似乎也应该是所有群体同一性共有的成分。共同的价值基础应该是所有的群体形成的最基本要素，群体的互动也必然会导致彼此价值的统一，通过价值定向而实现群体成员的意识、行为的统一一致。可能对于偏差群体来说，相似的偏离传统的价值观对于彼此的吸引和小群体的稳定性尤其重要。同时，按照声望管理理论②，每个群体也都具有一种声望，个体通过与群体的紧密联系和互动而实现自我声望表达，青少年发展心理学中一直受到关注的一种同伴群体 Crowds，也就是一种具有共同名声而不一定具有紧密互动的群体。而不良同伴群

---

① 安秋玲，王小惠．班级内青少年非正式群体认同发展研究[J]．心理科学，2006，29(1)：94-97.

② Emler N， Reicher S. Adolescence and Delinquency：The Collective Management of Reputation[M]. Oxford：Blackwell，1995.

体在共同的休闲价值取向基础上，也进行着偏差声望管理，他们用偏差行为来向群体内外的成员表达自己的偏差或者非顺从的名声，进行着自我的界定和强化。Carroll①② 的研究也证实了正常青少年也在通过学校活动、学习等行为表达追求学业、顺从性的声望，而犯罪青少年通过犯罪行为表达了一种反叛、非顺从的声望。

承诺与团结维度则突出了偏差群体与传统群体的共性，即所有的青少年都存在对其所属群体的积极情感，不愿意离开群体，与群体成员团结一致。而且，犯罪青少年的群体承诺虽然与普通中学生也具有显著差异，但是两者非常接近，不像其他维度差别非常大。这说明了不良同伴群体对于青少年也同样具有情感功能，因此不良同伴交往也是青少年日常同伴交往的重要形式之一，具有一般同伴交往的各种心理功能，唯一的特殊性在于同伴群体会一起实施较多的偏差行为。但是，需要指出的是，本研究的承诺与团结反映了青少年一般的友伴情感关系，并没有特指青少年对于偏差同伴的情感关系。

最后，Heaven③ 曾经提出青少年偏差群体同一性还具有安全感和匿名性的重要功能，并且希望用问卷进一步发展这两个结构。本研究验证了他已经发现的两个结构：行为陪伴和群体规范，并发展了他希望发展的声望管理成分，但是本研究认为匿名性与安全感是类似的概念，没有单独存在的匿名性。而且，在本研究的质性研究中发现了安全感的存在，但是在问卷中它并未能单独存在，而是与认知积极评价合在一起形成群体积极评价。这说明了安全感的本

---

① Carroll A, Hattie J, Durkin K, Houghton S. Goal-setting and reputation enhancement: Behavioural choices among delinquent, at-risk and not at-risk adolescents [J]. Legal and Criminological Psychology, 2001(6): 165-184.

② Carroll A, Green S, Houghton S, Wood R. Reputation enhancement and involvement in delinquency among high school students [J]. International Journal of Disability, Development and Education, 2003, 50(3): 253-273.

③ Heaven P C L, Virgen M. Personality, perceptions of family and peer influences, and males' self-reported delinquency [J]. Personality and Individual Differences, 2001(30): 321-331.

质是一种对于群体的积极评价，而且在包括了普通中学生的所有被试中，安全感对于偏差群体同一性并不是一个非常重要和突出的成分，可能群体规范的认同和声望表达才是最重要的。

所谓匿名性，就是个体同一性与群体同一性相融合，群体内的个体差异减少。① 由于整个群体的命运的共生性和个体在群体中的不突显性，个体可以感受到群体给予自己的保护，并减少自己被其他对抗群体或机构攻击的机会。因此，群体的匿名性反映在个体层面其实就是安全感。例如，在本研究的访谈中有青少年谈到，与朋友们在一起的时候，看着他们打别人，自己会觉得很好玩，会跟着一起打，至于到底打对方的哪里了，自己也不清楚，反正是一群人对一个人乱打。这可以说是一种典型的集体无意识行为，是群体的匿名性。但是，也可以从中看出匿名性所引发的安全感对于表现出符合群体规范的行为的作用。至于是否会担心对方报复自己，则更明确地显示了匿名性与安全感的结合。

> “那你们不怕你单独走的时候，人家找你？(答)都说了，我们几个人天天在一起，天天在一起玩，玩到晚上十一、二点的时候，有的回家，有的去旅社睡觉，都是至少有三四个人在一起。”

也就是说，群体的相互陪伴，可以给他们安全感，并减少单独被打的机会。Emler 和 Reicher(1995)指出，对于正常群体来说，匿名性也很重要，可以减少特定个体作为被贬低的确定的对象，例如，传统青少年只是对功课感兴趣、只听从老师的话也可能会被贬低，因此，在 Emler 和 Reicher 看来，匿名性同样也促进了安全感。匿名性只是一种群体现象，安全感才是群体同一性的内在心理成分。

---

① Emler N, Reicher S. Adolescence and Delinquency: The Collective Management of Reputation[M]. Oxford: Blackwell, 1995.

(三)偏差群体同一性与非顺从声望的关系

本研究发现，偏差群体同一性与非顺从声望存在两方面的关系：第一，两者密不可分，前者基本上可以包含后者。青少年犯罪从某种程度上来说，是一种主动表现非顺从声望的目标设定行为，这与Carroll的观点一致。但是，正如Emler和Reicher所认为的，青少年声望建构不是自己单独能够产生的，必然是在与同伴群体交往中表现出来的，形成偏差群体同一性是建构非顺从声望的重要来源，这正是Emler将自己所强调的声望管理理论与Reicher所强调的群体同一性理论相结合而产生声望自我表现理论的核心观点。而且，青少年犯罪并不仅仅是为了自我声望的界定，更是为了界定一种社会关系，即获得群体同一性。本研究发现，青少年通过犯罪行为，表现出与其他传统青少年的身份不同，获得群体成员的陪伴，共同休闲、价值肯定甚至良好的自我感觉；犯罪青少年感受并接受同伴压力而从事与同伴期望相一致的偏差行为，也是因为接受了群体规范，是为了获得群体的接纳。因此，偏差群体同一性对于青少年本身而言具有重要的心理功能，建构非顺从声望只是其中的功能之一。

第二，从发展过程来说，偏差群体同一性在前，非顺从声望在后。非顺从声望成为个体的声望意识时，是作为一个独立的心理成分存在的，可以说是个体同一性的一部分。通过对犯罪青少年的质性访谈分析，本研究发现，具有了独立的非顺从声望的青少年，会非常认同犯罪身份，并主动进行犯罪行为，而不一定在乎是否与犯罪同伴一起。例如，#4只在乎自己怎么做人，即讲义气，做人做好了，在哪里都可以玩得开，都会有朋友；#3甚至打算就那样一直在社会上混，因为他听说有人就是那样的出身，然后做生意很吃得开，很让他羡慕。但是，这样的个体也都是已经具有了较高的偏差群体同一性的青少年，而那些还没有产生较高的偏差群体同一性的青少年，就不会产生独立的非顺从声望意识。例如，#6虽然意识到自己的偏差行为身份，并总是与他的偏差同伴在一起，但是对于自己的这种身份并没有表示很高的认可，“常常觉得时间长了会出事的”，在案发之前曾提议“一起出去打工”，因此，他的行为基本上都只是服从群体规范，不会独立地产生偏差行为，因此也未能建立非顺从声望这样一个目标。

从多维尺度分析中也可以看出，非顺从声望的各成分基本上分布于偏差群体同一性各成分构成的距离空间之内，并且完全处于行为风格维度上偏向于高偏差行为、具有稳定的偏差行为风格的一端，在情感价值维度上，也主要偏向于价值取向，即只有具有了较高的行为规范认同、较高的休闲价值取向和声望表达意识的青少年才会具有明确的个体非顺从声望意识。偏差群体同一性与非顺从声望的相关分析和方差分析进一步表明，两者总体上具有很高的相关，其中，自我知觉和期望公我的非顺从性方面与偏差群体同一性的相关高于知觉到的和期望的个人声望与偏差群体同一性的相关；非顺从声望随着偏差群体同一性得分的增高而升高。这些都说明了非顺从声望作为个体自我的一个方面，却与群体同一性具有很大的交叉重叠，偏差群体同一性基本上包括了非顺从声望，而且只有高偏差群体同一性，才会产生较高的非顺从声望，具有比较独立的个体声望提升意识。这与群体同一性和个人同一性的关系相一致。

由两者的关系可以看出，非顺从声望作为一个独立的心理概念，对于青少年犯罪的预测会具有独立的作用，但是无论是从其心理功能的重要性和丰富性来说，还是从其产生的阶段的滞后性来说，非顺从声望都是隶属于偏差群体同一性的概念，其对于青少年犯罪的影响远远低于偏差群体同一性的作用。本研究中关于偏差群体同一性和非顺从声望同时预测犯罪的结果也验证了这一点。因此，在考察青少年犯罪的内部影响机制时，偏差群体同一性是一个更为重要的心理因素。本研究结果不但全面深入地揭示了青少年与不良同伴交往并进行犯罪行为的内部心理动力，同时也了解了青少年的非顺从声望的产生过程和来源，有助于理解个人同一性与群体同一性的关系。

二、偏差群体同一性对青少年犯罪的影响

本研究的质性分析发现，犯罪青少年中存在着偏差群体同一

性，主动建构偏差群体同一性、获得偏差同伴群体的接纳对于犯罪青少年具有重要心理意义，从而成为驱动他们表现犯罪行为的最重要的内部心理动力。进一步的量化研究发现，未管所青少年与普通中学生的偏差群体同一性具有显著差异，并且，未管所青少年大多处于偏差群体同一性的高分组，而普通中学生大多处于偏差群体同一性的低分组；偏差群体同一性对于青少年自我报告的犯罪行为具有非常强的预测作用，单独解释率达到71.7%，在综合考虑了对青少年犯罪和偏差群体同一性都具有影响作用的个体变量和同伴关系变量的协方差结构方程分析中，偏差群体同一性对于犯罪的路径系数仍然可以达到0.70。由此证实了本研究的假设，也验证了Emler和Reicher① 的理论，说明获得偏差群体同一性是青少年犯罪的重要内部心理因素。

（一）影响青少年犯罪的偏差群体同一性因子

在具体的因子上，主要是行为规则、身份认同、休闲与声望表达3个因子对青少年犯罪行为具有显著预测作用。这与本研究认为这些成分是偏差群体同一性的典型性特点具有一致之处。其中，行为规则反映了稳定的行为风格，必然对青少年犯罪具有较高的预测作用，其内在含义包括了群体内部互动的规范和要求，比如“挑衅、够狠”，还包括了群体之间互动时的规则，比如“教训那些感觉对我们不服的人”，这说明青少年犯罪是为了获得群体的认同而表现出与群体成员相一致、符合群体规范的行为。群体的行为规则类型和水平基本上决定了个体的犯罪行为水平，这与本研究的访谈结果相一致，也与Emler和Reicher② 的观点相一致。身份认同属于自我分类意识，青少年对于自己和朋友的明确的偏差身份意识对于犯罪具有影响作用，这验证了社会同一性理论的观点：分类的自

---

① Emler N, Reicher S. Adolescence and Delinquency: The Collective Management of Reputation[M]. Oxford: Blackwell, 1995.

② Emler N, Reicher S. Adolescence and Delinquency: The Collective Management of Reputation[M]. Oxford: Blackwell, 1995.

我意识是群体分化的重要标志，一旦产生了自我分类，就会使得个体表现出与群体相一致的行为。

休闲与声望表达因子对青少年犯罪具有预测作用，一方面反映了休闲享乐价值取向对于犯罪行为的直接预测作用，如 Goff① 以高中生为被试进行的研究也发现享乐取向增加了违法犯罪行为，与本研究结果一致；另一方面进一步说明了青少年犯罪的确在很大程度上是一种公开的、有目的的行为，是为了在群体成员面前表现出与群体声望相一致的特点，确立自己在群体中的地位。从访谈中我们也发现，犯罪青少年对于自己的群体声望比较看重，有的青少年曾经坐过牢，出来之后本来打算不再犯事了，但是由于有朋友要求帮助打架，碍于面子，感觉朋友“瞧不起他不做这事”，从而又开始了犯罪行为。而且，这些青少年一般都不会单独进行违法犯罪行为，他们聚在一起时，违法犯罪或者休闲享乐的行为就成为共同活动的主要内容。该结果也提示，自我声望的塑造虽然具有重要作用，但是偏差群体的背景对于声望表达尤其重要，因此，脱离已有的偏差同伴联系对于减少青少年犯罪可能会有一定的抑制作用。关于这一点，本研究访谈#2 的自述可以很形象地反映出来：

> “我是又逃课，我又是学生，又社会青年似的，我好像有两种身份。”
>
> “反正在外面，从我在学校开始逃课之后，都是我的那些哥们，他们怂恿的。他们说今天打这个，明天打那个。我就像跟着鬼似的，跟着他们，天天打架。”
>
> (问)你是什么原因打他们你都不太注意？
>
> “是的。我完全不知道我为什么打。有时候，我躺在床上，我也想，我为什么要帮着他们打呢？然后我想，开始我在学校，那些关系啊……慢慢想，想，想到我为什么越来越残忍了。我也不知道。”

---

① Goff B G, Goddard H W. Terminal core values associated with adolescent problem behaviors[J]. Adolescence, 1999, 34(133): 47-61.

该青少年还有一些其他比较在乎、很要好的非偏差行为的朋友，与他们在一起的时候，就主要进行传统的正常活动。

“他不会被别人打了来找我。他不是那种调皮的，他是很好的学生。我与他也很谈得来。他也没什么钱，但是我们很谈得来，也比较好。”“我们一起睡觉，我和他讲话。”

Heaven① 的研究中，行为陪伴和群体规范这两个成分对青少年犯罪都具有显著预测作用，本研究结果似乎与之不一致。但是，本研究发现，当偏差群体同一性去掉休闲与声望表达因子之后，其余的 6 个因子共同预测犯罪行为时，陪伴与支持对犯罪行为也具有显著正向预测作用，互助责任感、积极评价 2 个维度仍然不显著，承诺与团结也没有显著预测作用。以上结果再次说明，首先，行为风格维度是偏差群体同一性最基本的维度，尤其是其中的行为规则和身份认同，它们对青少年犯罪行为具有非常强的“指引”作用，使青少年进行着一种合乎群体规范和群体身份的“类别化”行为，对于他们来说，相当于一种社会化的过程。其次，群体的价值取向和在群体中的声望表达是偏差群体同一性第二重要的维度，在各因子中的重要性仅次于行为规则和身份认同。当价值取向和群体声望表达不存在时，行为风格维度中的陪伴和支持成分也会较强地促进犯罪行为，但是陪伴支持似乎是仅靠模仿、强化而产生影响，这种作用显然远不如依靠共同价值导向和为了确立群体地位而进行的声望表达的主动作用强。而青少年对于偏差群体的情感承诺，对于其犯罪行为的影响则非常小，甚至相对于因为声望表达而产生偏差行为的青少年来说，青少年对于群体的高承诺可能反而是一种犯罪行为的阻碍因素。

---

① Heaven P C L, Caputi P, Swinton T-S T. Personality and group influences on self-reported delinquent behavior [J]. Personality and Individual Differences, 2000 (28): 1143-1158.

(二)不良同伴交往中的青少年犯罪行为特点

由此可以看出，偏差群体同一性所指代的群体主要是泛化的群体，即非正式的、不一定具有严密组织或者说固定成员的群体。青少年所认同的是同伴中具有偏差性这一特点的一类人。因此，具体行为的陪伴和对于特定群体的承诺只是对于早期形成偏差群体同一性特别重要，一旦确立了自己的偏差身份，内化了作为一般形式存在的偏差群体的规范和价值，青少年所认同的就不是某个特定的群体，偏差行为的实现也不会依赖于对于特定群体的承诺，而是较抽象的偏差群体同一性，甚至是个体的非顺从声望。

同时，偏差群体同一性对青少年犯罪行为的影响也主要表现在与暴力行为有关的具有声望表达性特点的违法犯罪行为，比如抢劫、打架、学校不良行为等，而比较纯粹的以获得私人利益为目的的犯罪，比如盗窃、偷窃等财产犯罪与偏差群体同一性的相关相对较小。但是由于青少年犯罪一般都有一个由轻微到严重的量变过程，且一般都受到了偏差同伴群体的影响，因此各种偏差行为总是相互伴生的，几乎所有的青少年犯罪都具有声望表达性，因而偏差群体同一性与各类青少年犯罪的相关都比较高，这对于青少年总体犯都具有重要的解释作用。暴力犯罪、学校不良行为、轻微财产犯罪以及总体犯罪行为都具有与偏差群体同一性相似的年龄特点也说明了这一点。可能只有对于蓄意谋杀、偶发性的绑架等犯罪行为，偏差群体同一性没有解释意义。

三、同伴和个人特点在青少年偏差群体同一性形成中的作用

(一)群体内部的关系功能：同伴压力和同伴支持

本研究发现，普通和偏差青少年同伴群体中都存在着同伴支持，也存在着同伴压力，这两种群体内部的互动和关系形式对偏差群体同一性的形成和犯罪行为的发生具有重要作用。

首先，未管所青少年和普通中学生都会感受到同伴压力，但是，普通中学生主要感受到较强的积极社会卷入压力，而未管所青少年感受到较强的问题行为压力。在两类不同的群体中存在着不同类型的同伴压力，这说明了同伴压力是客观存在的。前面研究已经表明，青少年心目中的确存在着偏差与传统的群体区分，正如偏差行为水平是偏差同伴群体中的行为规范的核心内容，非偏差行为水平也应该是正常同伴群体中的行为规范的核心内容。因此，传统群体中存在着更多导向积极的社会卷入的压力，比如听父母话、文明用语、努力学习获得好成绩等，从而促进普通青少年产生更多的传统群体同一性，更多的从事传统行为、远离偏差行为，这与其他以正常青少年为被试的研究结果一致。① 偏差群体中则存在着更多的消极问题行为压力，比如夜不归家、参与打群架、携带刀具，从而促使偏差青少年对自己产生更多的偏差群体同一性，更多地参与偏差行为。由此可见，同伴压力其实是群体成员内部互动以增强群体规范、提高群体内部同质性的方式。

但是另一方面，从青少年自身的角度来看，不同青少年感知到不同类型的同伴压力，本身就是主动接受了不同类型群体的影响，是对于该群体规范的接纳，也是其主动选择，让自己的行为符合群体期望以免被群体拒绝的结果。Brown② 的研究发现，那些具有更高的顺从同伴不良行为倾向的青少年，感知到的同伴不良行为压力尤其高，这也说明了感知到的同伴压力与青少年个体的顺从倾向紧密相关，尤其是在不良行为上。因此，本研究结果验证了 Emler 和 Reicher 等③关于同伴压力是增强群体规范、提高群体凝聚

① Brown B B, Clasen D R, Eicher S A. Perceptions of peer pressure, peer conformity dispositions, and self-reported behavior among adolescents[J]. Developmental Psychology, 1986, 22(4): 521-530.

② Brown B B, Clasen D R, Eicher S A. Perceptions of peer pressure, peer conformity dispositions, and self-reported behavior among adolescents[J]. Developmental Psychology, 1986, 22(4): 521-530.

③ Emler N, Reicher S. Adolescence and Delinquency: The Collective Management of Reputation[M]. Oxford: Blackwell, 1995.

力的一种方式的观点，与 Erikson① 和 Newman② 所认为的青少年通过顺从群体规范来显示青少年早期归属于同伴群体的需要，而群体也通过其成员表现对其他人的压力得到加强的观点相一致，说明了 Ungar③ 的观点从某种程度上说正确的，即同伴压力并不存在，因为青少年的偏差行为是主动选择的，尤其对于高偏差群体同一性的青少年，可能同伴问题行为压力的感知已经内化为自我要求了。

但是本研究结果同时表明，普通青少年也存在不同程度的问题行为压力，只是其压力方向正反都有，变异性较大，因此总体来说比较低。这与其他研究④相一致，并且说明，同伴的确会促进青少年的犯罪行为，⑤ 同伴压力对青少年的不良行为的影响比对亲社会行为的影响更大。⑥

从同伴压力对于偏差群体同一性的具体作用来看，社会卷入压力和问题行为压力都与行为规则具有较高的相关，但是，问题行为压力对偏差群体同一性的影响更大，而且问题行为压力主要与休闲与声望具有较高的相关，而社会卷入压力与陪伴支持的相关较高。这说明一般的社会卷入压力促进了青少年更多地远离父母、学校等传统生活，并导致其更多地与不良同伴在一起，而问题行为压力则直接促进了青少年选择休闲享乐的价值取向以及在偏差群体中进行偏差群体声望管理行为，这些都是偏差群体同一性的核心成分。因此，不同类型的压力作用于偏差群体同一性的不同成分，从而促进

① Erikson E H. Identity, Youth and Crisis[M]. New York: Norton, 1968.

② Newman B M, Newman P R. Group identity and alienation: Giving the we its due[J]. Journal of Youth and Adolescence, 2001, 30(5): 515-538.

③ Ungar M T. The myth of peer pressure[J]. Adolescence, 2000(35): 137-150.

④ Glynn T J. From falimy to peer: A review of transions of influence among drug-using youth[J]. Journal of Youth and Adolescence, 1981(10): 363-383.

⑤ Glynn T J. From falimy to peer: A review of transions of influence among drug-using youth[J]. Journal of Youth and Adolescence, 1981(10): 363-383.

⑥ Brown B B, Clasen D R, Eicher S A. Perceptions of peer pressure, peer conformity dispositions, and self-reported behavior among adolescents[J]. Developmental Psychology, 1986, 22(4): 521-530.

了不同程度的偏差群体同一性。

其次，本研究发现，青少年感受到的同伴社会支持与其他研究中的水平相当。① 但是，未管所青少年感知到的同伴支持比普通中学生更高，尤其是在陪伴支持、财物支持2个维度上，群体差异非常显著，在肯定价值、工具性支持上也具有显著的群体间差异，并且同伴的陪伴支持和财物支持与偏差群体同一性各维度的相关都比较高，这2个维度对青少年的偏差群体同一性具有显著预测作用。

该结果说明了青少年偏差群体作为与传统对抗的群体，对其同伴内部的肯定价值、相互陪伴，以及包括财物支持在内的工具性支持要求非常高，这与一般理论所认为的偏差群体内部联系更紧密的观点相一致，②③ 可能他们需要内部的紧密一致才能有足够的勇气对抗社会权威关系，作为一个偏差的社会组织而存在。④ 这也说明了陪伴与支持对于偏差群体同一性尤其重要，因而会单独存在该维度，而其他研究者在普通群体认同中并未发现这一点。⑤ 同时，偏差群体同伴的情感支持、亲密感、满意度以及冲突惩罚等与情感有关的方面与传统群体并不存在差异，更突出了偏差群体需要的是对于其偏差行为和价值取向的肯定和支持，而并不特别关注彼此的情感需求。这说明了大多数犯罪青少年并不缺乏有效的建立情感友谊关系的能力，其友谊关系与一般青少年并没有显著差异，这与已有

---

① 邹泓. 中学生的社会支持系统与同伴关系[J]. 北京师范大学学报(社会科学版)，1999，151(1)：34-42.

② Angenent H. Background Factors of Juvenile Delinquency[M]. New York: Peter Lang，1996.

③ Emler N，Reicher S. Adolescence and Delinquency: The Collective Management of Reputation[M]. Oxford: Blackwell，1995.

④ 罗长钢. 试析青少年犯罪团伙形成的社会心理因素[M]//《青少年犯罪研究》编辑部. 青少年犯罪研究文集(下).《青少年犯罪研究》编辑部，1983：139-149.

⑤ 安秋玲，王小惠. 班级内青少年非正式群体认同发展研究[J]. 心理科学，2006，29(1)：94-97.

研究相一致,①②③ 也支持了犯罪青少年是有社会能力的观点和研究发现。④⑤ 同时从侧面支持了 Kapplan 的自我贬损理论，说明犯罪青少年可能的确具有较低的自尊水平，因而需要在群体中获得较多的肯定价值、工具性支持，从而得到自尊的满足。

同伴之间的陪伴性支持极大地促进了偏差群体同一性各个成分的发展，说明了同伴之间仅仅在一起，就会有助于其偏差群体规范、偏差价值取向认同的发展。所有的同伴群体也都会表现出或多或少的偏差行为，同伴之间陪伴性支持越高，共同的活动卷入越高，会大大减少其与其他成人、其他社会组织的活动卷入，因而会使得青少年群体在一起更容易做出具有反叛性的偏差行为，认同于群体的偏差行为风格。这可能与青少年这一特殊时期有关，他们本身需要丰富的活动刺激来发泄其身体快速发展带来的生理紧张和旺盛能量，同时也需要在活动中获得成人自主感、表现自己的独特性，但是又缺乏稳定和成熟的价值观，当缺乏其他多样性的活动，也缺乏一定的成人交往带来的成人价值指导和影响时，青少年单纯地与完全同质的同伴在一起，只要在一起卷入越多，则越容易发生偏差行为风格的认同，共同从事偏差行为。只不过当同伴本身已有的偏差行为越多，彼此的卷入越多，偏差行为风格的认同就会越高，青少年与同伴一起表现的偏差行为就会越多。这种现象可以得到以下研究支持：第一，青少年会在同伴面前将违规行为作为一种

---

① Brownfield D, Thompson K. Attachment to peers and delinquent behavior[J]. Canadian Journal of Criminology, 1991: 45-60.

② Claes M, Simard R. Friendships characteristics of delinquent adolescents[J]. International Journal of Adolescence and Youth, 1992(3): 287-301.

③ Pleydon A P, Schner J G. Female adolescent friendship and delinquent behavior[J]. Adolescence, 2001, 36(142): 189-195.

④ Moffitt T E. Adolescence-limited and life-course-persistent antisocial behavior: A developmental taxonomy[J]. Psychological Review, 1993, 100(4): 674-701.

⑤ Moffitt T E, Capsi A, Dickson N, Silva P, Stanton W. Childhood-onset versus adolescent-onset anti-social problems in males: Natural history from ages 3 to 18 years[J]. Development and Psychopathology, 1996(8): 399-424.

戏谑，并具有较强的互感性，① 轻微的违法行为也并不会影响正常青少年的友谊关系。② 第二，青少年与父母卷入、学校卷入较高会减弱偏差行为，③ 父母卷入很高的，同伴卷入也不可能很高，④ 社区的低监控等无序状态完全通过影响偏差同伴卷入而影响青少年犯罪，⑤ 但是亲子依恋并不会减少偏差同伴联系的作用。⑥ 第三，青少年参加较多的课余活动会减少其偏差行为，尤其是其同伴也参加课余活动。⑦

(二)青少年的个体特点：社会疏离感和自我控制

本研究假设，青少年在正常社会中感受到较强的人际疏离感和社会规则疏离感，则会导致青少年产生较高的偏差群体同一性，从而间接影响青少年犯罪；低自我控制也会导致青少年产生偏差群体同一性，并同时影响犯罪行为。研究结果验证了该假设，并且发现，青少年社会疏离感与低自我控制具有较高的相关，自我控制对偏差群体同一性以及犯罪行为的直接影响和间接影响都远远大于社

---

① 张明．走向歧途的心灵：犯罪心理学[M]．北京：科学出版社，2004：120-121.

② Engels R C M E, Finkenauer C, Meeus W, Dekovic M. Parental attachment and adolescents' emotional adjustment: The associations with social skills and relational competence[J]. Journal of Counseling Psychology, 2001, 48(4): 428.

③ Foney D M, Cunningham M. Why do good kids do bad things? Considering multiple contexts in the study of antisocial fighting behaviors in African American urban youth[J]. The Journal of Negro Education, 2002, 71(3): 143-158.

④ Warr M. Parent, peers and delinquency[J]. Social Forces, 1993, 72(1): 247-265.

⑤ Cattarello A M. Community-level influence on individual social bonds, peer association and delinquency: Multilevel analysis[J]. Justice Quarterly, 2000, 17(1): 33-61.

⑥ Warr M. Parent, peers and delinquency[J]. Social Forces, 1993, 72(1): 247-265.

⑦ Mahoney J L. School extracurricular activity participation as a moderator in the development of antisocial patterns[J]. Child Development, 2000(71): 502-516.

会疏离感。

已有研究发现，青少年的社会疏离感会影响偏差同伴联系，并间接影响犯罪行为，而起作用的主要是社会规则疏离感，个人疏离感并没有影响。① 本研究结果与之相一致，主要是社会疏离感中的社会孤立感和压迫枯燥感 2 个维度对偏差群体同一性具有重要影响，并间接影响犯罪行为。本研究的社会孤立感反映了青少年在一般的社会观念、兴趣点上与周围同学不一致，即相当于社会规则疏离感，而压迫枯燥感反映了青少年对于学校生活的厌倦感和个人目标的虚无感，即相当于更具体的学校和个人层面的生活规则疏离感，这 2 个维度可以说都属于广泛的社会规则疏离感，而其他 3 个维度分别反映了青少年与周围同学、亲人、自己的疏远感，属于人际疏离感，这与原问卷编制者的理论建构也是一致的。研究发现，疏离感的产生主要受到在学校不良的互动经历，比如被同伴拒绝、学习成绩以及社会技能不理想的影响。② 因此，本研究验证并拓展了以往的研究：不但一般意义上的社会规则疏离感会影响青少年的犯罪同伴联系和犯罪行为，而且青少年的生活规则疏离感也会对偏差群体同一性产生影响从而间接影响犯罪行为。这与其他研究相一致：与学校的关系消极、③④ 缺失个人有价值的目标⑤对于青少年疏离感和犯罪行为都有重要影响。

---

① Sankey M, Huon G F. Investigating the role of alienation in a multicomponent model of juvenile delinquency[J]. Journal of Adolescence, 1999, 22(1): 95-107.

② Sankey M, Huon G F. Investigating the role of alienation in a multicomponent model of juvenile delinquency[J]. Journal of Adolescence, 1999, 22(1): 95-107.

③ Kim J. An application of general strain theory to Korean adolescents: A test of the relation between negative stimuli at school and delinquency[J]. Master Thesis of Michigan State University, 2002.

④ Stewart E A. School social bonds, school climate, and school misbehavior: A multilevel analysis[J]. Justice Quaterly, 2003, 20(3): 575-604.

⑤ Kim J. An application of general strain theory to Korean adolescents: A test of the relation between negative stimuli at school and delinquency[J]. Master Thesis of Michigan State University, 2002.

Sankey 和 Huon① 发现，社会规则疏离感对犯罪行为的影响既有通过偏差同伴联系的间接作用，也有直接作用。本研究通过对社会孤立感和压迫枯燥感对于偏差群体同一性的陪伴与支持维度和犯罪行为的进一步分析也发现，压迫枯燥感会完全通过偏差同伴的陪伴和支持间接影响犯罪行为，而社会孤立感对犯罪行为的直接影响和间接影响都存在。这说明了当青少年对于正常社会规则产生疏远感会直接引发违反正常社会规则的行为，而当个人生活出现目标虚无和无意义感，在学校和生活中感到压迫枯燥时，会导致青少年寻求偏差同伴联系。这也与紧张理论(stain thoery)的观点相一致，即个体感受到较多的消极刺激时，就会有很强的动机回避该情景，其中有些人就可能会用偏离行为来应对该刺激，而且，研究发现，在学校存在一些诸如对学校不满意、消极师生关系、低学习成绩和消极同伴经验等类型的紧张会使青少年更可能进行犯罪行为。②

青少年的低自我控制对青少年犯罪具有重要影响已经得到国内外大量研究的证明。本研究结果则进一步发现，低自我控制会影响偏差群体同一性从而间接影响犯罪行为，尤其是冲动冒险性完全通过偏差群体同一性间接影响青少年犯罪，而自我情绪性对犯罪行为仍然具有直接影响；偏差群体同一性在自我控制对犯罪行为的影响中的中介效应达到 74%。这说明，青少年的冲动冒险性会促进他们对于偏差行为风格的认同，愿意与那些具有偏差行为的人在一起，觉得自己与那些“老老实实学习”、坐得住的人是两类人，由此而表现出具有反叛性的偏差行为，并非冲动冒险性直接导致了冲动性、不可控的偏差行为。而自我情绪性可能一方面会由于其自我中心的人格特点更容易对休闲价值取向、偏差群体产生认同，从而间接地影响了犯罪行为；另一方面由于其情绪性的特点直接促进了偏差行为的发生。

---

① Sankey M, Huon G F. Investigating the role of alienation in a multicomponent model of juvenile delinquency[J]. Journal of Adolescence, 1999, 22(1): 95-107.

② Agnew Robert. Foundation for a general strain theory of crime and delinquency [J]. Criminology, 1992, 30(1): 47-87.

因此，对于冲动冒险性的青少年来说，偏差行为可能主要是一种主动寻求的行为，如果有其他行为方式可以满足其冒险性的要求，其违规违法的偏差犯罪行为必然会大大减少，或者如果这类青少年具有了抑制其用偏差行为来满足其冒险性需求的因素，比如要求服从社会规范的内在约束、父母的监控等，其偏差行为的发生也会减少；而对于自我情绪性的青少年来说，其偏差行为可能更多的是缺乏自我约束能力，是一种人格障碍或低社会技能的表现，这样的青少年将更可能长期犯罪。已有研究也证明父母对孩子做决定的卷入程度高的确会使得冲动冒险性对青少年危险性行为的影响变得不显著，① 而自我中心和情绪性是犯罪人格的核心特点。② 因此，该结果有助于解释为什么很大一部分青少年在 14~16 岁这一年龄段都会具有偏差行为，并且是反叛性的偏差行为，而过了青少年期，偏差行为都会渐渐减少，大部分青少年会回归传统。

在考虑了自我控制的作用之后，社会疏离感对偏差群体同一性的直接影响极大地减弱，很大一部分是通过与自我控制的相关关系而间接影响偏差群体同一性。这说明，青少年疏离感的产生可能一部分在于学习技能而导致的学习不良、对学校低承诺，但是更大一部分因素在于青少年自身的低自我控制特点，尤其是其自我情绪性人格，使得他们不能很好地融入周围社会关系，因而无法认同传统的社会规则。其他研究也发现，青少年的情绪激动、忧虑、怀疑等人格特点与疏离感具有较高的相关。③ Akers④ 曾经指出与偏差同伴联系的青少年自身更可能是偏差的并具有弱的传统同伴联系，其

---

① Raffaelli M, Crockett L J. Sexual Risk Taking in Adolescence: The Role of Self-Regulation and Attraction to Risk[J]. Developmental Psychology, 2003, 39(6): 1036-1046.

② 张春妹，邹泓．青少年犯罪与人格的关系研究[J]. 心理科学进展，2006，14(2)：241-248.

③ 汤毅晖，黄海，雷良忻．青少年疏离感与家庭功能、人格的关系研究[J]. 中国临床心理学，2004，12(2)：158-160.

④ Akers R L. Criminological Theories: Introduction and Evaluation[M]. Los Angeles: Roxbury, 1994.

他研究进一步发现，犯罪同伴联系对犯罪的促进作用在那些低自我控制的青少年身上更为显著，① 并且可能是因为传统关系的他人不愿意与这种低自我控制的人联系：作为一个朋友、同事或者伴侣，低自控者性情不太稳定，并且会忽视传统关系中的互惠性。②

但是，另一方面，由于青少年的人格特点会受到社会环境的影响而发生变化，因此社会疏离感也有可能进一步促进了低自我控制特点，使得青少年更容易表现出冲动性、情绪性特点，因而更容易产生偏差群体同一性和犯罪行为。本研究的访谈也发现，具有社会疏离感的青少年往往也具有低自我控制的特点。例如，#8 以前学习成绩还可以，但是初中时学习成绩不好了，总是比表弟差而不愿意学习了，产生了一种对于学校生活的疏离感，并由此产生了偏差群体同一性，从而产生偏差行为。

> 因为平时学习的时候不认真，所以功课、学习跟不上，功课有时候也完不成，所以在学校的时候低别人一等，然后就不愿意上学。有时候，老师经常批评我，觉得自己读书的话很累，所以就不愿意学了。……就是初中的时候，总是安下心来读书，总是想着这次一定要考好，一定不能比弟弟差，可是每次一考就差了，反正没有脸面。
>
> 初中的时候就变得挺坏。在班上也就几个人经常欺负别人。那时候他们就找我一起玩。那时候我就觉得，就觉得自己很了不起，觉得这样过很好。同学们都陪我玩，我说什么都听。觉得自己应该坏一点比好一点更好。

从其身上，可以看到社会疏离感与自我控制的相互影响。可能

---

① Wright B R, Caspi A, Moffitt T E, Silva P A. The effects of social ties on crime vary by criminal propensity: A life-course model of interdependence [J]. Criminology, 2001, 39(2): 321-351.

② Nagin D S, Paternoster R. Personal capital and social control: The difference implications of a theory of individual differences in criminal offending[J]. Criminology, 1994, 32(4): 581-606.

后来产生的社会疏离感引发了较多的低自我控制行为，从而进一步产生了社会疏离感，并共同引发了偏差群体同一性。

> (问)当时如果继续上学，现在成绩应该还是挺好的。
>
> 那时候，有些同学，他们经常下课之后躲到厕所里抽烟，他们就叫我，开始我还可以不去，但是后来，每次下课之后不要他们叫我，自己就会去抽烟，我也说不上是什么，觉得自己自制力很差，像那种喜欢别人怎么做我也怎么做的人。……他(叫自己抽烟的人)是，那时候他在班上就是很霸道，别人很怕他，他老喜欢欺负人，就在和他关系搞好之后，就再也没受别人欺负，觉得自己挺威风的。
>
> 可能是我经常这样(不听妈妈话而出去玩)，妈妈对我挺失望。妈妈也就经常说我，但是我每次都不听，我后来就天天骗妈妈，就天天跑出去玩，后来就和一些社会上玩的人混在了一起。

(三)青少年的个体特点与同伴关系的联合作用

青少年的个体特点既会对偏差群体同一性产生直接影响，还会通过影响同伴群体的互动特点而产生间接影响。本研究结果验证了该假设，并且发现，青少年的社会疏离感会通过同伴支持间接影响偏差群体同一性，排除了该间接影响之后，社会疏离感对偏差群体同一性的直接影响更高了；自我控制既会影响社会支持，也会影响同伴压力，从而间接影响偏差群体同一性。

研究认为，疏离感本身就是一种缺乏社会支持或者有意义的社会联系、与社会分离的情感。① 青少年感受到较高的社会疏离感，尤其是与周围同学的人际疏离感和与周围同学观念、兴趣不一致的社会规则疏离感，即较高的孤独感和社会孤立感，这必然会导

① Mau R Y. The validity and devolution of a concept: Student alienation[J]. Adolescence, 1992(27): 731-741.

致青少年与周围同伴的互动更少，所谓话不投机半句多，因此，会感受到较低的同伴支持。由于青少年社会疏离感与低自我控制尤其是自我情绪性具有较高的相关，因此，可能对于低自我控制尤其是自我情绪性人格特点的青少年来说，拥有较少的朋友对其偏差行为反而是一种保护性因素，这与其他研究发现较少的同伴联系对于高破坏性或反社会行为较多的青少年的问题行为是一个保护性因素具有一致之处，①② 只是高社会疏离感、高自我情绪性的青少年在没有朋友联系而促进偏差这样的外化问题行为时，可能又会有孤独感、抑郁等内化问题行为。

在考虑了自我控制与偏差群体同一性的相关，排除了孤独感、社会孤立感等与同伴支持的负相关之后，青少年的社会疏离感还会通过自我疏离感、社会孤立感、压迫枯燥感等维度对偏差群体同一性具有显著正向预测作用。也就是说，社会疏离感对青少年偏差群体同一性的影响比较复杂，不同的成分具有直接促进或者间接减弱等不同的作用。

一方面，青少年低自我控制会促进同伴支持，尤其是冲动冒险性与青少年的陪伴支持和财物支持具有较高的相关。这说明冲动冒险的青少年更需要有同伴的陪伴来从事冒险性活动。冲动冒险性常常被视为与寻求刺激、冒险倾向等相近的概念。③ 研究认为，冲动冒险性高的个体需要从危险刺激的活动中获得乐趣，寻求高唤醒水平，而且他们需要在社交和建立友谊中产生心理支持，与他人经常

① Vitaro F, Tremblay R E, Kerr M, Pagani L, Bukowski W M. Disruptiveness, friends' characteristics, and delinquency in early adolescence: A test of two competing models of development[J]. Child Development, 1997(68): 676-689.

② Bender D, Losel F. Protective and risk effects of peer relations and social support on antisocial behaviour in adolescents from multi-problem milieus[J]. Journal of Adolescence, 1997(20): 661-678.

③ Raffaelli M, Crockett L J. Sexual risk taking in adolescence: The role of self-regulation and attraction to risk[J]. Developmental Psychology, 2003, 39(6): 1036-1046.

而持续的接触能使人产生目的感和行为指导感。①

另一方面，低自我控制的青少年更容易感受到消极同伴压力，尤其是其自我情绪性和冲动冒险性使得他们更容易感受到同伴的消极社会卷入压力以及问题行为压力。研究发现，对同伴的问题行为具有较高顺从倾向的青少年更容易感受到较高的同伴不良行为压力，从而不良行为更多，② 而顺从倾向或者说易感性可能与青少年低自我控制相关，③ 低自我控制会促进偏差同伴联系从而促进犯罪，④ 青少年的冒险性会通过影响青少年感知的同伴压力而间接影响危险性行为，⑤ 这些都与本研究结果相一致。

以上结果都说明了冒险性可能代表了青少年对危险、偏差行为的兴趣，是容易被危险行为吸引的倾向，⑥ 因此更容易主动寻求陪伴支持等社交活动，寻求高水平的刺激唤醒，也比较容易感受到问题行为压力，从而认同偏差行为风格、卷入偏差行为。而自我情绪性可能主要代表气质性的倾向性，它使得青少年更容易直接产生高偏差行为，从而使他们易于与传统社会疏离，产生偏差群体认同，对偏差同伴压力更敏感，同伴的支持只会进一步促进他们的偏差群

---

① 郑雪，严标宾，邱林，张兴贵．幸福心理学[M]．广州：暨南大学出版社，2004：228-229，241-242.

② Brown B B，Clasen D R，Eicher S A. Perceptions of peer pressure，peer conformity dispositions，and self-reported behavior among adolescents[J]. Developmental Psychology，1986，22(4)：521-530.

③ Agnew R. Foundation for a general strain theory of crime and delinquency[J]. Criminology，1992，30(1)：47-87.

④ Longshore D，Chang E，Hsieh S，Messina N. Self-control and social bonds：A combined control perspective on deviance[J]. Crime & delinquency，2004，50(4)：542-564.

⑤ Raffaelli M，Crockett L J. Sexual risk taking in adolescence：The role of self-regulation and attraction to risk[J]. Developmental Psychology，2003，39(6)：1036-1046.

⑥ Raffaelli M，Crockett L J. Sexual risk taking in adolescence：The role of self-regulation and attraction to risk[J]. Developmental Psychology，2003，39(6)：1036-1046.

体认同。因此，冲动冒险性和自我情绪性对青少年问题行为的作用机制不一样，应当给予不同的预防措施。

四、已有的青少年犯罪理论的检验与发展

本研究结果验证了第二章所提出的假设的理论模型，阐述了青少年结交不良同伴并实施犯罪行为的内在原因和心理需求，初步揭示了青少年偏差群体同一性的特点和内外影响因素，建构了青少年偏差群体同一性理论。该理论合理地解释了青少年犯罪的部分现象，对于现有的有关青少年犯罪的理论是一个有益的补充，同时，也对现有的一些理论观点提出了挑战，提示了需要拓展或者修正的方向。

(一)青少年犯罪的群体声望表达性

本研究结果的最大特点是突出了青少年犯罪的声望表达性，即大多数青少年犯罪是一种主动的自主选择的行为，目的是为了向他人展示自己的声望属性。这是以 Emler 和 Reicher① 为代表所提出的青少年声望自我表现理论所表达的核心观点之一，Carroll 提出的目标设定和声望提升理论②以及与其同事进行的一系列研究更加强调了这一特点，并指出青少年犯罪是主动性的、受目标设定驱动的。Moffitt③ 提出的青少年期犯罪理论也与这些理论观点具有一致之处，即青少年犯罪并不是一种有缺陷的行为，而是为了满足其内在需求的主动选择行为，而且是与青少年时期这一特定阶段相对应的阶段性现象。本研究结果证实了 Moffitt 的理论具有一定的合理之处，对于普通青少年来说，轻微的偏差行为的确是一种为了满足自主性追求的行为，可能还是一种适应性的行为。但是总体上来

---

① Emler N, Reicher S. Adolescence and Delinquency: The Collective Management of Reputation[M]. Oxford: Blackwell, 1995.

② Carroll A. Characterising the goals of juvenile delinquents: Nature, content and purpose[J]. Psychology, Crime & Law, 1995, 1(3): 247-260.

③ Moffitt T E. Adolescence-limited and life-course-persistent antisocial behavior: A developmental taxonomy[J]. Psychological Review, 1993, 100(4): 674-701.

说，偏差行为是青少年在得不到传统声望满足的情况下，转向追求反叛的、非顺从的声望的结果，是青少年为了追求群体同一性、确立自己与社会的关系特点的结果。在这种更高级的群体同一性需求之下，包含着青少年的自主性需求、成人式的独立性需求，还包含着群体的归属感，以及与更广泛的社会组织的从属关系的认定等多种需求。青少年也正是在追求偏差群体同一性的过程中，通过与同伴的互动，做出与同伴相一致的偏差行为来表现自己的非顺从性声望。因此，青少年的犯罪行为的声望表达性与偏差群体同一性的追求是分不开的。这也有助于理解 Carroll 的研究所发现的初中生比高中生具有更多的非顺从声望，以及刚刚进入初中的 8 年级学生有更少的非顺从声望、更追求主动性，而 9 年级学生有更高的非顺从声望，并且 9 年级犯罪行为增多的现象。即只有在青少年早期，才会更多地关注群体同一性，具有更大的从属于某一群体的需要，从而才会更多关注群体声望。

从青少年犯罪的声望表达性和群体身份表达性来理解青少年犯罪，可以合理地解释许多青少年犯罪现象。它挑战了许多关于青少年犯罪都是一种有技能或者人格缺陷的青少年被动的结果的观点，有利于解释为什么大多数青少年犯罪只是在青少年期出现，成人以后会大幅度减少的现象，有利于解释青少年犯罪的类型主要是暴力型，或者是与暴力相结合的经济型，例如抢劫、盗窃，而且本研究发现，这一类的犯罪具有典型的年龄发展特点，在 15 岁时迅速增多，而 17 岁以后开始减少；还有利于解释为什么大多数青少年犯罪是团伙型的，很少有单独作案的，这些都说明了大多数青少年犯罪是在向他人展示自己的非顺从声望，确立偏差群体同一性地位。当然，这并不否认有少数青少年犯罪的确是一种技能或者人格障碍的表现，或者说有可能，有些青少年会因为具有技能或人格障碍而更容易寻求偏差群体同一性，但是显然，大多数青少年寻求偏差群体同一性不是因为具有技能或人格障碍。

另外，青少年通过犯罪行为获得非顺从声望并从中具有了自我力量感、受欢迎感等良好的自我感觉，也说明了 Kaplan 的自我贬损理论在一定程度上是正确的。青少年在传统领域具有较低的自我概念，从而转向非顺从行为，并从中获得了较高的自尊。只是在整体自尊指标上，犯罪青少年与普通中学生可能并没有显著差异，但是在某些影响自尊的具体领域上，偏差行为的确具有了补偿其低自尊的作用。

（二）同伴群体对青少年犯罪的重要性

本研究所建构的青少年偏差群体同一性理论第二个突出特点是强调了同伴群体的重要性。Emler 和 Reicher① 在《青少年与犯罪》一书中整合声望表达理论和社会同一性理论时，曾经提出过“同伴群体为什么很重要”的问题，但是他们主要是从群体对于青少年声望表达和维护的作用来说的，他们提到过青少年在进行群体声望建构的过程中，进行了社会同一性的建构和自我身份的界定，但是没有强调群体同一性的建构本身就是青少年早期一个重要的心理发展任务和需求。Carroll 也从声望可见性的角度将同伴群体作为青少年声望表达的“观众”，强调了群体互动是声望表达的前提条件，但是她并未关注同伴群体的具体作用。而且，群体是声望表达的重要资源，只是本研究的第一个特点关于群体声望表达性中已经突出了的群体的作用之一。本研究进一步强调了同伴群体具有两方面的重要作用。

第一个方面，本研究采用了青少年群体同一性的理论观点，认为群体同一性需求本身就是青少年早期的一个重要心理任务。在青少年早期，青少年需要确立个人与社会的关系，寻求自己在社会中的定位，从而指导自己的行为方向，这是通过与具体的同伴群体的互动、建立对于某个同伴群体的归属和认同而逐渐发展起的对于某一类群体的社会风格的认同，其目的是为了最终建立青少年晚期的个人同一性。而且，本研究认为，偏差群体同一性与传统群体同一性相对，都是青少年群体同一性的重要内容，每个青少年都可能具有偏差群体同一性，只是犯罪严重的青少年认同程度更高，而普通

① Emler N, Reicher S. Adolescence and Delinquency: The Collective Management of Reputation[M]. Oxford: Blackwell, 1995.

青少年偏差群体同一性认同程度较低。本研究结果也的确发现，所有的青少年被试的确都存在偏差群体同一性，只是普通青少年明显更低，而未管所青少年明显更高，在本研究样本中形成一个连续的正偏态分布，近似于正态分布；普通中学生的偏差群体同一性具有显著的年龄发展特点，14~17 岁之间呈现出倒"U"形，15 岁以后开始显著下降，表明 15 岁以前的青少年早期，群体同一性特别重要，到 15 岁以后，个人同一性开始发展，群体的作用开始减弱。这与青少年群体同一性发展具有一致之处。①② 14 岁时出现的特殊回落现象可能与群体的偏差性特点有关，14 岁是法定的青少年需要承担法律责任的年龄，这个年龄会使青少年具有法律责任意识，可能会具有一定的警戒作用，从而抑制了偏差群体同一性，但是过了这个年龄阶段，又恢复了常态。进一步的解释需要更多有关青少年群体同一性的研究。同时，偏差群体同一性对于青少年犯罪的影响作用也远远高于非顺从声望的作用，这也说明了对于 13~18 岁的青少年来说，偏差群体同一性比个人的非顺从声望更为突显，对于行为的影响也更为重要。

第二个方面，本研究发现，只要同伴支持更高，青少年的偏差群体同一性就会更高，尤其是陪伴性支持对青少年偏差群体同一性的影响较大。即无论被试是普通中学生，还是未管犯罪青少年，同伴的陪伴性支持与偏差群体同一性具有一致性。这说明了同伴对于青少年犯罪的确是具有引发作用的，而不仅仅是具有偏差行为的相似个体在一起促进了偏差行为的进一步恶化，而且说明了引发青少年犯罪的也不仅仅是不良同伴，事实上并没有严格意义上的"不良同伴"，所有的青少年都可能表现出或多或少的偏差行为，当正常的青少年在一起卷入过多，相互就有较高的可能性激起其偏差行为的一面，彼此互为不良同伴，从而增加了青少年的集群偏差行为。

① Jang S J. Age-varying effects of family, school, and peers on delinquency: A multilevel modeling test on interactional theory[J]. Criminology, 1999, 37(3): 643-686.

② Giordano P C, Cernkovich S A, Demaris A. The family and peer relations of black adolescents[J]. Journal of Marriage and the Family, 1993(55): 277-287.

或者说，当青少年在一起卷入过多，对于彼此的生活风格的认同就会更高，会同时促进对于群体成员表现出的偏差行为和传统行为风格的认同，群体成员所表现出的特定类型的行为水平，决定了青少年所认同的该类行为的规范层次，从而决定了自身的行为严重性水平。普通中学生和未管所青少年都同样具有偏差和传统两类行为，只是两类行为相对多少的不同。

该结果说明了青少年期是一个特殊时期，青少年需要一定的反叛来标志自己的独特性，他们对于传统社会的承诺和传统道德规范又还未完全形成，因此，同伴群体相对来说属于一个同质的群体，过度的卷入会引起群体匿名性行为，激起偏差生活风格的泛化，形成由具体的群体偏差行为风格的认同到广泛的具有偏差行为的一类人的生活风格的认同。该群体的同质性，需要有父母、老师等其他成人的卷入来弱化，以减少偏差群体同一性的认同。这也说明了同伴群体是青少年的微观生态小环境，对青少年的群体同一性产生直接的影响，从而影响了其具体的行为方向。在这种微观小环境下，过高的卷入使得更大的社会环境隐退其后，对其行为产生着很小的约束。这符合生态环境系统论的思想。因此，在某种程度上，社会控制理论是正确的，当青少年与社会的纽带比较紧密时，该社会环境就会近距离的与其发生互动，成为其生态小环境，对其行为产生影响，尤其是当青少年与父母、学校、社区具有紧密的纽带时，就会抑制其偏差行为，但是与社会控制理论不同的是，当青少年与同伴形成紧密的纽带时，无论该同伴偏差行为水平如何，都会增强其偏差行为。因此，人的本质并不一定是具有偏差行为倾向的，而是具有两面性的，在不同的情景下，会激发出不同的特点，随着青少年逐渐成熟，个体会稳定地表现出与社会相适应的传统行为。而青少年正处于不稳定的发展阶段，父母、学校、社区是传统社会的代表，相对于青少年同伴群体是一个异质的社会环境，与父母等形成的紧密纽带有助于抑制其偏差行为的发生，增加传统行为。

(三)个体变量和环境变量对青少年犯罪的交互作用

在突出了青少年犯罪的群体声望表达性和同伴群体的重要作用

的同时，本研究采用了生态系统观，同时考察了青少年与传统社会的疏离感和自我控制的人格特点对于青少年偏差群体同一性和犯罪行为的作用，揭示了与传统社会的疏离感、自我控制与群体关系的交互影响及其与偏差群体同一性、犯罪行为的复杂关系，说明了各种环境变量、个体变量对于个体心理和行为都具有不同程度的影响作用，并且这些变量之间是交互影响的。单纯地考虑青少年犯罪的群体声望表达性，会夸大个体的主动选择性，在考虑了社会疏离感和个体的低自我控制特点之后，本研究发现，很大一部分青少年对于偏差行为的主动选择是在一定的社会环境和个体自身特点的限制下的“主动选择”。

首先，本研究发现，社会疏离感的确会影响偏差群体同一性，从而验证了 Newman 关于“青少年的群体同一性对疏离感”的理论假设。青少年与传统社会的疏离，尤其是与传统社会规则的疏离和对于学校生活、个人目标的压迫枯燥感，是导致其寻求偏差群体同一性的重要原因，说明了学校和学习作为青少年的重要生活内容和任务，在这个方面的失败所导致的厌倦、疏离对于青少年犯罪具有非常大的影响作用。这与社会控制理论所强调的青少年对于学校的纽带对青少年犯罪具有抑制作用也相一致，即外在的社会环境对青少年犯罪具有很大的抑制作用。但与之不同的是，青少年与亲人的疏离感并没有很强的影响，这说明了青少年与家庭的情感联系，对于青少年犯罪的抑制作用并不是很强，而家庭对于青少年活动的监控，以及家庭卷入可能会直接抑制青少年犯罪。

同时，疏离感对偏差群体同一性的影响很大一部分来自与低自我控制的较高相关，而且低自我控制对偏差群体同一性和犯罪也具有直接作用，还具有通过同伴支持和同伴压力对偏差群体同一性和犯罪的间接作用。这说明了青少年的低自我控制的确如社会控制理论所强调的是青少年犯罪强有力的影响因素，但也说明，低自我控制对于青少年犯罪的影响并不像社会控制或低自我控制理论所认为的那样全部是直接的和被动的作用，是“缺乏约束的”，它还会影响青少年的同伴支持，从而促进偏差群体同一性，也会使青少年更容易感受到群体的偏差行为压力，从而促发了更多的问题行为和更高的偏差群体同一性。另外，社会疏离感与低自我控制的交互影响还说明了低自我控制也并非青少年犯罪的唯一内在因素，由于学业、重要人际关系的失败等导致的紧张和社会疏离感也是其犯罪的直接动力。正如近来有些将紧张理论与低自我控制理论相对立的两派理论结合在一起的研究者所强调的，这两者是互补的，对于犯罪都具有独立的、累加的效应。① 因此，社会环境因素、同伴群体与个体因素相互都是交互作用的，使得个体行为的主动性具有一定的条件限制性。

五、青少年偏差群体同一性理论反思和展望

（一）本研究的不足和有待探讨的问题

本研究将质性研究方法与量化研究方法相结合，揭示了青少年与不良同伴交往并从事犯罪行为的内部机制，初步了解了青少年在不良同伴交往中的内部心理需求和相关影响因素，为青少年犯罪的理论和研究提供了一些有价值的资料，对青少年犯罪的预防和干预具有一定指导意义。但是，由于种种条件的限制，本研究在研究方法和研究内容上都还存在一些不足，有待进一步深入研究。

第一，本研究采用了横断式的相关设计，无法准确了解各影响因素的因果关系或者交互影响模式。进一步的研究应该对普通中学生采用追踪研究，鉴别出在违法犯罪行为上具有危险性的青少年，考察各种影响因素的发生和发展变化，深入解释这些因素与犯罪行为的因果关系，以更好地早期鉴别和预防青少年犯罪。

第二，关于自我报告违法犯罪行为的测量有效性还需要进一步的检验。采用自我报告法研究青少年犯罪在我国还很少，本研究和已有研究基本上肯定了该方法的有效性和可行性，但其准确性到底

---

① Tracey P, LaGrange T C, Liverman R A. Investigating the interdependence of strain and self-control[J]. Canadian Journal of Criminology and Criminal Justice, 2003, 45(4): 431-465.

有多高，尤其是对于普通中学生来说，是否存在低报的倾向，还缺乏研究检验；记分方法是否需要对不同严重程度的偏差行为进行加权，如何加权等也需要探讨。进一步的研究可以对未管所青少年收集官方数据进一步验证测量效度，并对普通中学生收集教师、家长或同伴的他评数据，获取多角度测量的一致性信息，并探索有效的记分方法，从而完善该测量方法，为识别危险青少年、建立预警测量体系提供可靠的工具。

第三，进一步的研究应该同时考察偏差和传统群体同一性，以及非顺从和顺从声望，深入探讨这些重要的青少年个体心理变量的对应关系，及其对青少年偏差和顺从行为表现的作用方式。另外，本研究的偏差群体同一性问卷各维度之间具有较高的相关，问卷因子结构的合理性还需要更多的研究检验。

第四，在影响因素的变量选取上，本研究主要考察了同伴关系变量和个体变量，社会疏离感虽然在一定程度上能够反映青少年与周围环境的关系，但是仍然属于个体心理变量，与个人特质有很大的相关。本研究结果也提示进一步的研究需要关注父母监控、父母教养行为，尤其是父母给予孩子的自主决定、家庭卷入等家庭因素，学习成绩、师生关系、学校不良经历等学校相关因素，以及对我国青少年犯罪具有重要影响的家庭结构、经济水平等人口学因素的影响。

第五，未管所青少年和普通中学生在许多因素上都存在显著差异，进一步的研究应该对两类群体，乃至不同犯罪行为类型、普通中学生的不同性别群体，分别考察其不同的影响方式，更为细致地鉴别出对于不同类型的青少年独有的影响因素及其作用方式。

最后，应该加强干预研究，特别重视未管所青少年有关改变自我认知、提高同伴群体文化的认识、抵御同伴压力的矫治研究，切实为犯罪青少年的矫治工作提供直接可行的指导。

(二)青少年偏差群体同一性理论的反思与研究展望

本研究提出的青少年偏差群体同一性理论，主要聚焦于青少年不良同伴交往的背景，而对于青少年为什么会具有内在动力，需要进行不良同伴交往、建立偏差群体同一性，其背后的理论前提，本研究并没有聚焦；对于青少年的偏差群体同一性与随着发展进一步建立的个人同一性之间具有怎样的关系，本研究也未拓展。

在最近十年的研究里，随着犯罪心理学的发展，也有学者基于社会认同理论，针对成人罪犯提出了犯罪社会认同的概念，并拓展到青少年罪犯，发展了与本研究相一致的观点。并进一步提出了犯罪社会认同的整合的心理社会模型，运用四套理论概念，解释了犯罪社会认同产生的原因。不但将本研究关注的偏差群体同一产生的理论前提纳入了进来，例如外在的社会控制较弱、传统社会群体的同伴拒绝，自我提升的需求，并进行了实证研究检验，而且关注到了近些年越来越受关注的新的人格特征的作用，即人格的精神病性的调节作用。这种整合的心理社会模型也在一定程度上支持了本研究的主要观点。而在从过去的单纯重视外在客观社会环境对于人的犯罪心理的影响，到现在更强调社会环境与人的能动性共同作用的背景下，在社会互动更为频繁、更为复杂的形势下，青少年的偏差群体同一性与犯罪人的犯罪社会认同是如何形成的，并如何通过避免偏差群体同一性的形成或者改变犯罪社会认同来干预/矫治罪犯，也正在成为新的研究方向。下面将基于这些最新研究，从青少年偏差群体同一性与犯罪社会认同的比较，整合的心理社会模型及其实证研究的介绍，对青少年偏差群体同一性理论的理论基础予以反思，并展望相关的研究方向。

1. 犯罪社会认同与偏差群体同一性的概念

Boduszek 等①于 2011 年提出了犯罪社会认同的概念，这是基于 Turner② 提出的自我界定的个人同一性(personal identity)和社会同一性(social identity)两个层面形成的个人同一性是个人的独特属

① Boduszek D, Chris M, Philip H. Criminal attitudes of ex-prisoners: The role of personality, anti-social friends and recidivism[J]. The Internet Journal of Criminology, 2011(9): 1-10.

② Turner B J, Brett B L H, Rasch E M, Balsano J S. Evolutionary cenetics of agynogenetic fish., poecilia formosa, the amazon molly[J]. Evolution, 1980(34): 246-258.

性，将个人与他人区分开。而 Vryan 等①认为社会同一性与他人社交互动有关，发展与他人的相似性，是调节自我与广阔的群体类别之间的社会关系的建构，是承认自我概念属于特定社会群体的一个成员。犯罪社会认同(criminal social identity)是通过与其他犯罪人的群体成员联系而形成的，但是对于犯罪群体的成员身份是“心理”上的，Boduszek 等②认为其犯罪社会认同被整合进自我概念的一部分，并且变得凸显，而不需要群体中其他个体的物理存在。

青少年偏差群体同一性(deviant group identity)是基于青少年群体同一性的概念发展而来。Newman 等③最早提出青少年群体同一性(group identity)，被认为是青少年时期(12~18 岁)一个特殊的发展性心理任务。从心理社会危机的角度来说，这个时期的发展任务是群体同一性对疏离感。Triandis④ 提到群体同一性是基于人类作为能动性的来源有两个：一个是“我(I)”，一个是“我们(we)”。我们毕生都具有个体化和联结的两个需求的张力，Newman 等⑤认为特别是在青少年早期，个人面对新的心理社会冲突，使得个体需要让自己与特定的群体联合，学会作为一个群体的成员的功能而自己又觉得舒适。Lawler 等⑥认为青少年早期形成的社会承诺提供了基本的能力，可以在成人生活的个人水平、社区水平、国家水平和

---

① Vryan K P, Adler P A. ‘Identity’. In Handbook of Symbolic Interactionism [M]. Edited by Reynolds L T, Herman-Kinney N J. New York: AltaMira, 2003: 367-390.

② Boduszek D, Chris M, Philip H. Criminal attitudes of ex-prisoners: The role of personality, anti-social friends and recidivism [J]. The Internet Journal of Criminology, 2011(9): 1-10.

③ Newman B M, Newman P R. Group identity and alienation: Giving the WE its due[J]. Journal of Youth and Adolescence, 2011(30): 515-538.

④ Triandis H C. Cross-cultural studies of individualism and collectivism[J]. Nebraska Symposium on Motivation, 1989: 41-133.

⑤ Newman B M, Newman P R. Development through life: A psychosocial approach[M]. Wadsworth, Cengage learning, 2012: 370-373.

⑥ Lawler E J, Thye S R, Yoon J. Social commitments in a depersonalized world [M]. New York: Russell Sage Foundation, 2009.

国际水平，建立有意义的群体纽带。青少年群体同一性可以有多种，偏差群体或者危险群体只是其中的一种，还可能是亲社会群体同一性。

从本质上来说，犯罪社会认同和偏差群体同一性都是同一性(identity)，属于一种自我(self)，而且都是在社会互动中建立起来的一种社会同一性，即关于自我是谁的社会认知，是调节自我与广阔的群体类别之间的社会关系的自我建构。但是群体同一性和社会同一性在自我与群体/社会上的侧重点不同，前者侧重群体/社会，后者侧重自我；而且前者的"群体性"，凸显了其发展阶段性特点，即自我认知和行为对于群体背景的依赖性，与具体群体的联系更紧密，而社会同一性已经将群体的社会属性内化，与社会群体规范相一致的行为可以独立于群体背景。因此，青少年偏差群体同一性更强调的是自主与联结的平衡中青少年时期的发展特点，即青少年需要有自主性，但需要的是一种在群体中的自主感，更强调的是社会群体的联结需求，即侧重于自我的群体性。而犯罪社会认同本质上是稳定的自我界定，是一种社会属性标示下的自我，即社会性的自我。

Brewer① 曾区分了四种一般社会同一性的类型——基于个人的社会同一性、关系的社会同一性、群体的社会同一性，以及集体同一性。从前面的分析可以看出，犯罪社会同一性和偏差群体同一性虽然都是同一性，但是属于不同的类型。犯罪社会同一性对应于基于个人的社会同一性，而偏差群体同一性则对应于基于群体的社会同一性。

在具体的测量所表现的内在含义上，也可以看出两者的区别。群体同一性必然需要有 4 个成分，其中，Newman 等②认为在认知上都会有分类标签，需要有互动历史感、群体内的情感投入、会反

① Brewer M B. The Social Self: Difference at the Same Time[M]. In T. F. Pettijohn, (Ed.) Social Psychology. Guilford: McGraw Hill Company, 2001: 54-60.

② Newman B M, Newman PR. Development through life: A psychosocial approach. Wadsworth, Cengage learning, 2012: 370-373.

思群体的社会评价等。Boduszek，Adamson，Shevlin 等①研究发现社会同一性有三个维度，包括认知中心性、群体内情感和群体内纽带。两者的第一个认知成分，一个是分类标签，一个是认知中心型，就很鲜明地表明了两个概念的差异。社会同一性中认知的中心性，是个体对于所归属的群体的心理凸显性和重要性的信念，虽然也必然会有社会分类，但是更强调的是对于自我来说的重要性，不同于群体同一性强调的是群体内的共性和群体间的差异性。犯罪社会同一性中的内群体情感和内群体纽带与本研究发现的偏差群体同一性的偏差群体积极情感和偏差群体承诺相对应，都是对于群体成员的情感和联系，但是同样的，偏差群体同一性强调的是群体整体情感特点，而不是单纯的自我对于群体的情感的视角，即强调不仅仅自己对于群体成员具有这些特点，其他群体成员之间也都具有这些特点。

更重要的是，Boduszek，Hyland② 认为因为犯罪社会同一性属于稳定的自我概念，因此，高认知中心性的个体更可能遵守群体规范，不管是否存在其他群体成员，这是作为一个自我认同对于自己的行为产生的作用。而青少年的群体同一性，更多的是一种集体行为，对于青少年行为的影响更多的是在群体互动中产生的。因此，群体同一性的第二个成分必然是需要有互动的历史。而这是社会同一性并不必然需要的。另外，群体同一性还有一个成分是对于群体的反思和评价，这也是专门针对群体的，社会同一性主要是针对自己，也不存在这个成分。而对于群体的反思和评价就是本研究发现的青少年偏差群体同一性的另外两个维度：群体的价值和声望特点，以及群体行为规则感知。

---

① Boduszek D，Adamson G，Shevlin M，Hyland P，Bourke A. The role of criminal social identity in the relationship between criminal friends and criminal thinking style within a sample of recidivistic prisoners. Journal of Behavior in the Social Environment，2013，23(1)：14-28.

② Boduszek D，Chris M，Philip H. Criminal attitudes of ex-prisoners：The role of personality，anti-social friends and recidivism [J]. The Internet Journal of Criminology，2011(9)：1-10.

由上分析可见，犯罪社会同一性是个人更为明确的社会标签的认知，青少年偏差群体同一性是青少年在群体互动的过程中产生的群体身份的认知。虽然 Boduszek 研究团队将犯罪社会同一性改编后也用于青少年犯罪群体，成为青少年犯罪社会同一性(delinquent social identity)，但是 Spink，Boduszek，Debowska① 认为其只是修改了语句表达，概念内涵并未改变。而且对于青少年来说，群体同一性具有发展的年龄阶段性和发展意义。它不仅仅有利于形成进一步的社会同一性，从而发展相应的行为选择和社会生活，例如，Knifsend，Juvonen② 提到的兴趣的选择，而且 Newman，Newman③ 认为这也提供了青少年群体归属感，使得个人的社会赞许的需要、依附需求、领导力、权力和地位的需求，都在这种 12~18 岁阶段所建立或者拒绝的群体认同中得以表达。研究发现④，拥有高水平的积极群体认同的青少年受到政治和宗教冲突的冲击较小，表现出的消极情绪和恶劣行为少。从发展上来说，两者可以具有前后延续性。安秋玲⑤认为青少年群体同一性的建立就可以为个体在同伴群体中获得自我确认和自我评价，从而有助于进一步获得明确的自我认同。因此，偏差群体同一性作为青少年特定发展阶段的群体同一性发展需要的表现，有可能具有偏差群体同一性，但是不一定必然会进一步发展为偏差社会认同或者行为性质上更为严重的犯罪社会

---

① Spink A, Boduszek D, Debowska A. Validation of the measure of delinquent social identity among youth offenders in the UK[J]. Deviant Behaviour, 2018: 1031-1042.

② Knifsend C, Juvonen Jaana, The Role of Social Identity Complexity in Inter - group Attitudes Among Young Adolescents[J]. Social Development, 2013, 22(3): 143-147.

③ Newman B M, Newman P R. Development through life: A psychosocial approach[M]. Wadsworth, Cengage learning, 2012: 370-373.

④ Merrilees C E, Taylor L K, Goeke-Morey M C, Shirlow P, Cummings E, Mark C E. The protective role of group identity: Sectarian antisocial behavior and adolescent emotion problems[J]. Child development, 2014, 85(2).

⑤ 安秋玲. 国外青少年群体同一性研究[J]. 心理科学, 2005(4): 1001-1003, 1006.

认同。

2. 偏差群体同一性/犯罪社会同一性产生的原因

Boduszek 等①提出了犯罪社会认同(CSI)整合的社会心理模型(IPM-CSI)，用四套概念解释了 CSI 的根本原因：(1)认同危机，它导致了更弱的社会纽带、同伴拒绝，并且是与更弱的父母依恋、父母监控相关的；(2)处于反社会环境，其形式是在监禁之前、之中、之后，与犯罪朋友联系；(3)需要认同于犯罪群体，为了保护自尊；(4)在犯罪环境和 CSI 发展的关系上，人格特质的调节作用。本研究提出的偏差群体同一性理论与之有相同或类似的观点：(1)因为社会控制减弱、同伴拒绝而产生的疏离感较高是根本的环境因素；(2)犯罪同伴联系则是直接环境因素；(3)保护自尊则是建立群体同一性的内在心理动力；(4)自我控制较低是个人因素。但是，本研究更聚焦于群体内部的互动过程对于偏差群体同一性形成的影响，对于远端的社会环境因素、自尊提升的心理动力未直接检验。近年来相关的实证研究则提出了对于同伴群体互动之外的社会环境因素、个体因素和根本心理动力等方面需要更深入的关注。

(1)认同危机作为犯罪社会同一性产生的前提

犯罪社会认同的整合的社会心理模型(IPM-CSI)认为认同危机是犯罪社会同一性产生的第一大前提，这符合青少年自我同一性理论。Spink，Boduszek，Debowska② 在无法产生积极的自我认同时，就会产生消极的犯罪社会认同。同时，IPM-CSI 认为这种认同危机是因为社会纽带、同伴拒绝导致的，与亲子依恋、父母监控都相关，这就将父母、同伴因素都纳入了考虑。但是，这些父母因素、同伴因素是否会导致认同危机呢？认同危机是否又的确是青少年犯罪同一性产生的根本原因呢？这些都是需要进一步研究的理论

① Boduszek D, Dhingra K, Debowska A. The Integrated Psychosocial Model of Criminal Social Identity (IPM-CSI)[J]. Deviant Behavior, 2016a, 37(9): 1023-1031.

② Spink A, Boduszek D, Debowska A. Validation of the measure of delinquent social identity among youth offenders in the UK[J]. Deviant Behaviour, 2018: 1031-1042.

假设。

而从发展的角度来说，青少年早期的群体同一性是青少年后期个人同一性建立的前提，因此对于青少年犯罪来说，并不都是需要犯罪社会同一性才会犯罪的，偏差群体同一性才是青少年犯罪的根本原因。因此，认同危机作为犯罪社会同一性产生的根本前提，并不是偏差群体同一性产生的前提。如前所述，偏差群体同一性产生的根本原因是自主和关联的需求的失衡，是青少年对于有自主的关联感的追求导致的。那么，这是一种怎样的心理状态？是否的确导致了偏差群体同一性的建立？都是值得进一步探究的理论问题。但是，无论内在心理状态怎样，弱社会纽带、同伴拒绝也会让青少年产生社会疏离感，从而对于积极的群体同一性建立产生影响，促进了青少年偏差群体同一性的建立。而这种外在环境因素与青少年的社会疏离感、偏差群体同一性的关系也还缺乏研究。

(2)犯罪同伴联系的影响因素

犯罪同伴联系是偏差群体同一性、犯罪社会同一性的直接影响因素，这是本研究验证了，也是 Boduszek 研究团队验证了的。Taifel，Turner① 认为与犯罪朋友的交往也与犯罪集团成员的情感成分有很强的相关性，这与 SIT 一致。Boduszek 等②认为一个人与犯罪同伴的互动越多，这些人就越有可能对自己属于犯罪群体产生积极的情感感受。此外，与犯罪他人的关联也与认知中心显著相关。这表明，通过与参与犯罪活动的朋友的互动，个人形成了一种强烈的评价信念，认可自己属于犯罪集团的重要性和价值。对这样的人来说，成为犯罪集团的一员成为他们生活和犯罪自我概念的中心方面。因此，虽然犯罪社会认同并不必然需要有与犯罪成员的互动历史，而与犯罪同伴的联系则会促进犯罪社会认同。

① Tajfel H, Turner J. An integrative theory of intergroup conflict[J]. In：Austin W G, Worchel S (eds) Social Psychology of Intergroup Relations, 1979：33-47.

② Boduszek, D, Gary A, Mark S, Philip H. The role of personality in the relationship between criminal social identity and criminal thinking style within a sample of prisoners with learning difficulties[J]. Journal of Learning Disabilities and Offending Behaviour, 2012b, 3(1)：12-24.

但是，什么会影响个体与犯罪同伴联系呢？很早就有研究表明①，同伴拒绝会对犯罪同伴的联系产生影响并促进社会分类过程，分类是个体群体身份发展的一部分。另外父母监控、亲子依恋应该也是犯罪同伴联系的环境因素。但是目前研究还没有直接验证这些环境因素对于偏差同伴联系以及偏差群体同一性的作用。而针对犯罪社会同一性的研究发现，不管在发展的早期阶段同伴关系的质量如何，导致犯罪社会身份存在的最重要因素是与犯罪朋友的交往，而犯罪朋友联系又与低水平的父母监督相关，但是正常同伴的拒绝与犯罪同伴联系无关，即正常同伴拒绝并不是个体犯罪社会身份发展的直接影响因素。② 已有的研究结果也表明，父母的监督可以通过与犯罪朋友的联系影响认知中心、群体内情感和群体内联系。因此，正常同伴拒绝对于偏差群体同一性的作用，与对于犯罪社会同一性的作用可能还不一样。这说明，作为群体联结需求的满足，偏差群体同一性与正常同伴拒绝紧密相关，但是作为清晰的自我界定，犯罪社会同一性的形成并不需要正常同伴拒绝的作用。

(3)自尊的作用

IPM-CSI 强调犯罪社会认同具有保护自尊的作用，而自我贬损理论更全面地解释了自尊与偏差同伴群体联系的关系，即青少年寻求偏差群体的认同，是因为在传统社会群体中无法获得高自尊，转而寻求其他社会资源，其中同伴拒绝是引发自尊降低的重要因素。与犯罪群体在一起，寻求了新的偏差群体同一性/犯罪社会认同之后，是否会具有提升自尊的作用呢？已有的研究一直还没有得到确证。Debowska，Boduszek，Sherretts③ 的研究提供了新的思路，首

---

① Parker J G, Asher S R. Peer relations and later personal adjustment: Are low-accepted children at risk? [J]. Psychological Bulletion, 1987(102): 357-359.

② Boduszek D, Agata D. Further insights into the construct of criminal social identity: Validation of a revised measure in a prison population [J]. The Journal of Forensic Psychiatry & Psychology, 2017, 28(5): 694-710.

③ Boduszek D, Agata D. Further insights into the construct of criminal social identity: Validation of a revised measure in a prison population [J]. The Journal of Forensic Psychiatry & Psychology, 2017, 28(5): 694-710.

先，对于最常使用的罗森伯格整体自尊，需要区分积极自尊和消极自尊两个因子；其次，自尊可能也具有情境性，犯罪社会认同可能会提供了在犯罪群体内的自尊。

研究发现①，在整体自尊、积极自尊与消极自尊中，只有积极自尊与累犯相关，而且以前具有消积自尊的累犯更高地预测了犯罪社会认同中的认知重要性，即累犯的消极自尊越高，更会把犯罪社会身份作为自己认知框架中的重要部分。

最近的研究②专门区分了不同背景下的自尊，发展了包括监狱背景下的自尊和个人自尊两个维度的针对罪犯的自尊测量，对自尊的理论进行了很好的拓展。但是运用该测量，在不同的人群中发现的结果也完全不一样。以英国约克郡的犯罪青少年为样本的研究发现，同伴拒绝不会影响自尊，在男性犯罪青少年中，自尊与认知重要性负相关，与群体纽带正相关，与内群体情感相关不显著；在女性犯罪青少年中，自尊与群体纽带正相关，与其他两个维度相关不显著。③。以 1431 个英国成人罪犯为样本，采用罪犯自尊和 18 个项目的犯罪社会认同的研究发现，自尊与认知重要性显著正相关，与群体纽带显著负相关。④ 由此可见，对于犯罪同一性的自尊保护作用，只在成年罪犯中、监狱背景下存在，对于青少年罪犯来说，并没有明确支持犯罪同伴联系和犯罪同一性的自尊保护作用，或者说自尊在犯罪社会同一性的某个维度上具有保护作用，但是其保护

① Boduszek D, Agata D. Further insights into the construct of criminal social identity: Validation of a revised measure in a prison population[J]. The Journal of Forensic Psychiatry & Psychology, 2017, 28(5): 694-710.

② Boduszek D, Agata D. Further insights into the construct of criminal social identity: Validation of a revised measure in a prison population[J]. The Journal of Forensic Psychiatry & Psychology, 2017, 28(5): 694-710.

③ Spink D, Loduszek A, Debowska A. Investigating the Integrated Psychosocial Model of Criminal Social Identity (IPM-CSI) within a sample of community based youth offenders[J]. Journal of Human Behavior in the Social Environment, 2020, 30(2): 118-137.

④ Boduszek D, Debowska A. Further insights into the construct of criminal social identity: Validation of a revised measure in a prison population[J]. The Journal of Forensic Psychiatry & Psychology, 2017, 28(5): 694-710.

机制可能对于少男和少女又是不一样的。但是为什么会不一样呢？对于这些更深层的原因，需要进一步的深入探究。而自尊是否具有情境性，在其他社会情境下是否会有其他种类的自尊，还需要进一步研究支持。

而之前的同伴拒绝是否会具有自尊降低的作用呢？已有研究发现基本都支持同伴拒绝对于青少年自尊的消极作用。在流动儿童中，仅仅是较低的同伴接纳也会引发自尊降低，从而进一步引发外化问题行为。①。但是，Boduszek 的研究发现，累犯以往的同伴拒绝经验不能预测犯罪同伴联系，对于其以前的自尊也没有预测关系。这一方面预示了自尊与同伴拒绝、偏差同伴联系，以及进一步获得偏差群体同一性、犯罪社会同一性的关系；另一方面，可能在不同发展阶段，具有不同的效应，或者是在累犯身上具有随着时间的心理转化过程。而新的研究揭示，可能对于不同人格特质的个体，在同一个年龄段或者犯罪早期晚期不同阶段，都会具有不同的影响。

(4)个体特质的调节作用

Boduszek② 团队的研究强调了人格的调节作用，而近来其他研究者也非常强调人格可能具有的主动影响作用，对爱尔兰刑满释放人员的研究发现，精神质是犯罪中心性很强的预测因素。而且，人格会调节犯罪社会认同与犯罪思维风格的关系，内群体情感对犯罪思维的影响在更为内向的罪犯身上具有更强的作用，而内群体纽带在外向的罪犯身上具有更强的作用。③ 而且，监禁时间对于犯罪认

---

① 张春妹，丁一鸣，陈雪，周长新. 同伴接纳与流动儿童外化问题行为的关系：自尊和物质主义的链式中介作用[J]. 中国特殊教育，2020 待刊稿.

② Boduszek D, Gary A, Mark S, Philip H. The role of personality in the relationship between criminal social identity and criminal thinking style within a sample of prisoners with learning difficulties[J]. Journal of Learning Disabilities and Offending Behaviour, 2012b, 3(1): 12-24.

③ Boduszek D, Gary A, Mark S, Philip H. The role of personality in the relationship between criminal social identity and criminal thinking style within a sample of prisoners with learning difficulties[J]. Journal of Learning Disabilities and Offending Behaviour, 2012b, 3(1): 12-24.

同形成的影响只在那些具有更高的精神病性的罪犯中显著。① 因此，人格对于犯罪认同的影响是有明显的调节作用的。而且，研究者指出，只有那些具有人际操纵的个体可能更会表现出犯罪取向的认同，因为这种行为可能可以提供群体内更高的地位。因此，可能需要将精神病理的人际和情感维度作为不同侧面来进一步研究精神病性的作用。②

最近20年，对精神病理的理论和实证研究开始稳定的增加，③ 它被认为与攻击、暴力犯罪行为相关。④ 而且最近的研究也将精神病理细分为三个不同的方面，⑤ 最新在青少年犯罪者中进行了测量的验证，⑥ 结果也得到支持。而且研究结果发现，去抑制和卑鄙，与攻击、规则破坏和犯罪态度正相关，对于监禁样本和缓刑样本两个群体都是这样；但是与两个样本的相关是不一样的模式，在监禁样本中，大胆与身体攻击有更强的相关，而在缓刑、候检样本中，两者没有关系。这说明归属的群体具有调节作用，归属于更反社会

---

① Boduszek D, Dhingra K, Debowska A. The Integrated Psychosocial Model of Criminal Social Identity (IPM-CSI)[J]. Deviant Behavior, 2016a, 37(9): 1023-1031.

② Boduszek D, Dhingra K, Debowska A. The Integrated Psychosocial Model of Criminal Social Identity (IPM-CSI)[J]. Deviant Behavior, 2016a, 37(9): 1023-1031.

③ Hare R D, Neumann C S. Psychopathy: Assessment and Forensic Implications [J]. Can J Psychiatry, 2009(54): 791-802.

④ Roberts A D L, Coid J W. Psychopathy and offending behaviour: Findings from the national survey of prisoners in England and Wales[J]. Psychiatry Psychology, 2007(18): 23-43.

⑤ Patrick C J, Fowles D C, Krueger R F. Triarchic conceptualization of psychopathy: Developmental origins of disinhibition, boldness, and meanness [J]. Development Psychopathology, 2009(21): 913-938.

⑥ Ustinaviiūt L, Laurinaviius A, Klimukien V, Laurinaityt I, Baltrūnas M. Examining the Convergent Validity of the Triarchic Psychopathy Measure Using a Sample of Incarcerated and on Probation Lithuanian Juveniles[J]. Behavioral Sciences, 2019 (9): 156-160.

的群体，加强了胆大与攻击的关系①。

Walters② 从犯罪的道德评估和情感动机的角度，提出了犯罪生活方式理论，认为存在两种犯罪生活方式，主动性犯罪思维和反应性犯罪思维。前者主要是人格具有去抑制的精神病性，表现为冲动性、低自我控制；后者主要是人格具有无所畏惧-冷酷无情的精神病性特质。两者在犯罪行为发生的系列关系上也不同。低自我控制一方面会直接导致反应性犯罪思维、犯罪行为，并且与敌意、挫败、生气等消极情绪相关；另一方面，会因为反应性犯罪思维而与犯罪同伴联系，进一步会产生主动性犯罪思维和犯罪行为。冷酷无情特质一方面会直接引发主动性犯罪思维，从而导致犯罪；另一方面，也会直接与犯罪同伴联系，从而产生被动犯罪思维或者标签化，引发犯罪行为，甚至产生认同转化，进一步产生犯罪行为。这提示了精神病性或者其他人格的不同侧面，在主动、被动犯罪思维上，在与犯罪同伴联系、犯罪认同的关系上具有不一样的发生机制。

以往研究③也发现，具有高冷酷无情特质的犯罪青少年，更可能在同伴群体中处于领导地位。因此，本研究对低自我控制人格特点与青少年偏差群体同一性的研究，也许只提示了其中一种青少年犯罪同伴交往模式。进一步的研究，可以借鉴 Walters 的犯罪生活方式理论，考察不同人格特点下，犯罪同伴联系与偏差群体同一性、犯罪认同之间的关系可能具有不同的模式。

---

① Ustinaviiūt L, Laurinaviius A, Klimukien V, Laurinaityt I, Baltrūnas M. Examining the Convergent Validity of the Triarchic Psychopathy Measure Using a Sample of Incarcerated and on Probation Lithuanian Juveniles[J]. Behavioral Sciences, 2019(9): 156-160.

② Walters G D. Proactive Criminal Thinking and Deviant Identity as Mediators of the Peer Influence Effect[J]. Youth Violence and Juvenile Justice, 2017, 15(3): 281-298.

③ Boduszek D, Philip H, Gary A, Mark S. The role of personality in the relationship between criminal social identity and criminal thinking style within a sample of prisoners with learning difficulties[J]. Journal of Learning Disabilities and Offending Behaviour, 2012b, 3(1): 12-24.

3. 偏差群体同一性对于犯罪干预的积极意义

偏差群体同一性或者犯罪同一性本质上都属于同一性，反映了个人对于自己社会身份的主动建构，从而对其犯罪行为、犯罪思维风格都具有重要影响。那么，相应地，对犯罪行为的改造，希望达到真正的中止犯罪行为，也需要从个体主动的同一性角度入手。以往的犯罪中止理论都基于社会控制理论或者社会学习理论，强调一些社会过程，使得个体卷入社会纽带或者亲社会关系，而忽略个体的主动认同过程。最近的研究者①也开始提出犯罪中止的认同理论(Paternoster & Bushway, 2009)，认为犯罪中止一定是有一个"害怕的自我"作为起点，并很快有一个积极的"可能的自我"。

例如，年龄等级的日常社会控制理论(age-grade informal theory of social control)②强调要强化传统的社会纽带，稳定的家庭和工作，但是这些并不能改变罪犯自身，只是减少了犯罪活动的机会。另外有学者提出认知/情绪转化理论③，也认为以前的犯罪者能够进入传统伴侣的亲密关系，就可以提供一个角色榜样和生活支持，这是通过社会学习理论的榜样作用，提供了一种亲社会的界定。

Paternoster, Bachman, Kerrison, O'Connell 和 Smith④ 采用生存数据分析发现，犯罪中止是一个过程而不是一个事件，而那些改变对自己的看法的，从坏认同转向传统认同的，更可能开始这个中止过程，从而一定程度上证明了自我认同对于犯罪中止的动机意义，

---

① Paternoster R, Bushway S D. Desistance and the feared self: Toward an identity theory of desistance[J]. Journal of Criminal Law and Criminology, 2009(99): 1103-1156.

② Laub J, Rowan Z, Sampson R. The Age-Graded Theory of Informal Social Control[J]. In The Oxford Handback of Developmental and Life-Course Criminology, Farrington D P, Kazemian L, Piquero A. USA: Oxford University Press, 2019.

③ Giordano P C, Schroeder R D, Cernkovich S A. Emotions and crime over the life-course: A neo-Median per-spective on criminal continuity and change[J]. American Journal of Sociology, 2007(112): 1603-1661.

④ Walters G D. Proactive Criminal Thinking and Deviant Identity as Mediators of the Peer Influence Effect[J]. Youth Violence and Juvenile Justice, 2017, 15(3): 281-298.

而不像以前研究认为自我同一性的改变可能只是社会环境改变的一个结果。

经典的标签理论也持有一致的观念。它认为，外在的环境(比如被监禁)，或者他人的评价标签(比如，坐牢的罪犯、瘾君子)会对个人的犯罪身份具有影响，从而使得个人更可能犯罪。而Asencio 和 Burke① 运用身份认同理论，填补了标签理论在解释身份导致的犯罪行为时的不足。他们对监狱中的罪犯、吸毒者进行单独的小组心理治疗，与其他关押罪犯分隔开，可以在参与干预的小组内成员、治疗师、狱警之间进行互动。在相隔八周的三个时间点测量自我认同、反映性评价，犯人的亲友可于每周某一天的指定探访时间到惩教所探访。结果发现，对于犯罪认同和吸毒认同，反映性评价(reflected appraisals)对自我观念具有影响，而对于工作身份认同，是主动性评价对反映性评价具有影响，而且是在被试通过创造他人观点与自我观点相一致的情境来寻求维持自我验证的过程中发挥作用的。因此，自我观点扮演着更为积极的角色，它通常会拒绝那些与认同标准不同的反映评价。只有当一个人缺乏改变和验证身份的能力和资源，或者这个人想要改变他或她的身份时，与身份标准不同的反映评价才会内在化，即研究所揭示出的，外在的反映评价会如标签理论所预测的，对罪犯认同、吸毒认同这样的自我认同产生影响。而如果个体想要改变，则更需要主动的身份认同，也就表现出相反的过程——认同影响反映评价。总之，监狱环境会产生反映评价，并对罪犯的消极认同产生影响，而建立新的积极的自主认同才会对环境中的反射评价产生影响。

那么，如何改变这种社会认同，从而达到避免消极影响的目的呢？最近研究②揭示了美国加州某监狱的做法对于服刑人员自我身

① Asencio E K, Burke P J. Does Incarceration Change the Criminal Identity? A synthesisof labeling and identity Theory Perspectives on identity change[J]. Sociological Perspectives, 2011, 54(2): 163-182.

② Feldman L R. Forging Selfhood: Social Categorisation and Identity in Arizona's Prison Wildfire Programme[J]. The Howard Journal of Crime and Justice, 2018, 57(1): 21-36.

份重新建构的重要作用，在该监狱，官员启动了一项监狱劳工计划，让官员直接与囚犯一起工作，囚犯穿上带有自己消防员徽标的服装，明显消除监禁的任何痕迹，这可以消除囚犯可能面临的来自监狱的任何偏见，该项目获得继续批准，因为他们具有出色的扑火表现和囚犯的低违规率(以及零逃逸尝试)。该研究启示我们可以对传统的监狱内监管制度的有效成分进一步研究，比如，如何发扬有效成分而避免消极的犯罪认同身份。我国近些年推行的社区矫治也是一种特别值得针对青少年犯罪更广泛推行的方法，其对于犯罪人员的犯罪社会身份是否可以发挥保护作用值得进一步探究。

但是作为基于群体的社会同一性，青少年偏差群体同一性更多的受到群体过程的影响。比如，Strocka① 认为青年帮派成员一般来说并不是固有的暴力，而是因为在与同辈群体的联合行动中，在与敌手群体的遭遇战中等情况下，个人的犯罪行为更有可能受到犯罪集团的规范和虚荣心的影响，而换一种情境，个体可能就会完全不一样。Strocka② 发现，帮派成员在农村社区工作期间，可以完全戒酒、不从事暴力活动。由于这种群体和不同社会环境对于个体行为的影响非常之大。对于青少年来说，是可能具有多种群体同一性的，因此，促进罪犯的再社会化都是需要在一个亲社会环境中进行，而不是在一个刑罚的、反社会的主导环境中进行，其目标是指向于亲社会认同的发展。③

总之，最新提出的犯罪社会同一性的概念，与本研究提出的青少年的偏差群体同一性的视角一致，两个概念都属于社会同一性，只是处于不同层面：个体层面的社会同一性和群体层面的社会同一性。而且青少年偏差群体同一性更适于解释青少年犯罪这一特殊的年龄群体，具有青少年年龄阶段的发展性特点，即更强调群体层面

---

① Strocka C. In Search of Identity. Germany：VDM Verlag，2008.

② Strocka C. In Search of Identity. Germany：VDM Verlag，2008.

③ Boduszek D，Philip H，Gary A，Marks. The role of personality in the relationship between criminal social identity and criminal thinking style within a sample of prisoners with learning difficulties[J]. Journal of Learning Disabilities and Offending Behaviour，2012b，3(1)：12-24.

的共性以及个体行为对于群体互动的依赖性。两者都是从社会同一性的角度提出了个体的犯罪社会自我建构对于犯罪行为影响的主动作用，而整合的心理社会模型理论也与本研究提出的青少年偏差群体同一性理论具有相同的理论基础，都关注背后的自尊作为动力因素和父母控制、同伴联系的环境因素，以及个体人格因素。这些最新的研究也提出了对于犯罪同一性/偏差群体同一性产生的内在动力原因和外在推动因素需要进一步的验证，特别需要针对自我控制低和冷酷无情高以及其他可能的不同人格因素，分别探讨父母因素、同伴因素在个体主动犯罪和被动犯罪上的不同作用，并从发展的角度来考察这些环境因素与个体人格因素的交互影响和发展变化，以及从犯罪中止的角度来研究社会同一性的主动建构作用对于犯罪改造的积极作用。

第九章

青少年犯罪心理的干预

干预在青少年犯罪中也有广义与狭义之分，狭义的青少年犯罪干预是指在青少年发生犯罪行为之后，为了防止犯罪行为的再次发生而采取的各种措施，即犯罪心理矫治(psychological treatment 或 psychological correction)。它是运用心理学知识、方法和技术对罪犯的心理问题进行治疗，帮助他们消除心理障碍，使其成为能适应正常社会的人。①

广义的青少年犯罪干预，通常为 preventation 或 intervention。它不仅仅包括犯罪心理矫治，还包括犯罪心理预防，即运用心理学的理论和方法，采取有效措施控制和消除诱发犯罪的因素和条件，防止个体形成犯罪心理以及发生犯罪行为。② 本书是以研究和预防青少年犯罪为主要目的，因此采取广义的犯罪心理干预概念，既包括青少年犯罪心理的预防，又包括对于已经具有了不良行为、违法

① 章恩友．罪犯心理矫治[M]．北京：中国民主法制出版社，2002.

② 罗大华，李德，赵桂芬．犯罪心理学[M]．北京：北京师范大学出版社，2012：335.

犯罪行为的矫治，但是重点在于预防，而且有关司法机构内认定的严重少年犯罪行为矫治不在本书讨论范围内。下面在简单介绍了现今有关青少年犯罪心理干预的主要理论，梳理了有关青少年犯罪心理干预的研究之后，针对本书前面关于青少年不良同伴群体交往的社会心理动力的研究，提出了我国青少年犯罪心理干预的系统建设与具体措施。

一、青少年犯罪心理干预的理论

青少年犯罪心理干预的理论比较多，大致可以区分为偏向于社会环境与群体关系的社会学理论和偏向于个体心理和行为的心理学理论，社会学理论较宏观地提出了犯罪心理预防的群体关系角度，心理学理论则对于家庭关系、个体心理如何影响犯罪提供了更具体的预防机制，尤其是提供了犯罪行为的矫治技术。两者对于青少年犯罪心理干预都提出了较好的理论思考。

(一)社会学理论

1. 情景犯罪预防理论

情景犯罪预防(situational crime prevention)策略由美国学者克拉克(Ronald Clarke)在20世纪70年代首倡。它强调犯罪的“情境”因素，包括犯罪的时空、机会和条件等对犯罪人理性抉择和犯罪决策的影响。克拉克认为，当犯罪的利益条件超过其成本(代价)时，犯罪即可能发生。所以，针对某些特定的犯罪，以一种较为系统和常设的方法对犯罪可能利用的环境加以规划与管理，以增加犯罪的难度和风险，减少可能的犯罪回报，能够得到预防犯罪的效果。

这一理论的发展也受到纽曼的防卫空间(Defensible Space)理论和杰弗里的环境犯罪学理论(Environmental Criminology)的影响。纽曼认为，现代建筑设计时常有碍于社区监督和社会控制的潜力，尤其是那些高层建筑，面向内而不是街道，有很多通道和出入口；一些大的社区有不加以管理的开放空间以及众多居民。这样的建筑特征，一方面使得社区居民无法控制犯罪的发生；另一方面因建筑物监控视野不开阔，通道出入口缺乏管理，犯罪分子可以顺利出入。他提出了防卫空间的概念，“是一种居住环境的模式，在这种模式中，可以通过创建一种社会组织自我防卫的物理表达来抑制犯罪的发生”。① 他显然是受到社会控制理论的影响，认为既然不能抑制人们的犯罪动机，那么就可以从犯罪的目标和条件上去限制犯罪。

环境犯罪学理论则都赞同犯罪的环境决定论的观点。他们认为，犯罪有四个决定因素：法律、犯罪人、犯罪目标、犯罪地点。犯罪理论通常要么关注法律因素，要么关注犯罪人因素，而对于犯罪目标和犯罪地点，则是犯罪学理论研究的空白点。环境犯罪学理论则试图在这方面填补空缺。杰弗里即是这种尝试的早期代表。他赞成行为主义的行为模式，即个体是对环境刺激产生反应，据此，可以通过环境的技术设计而排除犯罪的刺激物。犯罪预防应该考虑生物遗传和环境因素的互动关系，都市的环境设计和规划要考虑减少人际隔阂、加强人际交流的需要。

情景犯罪理论不仅强调静态的物理环境设计，比如合理的建筑设计、优良的环境、目标物的强化等，也强调动态的社区犯罪预防策略，比如邻里监视（neighborhood watch）和居民巡逻（citizen patrol）等，其目的在于增强社区意识，大家共同努力防范犯罪。在一个已经固定形成的社区里，物理环境的改变不大可能，但是动态的社区犯罪预防则是相对容易进行的，这需要有社区管理者的组织工作，更需要社区居民的社区意识。

2. 一般犯罪理论

一般犯罪理论强调低自我控制是犯罪行为发生的主要因素。Gottfredson 与 Hirschi② 进一步指出，低自我控制是由于个体不良或无效的社会化所造成的，而家庭与学校因素则是影响个体社会化的最主要因素，因此它强调要从家庭和学校入手进行早期干预。

---

① 罗大华，李德，赵桂芬. 犯罪心理学[M]. 北京：北京师范大学出版社，2012：335.

② Gottfredson M R，Hirschi T. A General Theory of Crime[M]. Stanford：Stanford University Press，1990.

一般犯罪理论认为，不良的家庭教养将会导致低自我控制，对青少年的影响尤为重要。由此，一般犯罪理论提出在青少年犯罪干预方面先要家庭提供良好的教养方式。而教养方式必须具备4个条件：一是依恋(attachment)，亲子间的情感依恋会影响青少年的社会化。二是监督(supervision)，监督的重要性在于它是让社会控制内化为自我控制的最直接管道。三是辨识(recognition)子女的偏差行为，辨识是预防犯罪行为产生的重要条件。四是惩罚(punishment)。

一般犯罪理论还认为学校是重要的社会化机构，因为学校能够很好地执行监督、辨识偏差行为以及惩罚青少年的职能，在对青少年犯罪进行干预时，着重学校环境的建设以及学校教育的优化无疑是有效改善青少年犯罪现状的干预措施。但是，Gottfredson与Hirschi① 也指出，虽然学校有很多优点，但若没有家庭的配合，仍很难收效，青少年在学校的问题常常可以追溯至家庭因素。

3. 社会支持理论

社会支持理论是20世纪70年代在美国首先发展起来的。它认为，应当重视在问题中的个人的社会网络以及获得支持的程度，协助个人发展或维持社会支持网络，以提升其应对生活压力事件的资源。而资源又可区分为个人资源与社会资源，前者是指个人的自我功能和应对能力等，后者指个人的关系网络广度与关系网络中的人能够发挥支持功能的程度。社会支持干预的目的在于强化个人的社会资源，以增强个人的社会整合度，协助个人解决生活中的问题。在青少年犯罪干预方面，其提出要给予青少年更多的社会支持，帮助其更正确地认识事物，提高自我控制的能力，通过不同支持子系统帮助青少年更好的社会化。②

---

① Gottfredson M R, Hirschi T. A General Theory of Crime[M]. Stanford: Stanford University Press, 1990.

② 曾培芳. 我国青少年犯罪预防和矫正理论与实践模式的整合——以社会控制与社会支持为视角[J]. 江西社会科学, 2007(12): 173-177.

社会支持从“社会”的角度可以分为3个子系统：国家支持子系统、群体支持子系统和个体支持子系统。国家支持子系统的主体是政府机构。群体支持子系统是一个由初级群体支持和次级群体支持组成的结构系统。初级群体主要有家庭、邻里、伙伴等；次级群体主要有学校、团队、社团等。个体支持子系统是以初级社会关系和人生价值取向为基础的个体。社会支持强调在青少年犯罪干预上必须协调各个支持子系统，在每个支持子系统中给予青少年必要的社会支持，使之更好地预防青少年犯罪行为的出现以及进行青少年犯罪行为矫治。

Cohen 和 Wills① 还将社会支持的内容具体分成了四类：(1)尊重的支持，指的是个体被他人尊重和接纳；(2)信息支持，即有利于对问题事件进行说明、理解和应对支持；(3)社会成员身份，即能够与他人共度时光，从事消遣或娱乐活动，周围人对其身份的认同；(4)工具性支持，指提供财力帮助、物资资源或所需的服务。通过四项分类，更加明确了在青少年犯罪干预中应该给予青少年支持的类型。社会支持理论从社会支持的角度出发，即是从问题应对资源的角度出发，与以往从犯罪成因角度出发不同，为青少年犯罪干预研究提供了思考的新思路。从需要进行犯罪干预的人际环境来说，社会支持理论从一般的强调家庭、学校或者更大的社区，拓展到更广泛的伙伴、社团等，而且对其分类系统，能够较全面地看到在发生问题时，能够给青少年提供支持资源的人际关系系统。从本研究关于不良同伴交往对于青少年提供的社会支持可以看出，社会支持的确对于青少年犯罪具有重要作用，是青少年卷入不良同伴交往，形成偏差群体同一性的重要群体关系影响因素。因此，如果能让青少年在正常同伴群体关系中获得社会支持资源，就会降低他们卷入不良同伴交往的心理动力，从而减少犯罪行为。

---

① Cohen S R, Wills T A. Stress, social support and the buffering hypothesis[J]. Psychological Bulletin, 1985, 98(2): 310-357.

(二)心理学理论

1. 精神分析理论

弗洛伊德是精神分析的主要代表。弗洛伊德虽然没有直接专门研究对犯罪的干预问题，但他在对自己所提理论的阐述中涉及了这一问题。

首先，重视法律的作用。弗洛伊德认为，法律对干预犯罪有重要的作用。与此同时，他在《文明与缺憾》中提出“文明希望通过使用暴力打击犯罪的权利，来防止最赤裸裸的野蛮暴行，但是法律是不能够控制人们用比较谨慎而且狡猾的方法来表现攻击性的”，他强调在使用法律干预犯罪的同时，还需要运用其他方法综合干预。

在犯罪预防方面，弗洛伊德提出，父母与儿童的冲突、不良抚养技能、较早涉入反社会行为等因素都与犯罪行为相关，这些看法都得到了很多研究的有力支持。因此，精神分析理论提供了一系列可以干预犯罪的中介目标。而且，弗洛伊德提出了具体的培养儿童自我控制能力的方法，从而抑制人天生的犯罪性、破坏性需求，即父母要教育孩子在一定限度内抑制某些欲望。

其次，弗洛伊德提倡运用认同作用和升华作用等方式干预犯罪。他提出，干预人们的犯罪倾向最重要的方法，就是运用认同作用来发展人们的“目标被抑制的爱”，在这种广泛的爱的基础上发展人们的超我和道德心。他认为，认同在人与人之间的情感联系中起着很重要的作用。集体内成员之间的敌对情感就是通过认同作用而变为互相关心和体谅的感情的。人们对他人的友谊和对整个人类的爱也都是在认同作用下形成起来的。由于这种广义的爱的作用，人就得以形成和不断发展自己的超我和道德心，从而自觉地抑制自己本能的犯罪倾向。①

对于已经形成心理冲动、易于犯罪的人，弗洛伊德提出了具体的行为改变技巧以进行矫治治疗。如使用催眠术或采用诱导性谈话的办法，使病人产生自由联想，主动说出导致精神分裂的个人隐私

① 刘邦惠. 犯罪心理学[M]. 北京：科学出版社，2004.

及内在的精神压力。但是，对于精神分析疗法对预防犯罪的作用，格卢克夫妇认为，长期的心理分析可能会太昂贵，不能被广泛用于犯罪预防和矫治。而且，从犯罪矫治来说，通常适合心理分析的患者应该经历过一些内心的折磨，而大多数顽固的、严重的罪犯因为其内心折磨已经通过犯罪行为得到了释放，因此是不合适于心理治疗的。而根据 Andrews 等①的分析，心理分析中一些有利的因素，例如，移情关系的重压下，与治疗者认同的可能性等，在预防犯罪的咨询中经常出现，只是需要注意结合犯罪学理论所提出的中间机制，否则仅仅局限于关系方面而不强调建立反犯罪可能性的矫治措施是无效的或有害的。

作为精神分析的另一重要代表，阿德勒也发展了自己的犯罪理论。自卑感是阿德勒个体心理学最基本的概念，他提出，个人的自卑感主要是由个人的身体缺陷、低劣的社会经济条件和错误的家庭教育引起。那些带有此三个因素的个体很有可能采取不符合社会要求的、过度的补偿行为来克服自卑感，于是导致了犯罪。对于犯罪的干预，阿德勒提出，干预犯罪的途径就是找罪犯在儿童时期所遭受的合作障碍，培养他们的社会兴趣，教会他们与人合作。这不仅仅强调了家庭因素在干预中的作用，也提出了要在干预中培养社会兴趣与合作之道。②

2. 犯罪即障碍理论

犯罪即障碍理论是一种支持犯罪心理矫治的理论，是由美国加州大学心理学系的艾德里安·雷恩于 1993 年出版的《犯罪精神病理学：作为一种临床障碍的犯罪心理学》一书中提出并进行论证的。

这一理论的基本观点认为，犯罪行为(特别是严重的、累犯性的犯罪行为)可能是一种临床障碍或者精神病理现象，它在许多方面与抑郁症、精神分裂症或者其他心理障碍相类似。提出这种观点的基础是，不仅犯罪行为符合精神病理现象的定义，而且有关的经

---

① Andrews D A, James B. The Psychology of Criminal Conduct, 3rd ed[M]. OH: Anderson Publishing Co, 2003: 113-114.

② 刘邦惠. 犯罪心理学[M]. 北京：科学出版社，2004.

验性资料也表明，犯罪人与非犯罪人在生物、心理和社会变量方面是有差异的。

雷恩结合以往的研究，认为许多社会因素和生物因素会促使个人进行犯罪行为。将这个观点与犯罪行为符合有关障碍的许多定义的事实相结合起来，就可以得出这样的结论：有充分的证据直接证实“犯罪是一种障碍”。既然犯罪是一种障碍，那么就应该像研究障碍和疾病一样研究犯罪，对犯罪行为进行多学科的研究；就应该像对待患者和病人一样对待犯罪人。因此，犯罪即障碍理论使得犯罪心理矫治不仅仅着眼于对产生犯罪行为的相关犯罪心理的治疗与矫正，而且还应对犯罪人的心理健康相关的心理疾病进行心理咨询和心理治疗。即现今的犯罪心理矫治也基本上划分为两种类型：一是罪犯犯罪心理矫治，是在掌握罪犯犯罪心理结构特征的基础上，运用常规矫正手段，促使罪犯犯罪心理结构向良性方向转化，使其在出狱后能自觉抑制不良的心理冲动，成为守法公民。这种类型强调犯罪行为的停止。二是罪犯心理治疗，是指由专门的心理医生，通过对罪犯人格特质、心理障碍的诊断，运用心理治疗的措施和方法，矫正心理障碍，使其能实现身心健康、重新适应社会生活。这种类型强调犯罪心理的转化和社会适应。①

二、青少年犯罪心理干预的研究

针对青少年犯罪干预的研究，国外已经形成了比较系统的研究体系，根据青少年犯罪类型的不同，或具体的犯罪成因的不同，所运用的干预理论与措施均有所不同。而国内对青少年犯罪干预的研究深度不够，具体的实证研究还很少，针对犯罪成因的具体干预措施也比较少，大多数是针对犯罪现象提出的一般对策和建议。但是无论是国内还是国外在这方面的研究，都已形成了比较明显的两个研究切入点，一是从犯罪成因入手，分析影响青少年犯罪的因素，

---

① 罗大华，李德，赵桂芬．犯罪心理学[M]．北京：北京师范大学出版社，2012：335.

以改变或减弱引起青少年犯罪的发展不利因素、增强保护性因素为目标，讨论与提出对青少年犯罪的干预理论与措施；二是从行为矫治的角度出发，以青少年的某种问题行为或者心理问题为具体治疗目标，通过对青少年罪犯进行心理矫治方法的探索，提出具体的青少年犯罪的干预措施。近五年来，越来越多的研究开始将两者结合起来，将原因干预与问题治疗结合起来，并越来越注意进行多种原因多种环境相结合的综合干预。下面按照这三种不同的研究视角对青少年犯罪干预研究分别予以介绍。

(一)以犯罪成因为视角的青少年犯罪干预研究

在以犯罪成因为视角的青少年犯罪干预研究中，根据青少年犯罪行为的主要引发原因，提出相应的干预的角度，主要分为五个维度：生物、个体经历、家庭、学校以及社会。

1. 生物维度

目前在青少年犯罪干预研究中，国内学者很少从生物学的角度进行研究，然而在国外从生物学角度进行研究曾经是主流，现在依然还有不少人在研究犯罪与人体生理之间的关系。

美国社会学家理查德·达格代尔通过所进行的一项有关退化家族的研究提出了“犯罪家族”的概念，并得出结论：犯罪首先是一种社会现象；每种犯罪都是本能和训练的产物，是个人因素与社会条件共同作用的产物。美国心理学家亨利·戈达德通过对犯罪人的智力测验研究提出了“低能理论”，并认为所有低能者都是潜在的罪犯，低能是由隐性基因造成的，隐形基因遵循正常遗传规则遗传，强调了遗传的作用。根据低能理论，Goddard① 曾提出通过选择性生育来消除低能，甚至提出在特定的机构拘留低能者，不允许他们生育的建议。然而奥地利犯罪学家阿道夫·伦茨指出遗传性是引起

① Goddard H H. Feeble-mindedness, Its Causes and Consequences[M]. New York: MacMillan Co, 1914: 558-567.

犯罪的必然原因，而非充分条件。①

国内学者舒洪水②根据现代犯罪生理学的理论提出，生物因素并不是犯罪的充分条件，因此对于青少年犯罪防控中，需要特别注意诱发犯罪的潜在环境因素，对其进行监控和改造。具体来说：首先，要关注犯罪人的子女这一高危人群，让社区、学校对其充当“第二监护人”的角色，从而让潜在的犯罪因素没有发挥功能的土壤；其次，加强对青少年中潜在犯罪者的引导与教育，让其通过理性认识自己，学会控制自己的情绪而避免犯罪，或者通过引导，让其旺盛的精力和潜在的攻击性发挥在合法的地方。

2. 个体经历维度

从个体经历维度研究青少年犯罪干预，国外学者在这方面做了很充足的研究，而国内主要停留于理论思考或者现象分析，很少有将个人经历维度直接作为研究对象进行研究。个体经历一般更多的是个体特殊的、可能会对个体发展带来不良影响的生活事件，比如创伤性经历、虐待等，但是也有一些会研究广泛的、一般性的个体生活事件，比如学前教育。

Heide 和 Solomon③ 在结合儿童发展神经生理学在心灵创伤方面的新研究以及儿童虐待造成影响的新认识的基础上，提出青少年过去的创伤性经历会对未来的犯罪行为有影响，并认为创伤性经历不仅会阻碍青少年正常地成长，而且时常会影响着大脑以及神经系统的生理上的变化。他们认为 EMDR（眼动心身重建法）是一种有效的治疗方法，并希望社会引导和教育人们意识到药物滥用以及忽略儿童将会给青少年发展带来的消极影响，希望社会给予青少年更多的关注，以帮助他们更好地成长。Heide 和 Solomon 在后来的对

① ［英］Blackburn R. 犯罪行为心理学——理论、研究和实践［M］. 吴宗宪，刘邦惠，等，译. 北京：中国轻工业出版社，2000.

② 舒洪水 . 现代犯罪生理学理论与青少年犯罪防控［J］. 青少年犯罪问题，2008(3)：75-76.

③ Heide K M, Solomon E P. Female juvenile murderers: Biological and psychological dynamics leading to homicide［J］. International Journal of Law and Psychiatry, 2009, 32(4): 244-252.

女青少年杀人犯的研究中，提到青少年犯早期儿童经历以及个人依恋的发展，压力事件的应对方式对未来青少年犯罪行为的出现有重要作用。这就提出了良好家庭环境的创造以及父母的关注对于干预青少年未来犯罪行为有着重要的意义。Reynolds，Temple，Suh-Ruu① 使用一个正在进行的 20 年追踪调查的数据，基于学校的儿童—家长中心对 1500 个儿童进行的早期干预研究，测量了认知和非认知技能与学生学前干预、高中学业完成、最高学历完成和未成年期的监禁生活的相关性，并在研究中得出结论：青少年学龄前的教育参与程度与其未来犯罪率存在负相关，即在学龄前就获得较多的教育，包括父母教育和幼儿园的学校教育，有助于儿童的社会适应，从而减少犯罪。

青少年犯罪干预在个体经历维度的研究更多的是提及青少年过去的创伤性经历对其未来犯罪行为产生的影响，并提出对具有创伤性经历的青少年进行心理治疗，希望给予青少年更多的关注。国内在这一方面的研究比较滞后，尚缺乏对具有创伤性经历的青少年进行心理治疗的本土化研究。

3. 家庭维度

从家庭维度研究青少年犯罪干预问题，这在国内和国外都比较多。家庭作为青少年成长的第一环境，它在青少年的成长中起着重要的作用，从家庭维度入手，可以在揭示家庭中的各种因素对青少年犯罪的影响的同时，发现对青少年犯罪进行干预的切入点。已有的研究主要从家庭环境、父母监控、父母教养方式等方面寻找影响青少年犯罪的家庭因素，并提出相应的需要干预改变的内容。

Leflore② 和 Bischof③ 分别采用 Moos 的家庭环境量表考察了犯

① Reynolds A J，Temple J A，Ou Suh-Ruu. Preschool education，educational attainment，and crime prevention：Contributions of cognitive and non-cognitive skills [J]. Children and Youth Services Review，2010：1-10.

② LeFlore L. Delinquent youths and family[J]. Adolescence，1988，23(91)：629-642.

③ Bischof G P，Stith S M，Whitney M L. Family environments of adolescent sex offenders and other juvenile delinquents[J]. Adolescence，1995，30(117)：157-171.

罪青少年与普通青少年家庭氛围的差异，发现二者对家庭氛围的感知在“亲密、情感表达、矛盾、独立、文化、娱乐、控制”等因子上存在显著差异，在成功、道德观、组织性等因子上差异并不显著。吴宁等比较狱中青少年得分与全国常模后发现了类似的结果(罗大华，2003)①，Lober 等在对 40 篇文献的系统综述中发现，33 篇显示家庭环境与青少年犯罪行为在统计学上存在显著正相关，同时，来自单亲或继父母家庭的儿童往往由于社会化水平低而较易犯罪②。直接的家庭治疗是以调整家庭关系为预防和矫正目标，通过家庭行为干预，一般具体策略是训练问题解决技能，例如，通过行为重复和社会强化教给父母亲子协商技能，由给予和接受积极或消极反馈来教给父母相互交流的技能。

家庭维度中父母监控和父母教养方式都会对青少年犯罪行为的产生具有深刻影响。DiClemente 等③、Beck 等④、Unnever 等⑤分别发现，父母监控程度越高，青少年的危险行为(如性行为、吸毒)和犯罪行为就越少，提出在进行青少年犯罪干预时要加强父母对其的监控程度。国内学者屈智勇和邹泓⑥根据研究得出随着父母监控水平的升高，青少年出现违法犯罪行为的可能性逐渐减小；父

---

① 罗大华，何为民．犯罪心理学[M]．杭州：浙江教育出版社，2002：56-68.

② 蒋索，何姗姗，邹泓．家庭因素与青少年犯罪的关系研究述评[J]．心理科学进展，2006，14(3)：394-400.

③ Crosby R A, DiClemente R J, Wingood G M. Infrequent parental monitoring predicts sexually transmitted infections among low-income[J]. African American female adolescents. Archives of pediatrics & adolescent medicine, 2003, 157(2): 169-173.

④ Beck K H, Boyle J R, Boekeloo B O. Parental monitoring and adolescent alcohol risk in a clinic population[J]. American Journal of Health Behavior, 2003, 27(2): 108-115.

⑤ Unnever J D, Francis T C, Travis C P. Parental management, ADHD, and delinquent involvement: Reassessing Gottfredson and Hirschi's general theory[J]. Justice Quarterly, 2003, 20(3): 471-500.

⑥ 屈智勇，邹泓．青少年违法犯罪行为的基本特点及发展轨迹研究[J]．中国青年研究，2007 (1)：38-41.

母对孩子的行为、交往和生活越了解，越能预见孩子的思想和行为发展，就能把孩子的思想、行为维持在正常的轨道之中；自我控制对家庭氛围有显著的中介作用。他们提出了在未来的研究中要寻找影响青少年犯罪的“关键变量”如低自我控制，以便发现更具有操作性的干预方法。并且指出父母监控具有十分现实的意义，加强父母对青少年的了解与沟通可以很好地干预青少年犯罪行为。刘玲玲和毛健玲①通过对犯罪青少年与普通青少年的对照研究发现，父母的受教育程度、父亲职业、父母婚姻关系、父母是否健在等因素是影响家庭养育方式的重要原因；青少年走上犯罪道路与父母不良的教养方式有着直接的关系，而不良的教养方式突出表现在惩罚严厉、过分干涉和保护、拒绝、否认等方面。基于这些研究结果，提出了父母管理训练和系统家庭行为疗法。父母管理训练集中训练父母辨别越轨行为，并训练父母根据社会学习原则有区别地奖励正常行为，训练父母通过模仿和角色扮演成为行为矫正者。② 系统家庭行为疗法也叫做功能家庭疗法，将青少年问题行为看做家庭交流功能失调的结果，通过模仿、激励、强化清楚而和谐的交流，改变防御性和难以理解的相互作用，使得少年犯罪者的家庭成为更有效的问题解决者，家庭交流模式接近于支持家庭的交流模式。

对于已经入狱的青少年罪犯，家庭干预中的参与也很重要。Chassin，Knight，Vargas-Chanes，Losoya 和 Naranjo③ 通过对药品滥用的青少年犯罪者的干预研究提出，家庭的卷入以及治疗时间的长短会给治疗的效果带来影响，并提出建议，希望政府能增加干预投入，增加对青少年犯罪干预的心理治疗，希望给予青少年犯罪者长期安全的治疗，并鼓励家庭成员加入干预之中。不仅如此，Mathys

① 刘玲玲，毛健玲．犯罪青少年心理健康状况与父母教养方式的关系[J]．中国学校卫生，2007（9）：799-800.

② ［英］Blackburn R. 犯罪行为心理学——理论、研究和实践[M]．吴宗宪，刘邦惠，等，译．北京：中国轻工业出版社，2000.

③ Chassin L，Knight G P，Vargas-chanes D，et al. Substance use treatment outcomes in a sample of male serious juvenile offenders[J]．Journal of Substance Abuse Treatment，2009，36(2)：183-194.

Cécile 和 Michel Born① 在对以往青少年犯罪干预措施的医源性影响的研究中指出，青少年犯罪行为的影响因素包括：朋友、家庭依恋、人格，而且青少年干预中不仅需要家庭的参与，也可以让青少年罪犯和没有犯罪的青少年进行交流。

还有研究者根据生态系统理论，提出自己的模型。王海英②根据自己的研究，在借鉴国外研究的基础上，运用社会心理学、青少年心理学、犯罪心理学和心理健康的基本理论和方法，提出犯罪青少年心理健康发展的家庭生态系统模型的构想(如图 9.1 所示)。该模型明确了家庭对青少年犯罪行为的影响，同时强调了亲子关系和亲子沟通在干预中的重要作用，提出了多种措施，以改善亲子关系、加强与青少年的沟通、改善家庭环境、提高父母的受教育水平以及育人水平，从而减少青少年犯罪行为的发生。

4. 学校维度

学校是除了家庭以外，青少年最重要的活动场所。学校对青少年形成良好的价值观、人生观有重要的作用。众多学者分析了当今学校重智育轻德育的现象，并提出了一些例如加强德育、提高教师素质等干预措施。同伴虽然是独立于学校、对于青少年犯罪具有重要影响的因素，但是以同伴关系为干预目标的青少年犯罪干预研究常常在学校环境下实施，甚至与学校教育相结合，因此，同伴干预研究也放在这里介绍。

袁建勤、张利华、王珍③在进行大学生违法犯罪的心理成因分析的基础上，提出的有关学校干预对策如下：(1)积极构建大学生违法犯罪心理危机预防机制；(2)早期诊断、早期发现、早期介入；(3)努力提供心理支持系统；(4)加强自我意识的教育。研究

---

① Mathys Cécile, Michel Born. Intervention in juvenile delinquency: Danger of iatrogenic effects [J]. Children and Youth Services Review, 2009, 31(12): 1217-1221.

② 王海英. 犯罪青少年心理健康的家庭生态系统研究[D]. 长春：吉林大学，2007.

③ 袁建勤，张利华，王珍. 高校大学生违法犯罪心理成因透视及干预思考[J]. 江西公安专科学校学报，2008(5)：103-106.

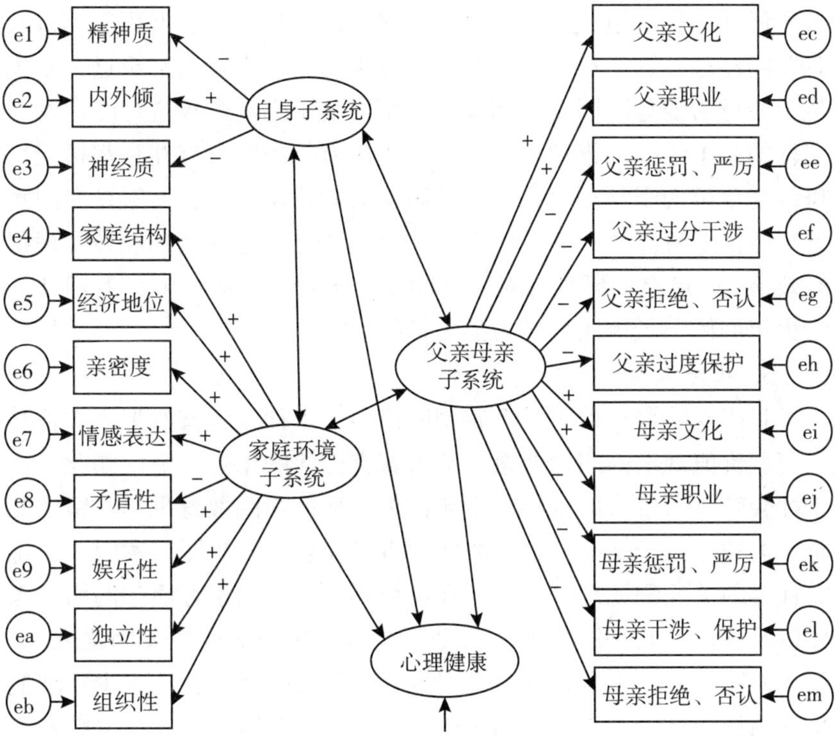

图 9.1

者大部分从宏观上寻求在学校方面对减少青少年犯罪行为进行干预，而除此之外，近几年的一些研究成果也让人看到了卓有成效的新的干预方法，姜敏敏、张积家①在结合社会规范理论、使用社会规范干预校园不良行为的实践以及新出现的社会规范干预模型的论述中，提出大量研究表明，学生常过高估计校园中不良行为的社会规范，这种社会规范的错误知觉与不良行为发生有直接关系，并提出了运用社会规范方法对校园不良行为进行干预，并认为其不失为一种好的干预措施。

---

① 姜敏敏，张积家．校园不良行为干预的新途径——社会规范方法及其应用[J]. 中国特殊教育，2008(2)：66-72.

有研究认为，处于低社会经济地位地区的学校本身是高危学校，低社会经济地位地区会伴随着父母的不良监控、严厉教养以及犯罪同伴等，这些都是引发儿童和青少年高暴力行为甚至进一步发生犯罪行为的危险因素。因此，特别以此类高危学校进行专门的普遍性的基于学校的干预项目，学校里所有年级的所有儿童都接受以班级为单位的干预项目，旨在预防暴力和攻击行为，而不是专门将某一些孩子特意拉出去单独训练，这类研究因为其基础性被发现很有效果。① 还有些研究针对不良同伴对于青少年的影响，专门加入青少年群体中抵御同伴压力能力训练。②

5. 社会维度

我国现阶段正处于社会转型阶段，由于社会转型所带来的各种道德、价值观上的问题严重地冲击着青少年的思想，不仅如此，由于社会转型所带来的各种青少年群体，如社会闲散青少年、留守儿童、进城务工子女等，这些群体中也存在着许多犯罪诱发因素，急需社会的关注和管理。首先，在社会环境影响因素方面，网络、媒体以及各种公共场所均被认为是影响青少年犯罪的主要因素之一，那么相应的社会干预措施就是对这些领域加强管理，给青少年创造良好的社会环境。李丹、周志宏③在对近二十年来国外有关影响青少年攻击性的暴力因素的研究进行梳理时，认为由于媒体的因素，造成青少年出现更多的攻击性行为，并且提出干预攻击性行为的两种行之有效的干预策略：认知干预和阅读干预。在国外的研究中发现，青少年的攻击性行为或多或少与其犯罪行为有联系。

---

① Hahn R, Dahlberg L L, Wilson S J, Lipsey M W. Effectiveness of universal school-based programs to prevent violent and aggressive behavior: A systematic review [J]. American Journal of Preventive Medicine, 2007, 22(2): 114-129.

② Webster-stratton C, Reid M J, Stoolmiller M. Preventing conduct problems and improving school readiness: Evaluation of the Incredible Years Teacher and Child Training Programs in high-risk schools [J]. The Journal of Child Psychology and Psychiatry, 2008, 49(5): 471-488.

③ 李丹，周志宏．青少年攻击性的媒体影响因素及干预技术[J]. 外国中小学教育，2008 (2): 19-23.

其次在特殊社会群体的犯罪行为方面，已有研究者关注到社会宏观机构的调整，并提出了一些政策性建议。但是关于这方面的研究还是较少，而且现有的研究也缺乏深度。在留守儿童犯罪方面，裴小梅①针对“留守儿童”问题和犯罪现状，提出要从制度、法律上去保障留守儿童的正当权益，然后通过基层的工作积极引导留守儿童的成长，社会应该给予留守儿童更多的关注；在社会闲散青少年犯罪方面，国内对这方面的认识比较统一，均希望通过加强对社会闲散青少年的管理，建立以社区为单位的干预机制来干预。而对于进城务工的民工子女犯罪问题，研究者关注比较少，提出的干预措施也是宏观方面。

在具体的社区水平上，很多研究者提出了基于社区的青少年犯罪预防项目，比如有针对犯罪危险青少年的放学后项目和社区监管活动，还有针对已有犯罪行为的青少年的社区矫正。

(二)以行为矫治为视角的青少年犯罪干预研究

在国内，以行为矫治为视角进行的青少年犯罪干预研究相对国外要少得多，虽然国内也有学者开始在借鉴国外研究成果的基础上进行本土化研究，但是依然没有形成系统的研究。因此，下面将重点介绍国外在这一方面的研究成果。

关于青少年犯罪干预的行为矫治方面，有三种具体的行为矫治方法得到国内外研究者的高度认同和广泛运用：认知行为疗法(cognitive-behavioural therapy，CBT)、眼动心身重建法(Eye Movement Desensitization and Reprocessing，EMDR)以及团体心理咨询。这些方法被稍加改造，运用于各种针对具体的心理问题、行为问题的矫治，被认为具有良好的效果。例如，以改变社会认知加工过程为目标，让儿童获得积极自我概念从而产生较少攻击行为的认知行为疗法。

① 裴小梅．“留守儿童”犯罪的社会干预——“留守儿童”犯罪引发的思考[J]．河南师范大学学报(哲学社会科学版)，2008，35(2)：128-131.

1. 认知行为疗法

认知行为疗法是以美国心理学家贝克于1976年建立的认知治疗技术为基础，由认知理论和行为治疗相互吸纳、相互补充形成的系统心理治疗方法。① 认知理论认为，认知过程是由情绪与行为共同决定的，人们可以通过改变人的认知过程来改变人的观念，进而调整其情绪与行为。行为疗法认为，行为是习得来的，因此可以通过一些实际的操作方法来消退、抑制、改变和替代原来的不良行为。认知行为治疗方法结合了两者的观点，它认为，认知过程决定着行为的产生，同时行为的改变也可以影响认知的过程。因此，认知行为治疗方法就是要通过矫正技术帮助个体识别和挑战他们不合理的认知观念，并时刻把认知矫正与行为矫正联系起来，努力在两者之间建立一种良性循环，建构更具有适应性的信念体系，从而使原来的不良症状减轻、消失。

认知行为疗法的治疗模式一般有以下几个阶段：(1)情绪体验：让个体在充分表达自己情绪的基础上学习识别自己的情绪；(2)认知建构：让个体知道自己的情绪问题是源于自己的认知建构方式，帮助他们认识自己的认知模式，正确理解认知和情绪行为的关系，让他们系统地、渐进地学习构筑一个积极的认知概念；(3)行为训练：进行理性情绪想象练习、瓦解羞愧练习、角色扮演、全身放松训练等活动；(4)反馈调整：结束后，要求个体分享其收获与感受。②

以个体治疗为基础的认知行为疗法，都是为了满足儿童的特定需要，提高某种社会认知能力。有效的项目成分和策略一般会包括这样一些内容：意图归因再训练，观点采择，情绪觉察，生气管理，积极自我知觉，目标设定，产生攻击行为的亲社会替代行为，以及问题解决技巧等。

---

① [美]贝克. 认知疗法：基础与应用[M]. 翟书涛，等，译. 北京：中国轻工业出版社，2001.

② 许若兰. 论认知行为疗法的理论研究及应用[J]. 成都理工大学学报(社会科学版)，2006，14(4)：63-66.

在 Barrett，Byford，Chitsabesan 和 Kenning① 的研究中发现，使用认知行为疗法进行心理治疗的小组相对于正常治疗小组与无任何干预小组，其表现出的消极反应明显下降。Beek 和 Fernandes② 在认知行为疗法的综述中，在对 50 个一般规律研究、1640 个被试进行元分析的基础上得出结论：认知行为疗法总的平均加权检验力为 0.70，显示出中等的治疗效果。而且 Hoge，Migdole，Desai，Goulet，Robbins 和 Chapman③ 提出以认知行为疗法为基础的干预方法对于青少年犯罪系统来说是一种相当不错的干预措施。

国内学者吴雯④在借鉴国外的研究成果的基础上，采用完全随机实验组控制组前测验后测验设计，从参与前测筛选的 97 名男性青少年犯中筛选出 14 名男性青少年犯作为研究对象，将其分为愤怒干预组和等待控制组而进行认知行为团体干预研究，并发现，认知行为团体方法能够有效地帮助高愤怒特质男性青少年罪犯控制愤怒情绪，该干预方法具有可行性和可操作性，同时也需要在应用中进一步修改和完善。

2. 眼动心身重建法

眼动心身重建法，即 EMDR，产生于 1987 年，创始人是美国哲学博士夏皮诺(Franeine Shapiro)，是应用于心理创伤的一种心理治疗方法，它通过眼球运动来减轻心理症状，达到治疗目的。

EMDR 的操作治疗过程一般分 8 个步骤：(1)了解病史：包括弄清应激事件、主要症状及现在的问题。(2)准备阶段：介绍治疗

---

① Barrett B，Byford S，Chitsabesan P. Mental health provision for youngoffenders：Service use and cost[J]. British Journal of Psychiatry，2006(188)：541-546.

② Beek R，Femandes E. Cognitive behavioral therapy in the treatment of anger：A Meta-analysis[J]. Cognitive and Research，1998，22(1)：63-74.

③ Desai R A，Goulet J L，Robbins J，Chapman J F，Migdole S，Hoge M A. Mental health care in juvenile detention facilities：A review[J]. Journal of the American Academy of Psychiatry and the Law，2006，34(2)：204-214.

④ 吴雯. 对高愤怒特质男性青少年犯的认知行为团体干预研究[D]. 北京：首都师范大学，2008.

原理及治疗目标，使个体树立信心。对应激事件及个体的体验、态度进行回忆性描述。(3)认知分析评价，包括找出对创伤事件的非理性认知，提出积极合理的认知。(4)动眼脱敏：在特定的心理状态下，治疗师引导个体做眼动并根据患者的反应、疗效等进行必要的眼动方向、速度变化或重复。(5)控制(安置)阶段：根据个体的反馈信息和主观不适度、认知效度值的变化继续通过眼动调整和控制，这是认知和重建的过程，结果将使得认知效度值上升。(6)身体扫描阶段：在安置的基础上让个体闭目"检查"全身各部位的感受，检查是否存在不适感。(7)关闭阶段：告诉患者治疗将结束，解答患者的疑问，并要求患者做治疗后记录。(8)再评价(治疗)阶段：对需要进一步治疗者，针对遗留的或是新的问题，开始另一次的眼动治疗。①②

Heide 和 Solomo③ 在研究中提出，心灵的创伤会对犯罪行为有促进作用，提到犯罪青少年早期儿童经历以及个人依恋的发展，适应压力事件的方式以及是否有过被虐待或者被忽视的儿童经历对他们的行为会产生影响，并且认为对于那些有创伤性记忆的青少年来说，EMDR 是一个不错的心理治疗方法。在 Servan-Schreiber④ 和 Shapiro ⑤的综述研究中发现，至少有 14 个实证研究支持 EMDR 的效果。

---

① 郑宁．眼动脱敏治疗(EMDR)的应用[J]．中国心理卫生杂志，1997，11(4)：249.

② 范红霞，王援朝．EMDR 心理治疗——治疗抑郁与创伤的新方法[J]．中国临床心理学杂志，1996，4(2)：99-100.

③ Heide K M, Solomon E P. Female juvenile murderers: Biological and psychological dynamics leadingto homicide [J]. International Journal of Law and Psychiatry, 2009, 32(4): 244-252.

④ Servan-Schreiber D. Eye Movement Desensitization and Reprocessing: Is psychiatry missing the point[J]. Pyschiatric Times, 2000(17): 36-40.

⑤ Shapiro. Eye Movement Desensitization and Reprocessing (EMDR) and the anxiety disorders: Clinical and research implications of an integrated psychotherapy treatment[J]. Journal of Anxiety Disorders, 1999, 13(1-2): 35-67.

3. 团体心理咨询

团体心理咨询是相对一对一的个体心理咨询而言的。顾名思义，它是一种在团体情境下提供心理帮助与指导的一种咨询形式，即由咨询员根据求询者问题的相似性安排或求询者自发组成课题小组，通过共同商讨、训练、引导，解决成员共同的发展或共有的心理问题。国外大约从 20 世纪 40 年代开始，团体心理矫治逐渐在刑事司法系统中得到应用，成为解决罪犯中存在的心理社会问题的一种有效方法。

Goldstein 和 Glick① 以攻击训练对 60 位有攻击倾向之犯罪青少年进行辅导，60 人被分为三组，第一组 24 人参加攻击替代训练，第二组 24 人接受信念教导，余下 12 人则为控制组。研究结果显示，第一组受试在社会行为及自我控制力上均高于第二组及控制组，且具长期辅导效果。新西兰的暴力预防计划（Violence Prevention Project，VPP），被试每周要参加超过 40 个小时的、结构化的标准团体治疗，包括愤怒管理以及改变对暴力、沟通、关系和抚养技能的态度，社会问题解决，酒精和药物干预以及教授文化和礼节。结果发现，治疗组在一般犯罪的定罪上有中度的减少，而在暴力行为的定罪上有很大的减少，在控制组中，这 2 个指标都只有很少的减少。

冀云②在参考了国外团体心理治疗的研究成果的基础上，首先通过对暴力型未成年犯攻击性与社交焦虑、自我控制、观点采择和移情的相关分析，来研究其攻击性的相关因素，这为后来团体训练的材料选取提供了参考。然后编制本土化的暴力型未成年犯的团体干预过程对有效被试进行团体干预，其团体干预过程包括：社交技巧训练、愤怒控制训练、道德教育、问题解决训练、同理心训练、情境知觉训练、应对压力训练、合作训练、观察学习、了解并利用

① Glick B，Goldstein A P. Aggression replacement training［J］. Journal of Counseling & Development，1987，65(7)：356-356.

② 冀云．对暴力型未成年犯攻击性的团体心理干预研究［D］. 沈阳：东北师范大学，2008.

团体历程。并且对被试进行了内隐与外显的攻击性的前后测。最后得出结论：团训后，学员在外显攻击的身体攻击、口头攻击 2 个因子上有显著降低，在自我控制、观点采择和移情上有显著提高，而在内隐攻击、愤怒、敌对、社交焦虑方面没有显著差异。

（三）犯罪成因与行为矫治相结合的综合性干预研究

随着近些年来青少年犯罪干预研究的迅速发展，研究设计越来越精细，不但重视干预效果的提升，而且重视作用的关键机制和原由。以行为矫治为视角的干预研究大多是一种旨在减少儿童青少年外化问题行为的效力试验（efficacy trials），干预效果是在理想环境下检验的，例如，高度控制的环境、小心的选择的个体组成的群体。最近，越来越多的研究关注真实环境下的有效性试验（effectiveness trials），由常规的服务机构的职员提供干预，干预背景发生在儿童青少年日常生活的环境，例如家庭、学校班级。因此，研究者开始将针对具体的行为矫治的干预研究与针对预防或者改善引发犯罪的危险环境因素相结合，甚至将多个干预对象结合起来，例如父母、老师和儿童，或者将多种干预背景相结合，例如家庭、学校和同伴，并且研究认为，跨背景的干预会使得儿童的行为改变能得到更好的泛化和保持。

Stoltz，Dekovic 和 Van Londen① 以认知行为干预和养育行为改变干预相结合进行综合干预，以预防在高危小学中的儿童的外化问题行为。在该研究中，干预训练是个别化的针对有潜在问题的儿童，通过系列认知行为训练而达到对儿童的直接改变，例如，积极而现实的自我知觉、积极思考、敌意归因、冲动抑制、亲社会行为替代训练等，同时，让父母卷入训练中，例如，训练开始前的干预设计，每次训练结束后让父母书面知晓孩子的训练内容并与孩子一起在生活中实践新学习的技能，这样达到改变父母养育的间接目

① Stoltz S，Dekovic M，Van Londen M. What works for whom，how and under what circumstances? Testing moderated mediation of intervention effects on externalizing behavior in children[J]. Social Development，2013，22(2)：406-425.

的。结果发现，以认知行为干预导致的积极自我知觉，养育行为改变导致的母亲卷入的确是干预的工作机制，这两者中介了干预训练对儿童攻击行为的影响作用。相似地，在荷兰提出的应对能力项目，对具有破坏性行为的儿童提供了认知行为干预，也对其父母进行了行为干预。①

针对具有问题行为的儿童，Webster-Stratton 等在美国首先发展了对其父母进行基于视频录像的行为养育干预法，② 后来又加入了同时针对儿童进行的部分，最近，又在该项目中加入了训练教师改善班级管理的内容。③

在家庭干预中也针对不同的家庭需要，进一步提出了不同强度水平的家庭干预研究。例如，在澳大利亚发展的 3P 项目，包括了三种不同水平的养育项目。④ 对于一般性的支持，有自我管理的干预，给予录像带和工作手册。标准化的 3P，则包括由受过训练的执业师发展针对父母的群体训练。对于有更大需要的家庭，提升版则给予更高强度的支持，解决父母的问题，以及帮助处理压力、婚姻关系等问题。

---

① Zonnevylle-Bender M J S, Matthys W, van de Wiel N M H, Lochman J E. Preventive effects of treatment of disruptive behavior disorder in middle childhood on substance use and delinquent behavior[J]. Journal of the American Academy of Child and Adolescent Psychiatry, 2007, 6(1): 33-39.

② Webster-stratton C, Hollinsworth T, Kolpacoff M. The long-term effectiveness and clinical significance of three cost-effective training programs for families with conduct-problem children[J]. Journal of Consulting and Clinical Psychology, 1989, 57(4): 550-553.

③ Foster E M, Olchowski A E, Webster-stratton C H. Is stacking intervention components cost-effective? An analysis of the Incredible Years program[J]. Journal of the American Academy of Child and Adolescent Psychiatry, 2007, 46(11): 1414-1425.

④ Sanders M R, Bor W, Morawska A. Maintenance of treatment gains: A comparison of enhanced, standard, and self-directed Triple P-Positive Parenting Program[J]. Journal of Abnormal Child Psychology, 2007, 35(6): 983-998.

三、我国青少年犯罪心理干预的综合体系

(一)从犯罪心理的宏观成因角度建设多向整合的干预体系

想要切实有效的预防和减少青少年犯罪，需要建设多向整合的干预体系，注意以下两个方面的结合。

1. 根本性预防和次级预防相结合

根本性预防(primary prevention)是针对所有青少年，对某一个系统或者机构中的全部青少年都实施一样的干预服务。例如，给社区里的孩子都提供暑期活动。次级预防(secondary prevention)是指向于被认为具有犯罪危险性的儿童或者家庭。大多数干预研究都是一种次级预防。但是现在研究者开始注意到为了防止只是针对特别儿童或家庭干预而产生的标签效应，也为了使得所有有潜在危险的儿童的犯罪可能性得到及早的抑制，根本性预防显得更为重要。而且，两者并不是相互排斥的，可以将两者整合起来，形成多层次的服务以满足不同的需要，解决不同水平的问题。而在我国，很多青少年犯罪的起因并不仅仅是青少年个体的生物、个性等因素，或者是个别家庭教养、家庭环境等的不良因素而造成的，而是整个社会变革下，传统规范的轻视、人际纽带的弱化、对于金钱的过度追求等带来了普遍性的家庭问题，在片面重视学习成绩的学校教育背景下，也会带来学习不良儿童的正常社会化偏离，这些都突出了根本性预防的重要性，需要在学校、家庭、社区进行普遍的根本性预防项目。

2. 成因预防与心理矫治相结合

从犯罪成因入手的青少年犯罪干预一般重视对于易于引发犯罪的环境的改变，比较重视相对宏观的社会环境，通过促进保护性因素减弱危险因素来达到预防和减弱不良行为的目的，而着重犯罪心理矫治的干预研究一般强调青少年个体心理与行为塑造，通过直接的行为改变机制来达到减弱不良行为的目的，两者都忽略了青少年个体在其中的心理需求的满足，即从社会心理互动的角度考察行为

的意义，通过从动机满足的角度来达到犯罪行为的消除或者替代。较为宏观的成因预防研究和较为微观的心理矫治干预研究需要结合起来，通过注意青少年个体心理需求的满足，进行全面的干预研究，这样也有助于发现干预有效性的真正成分和有效心理机制。

并且在考虑犯罪成因的环境因素时，要进行多成因多背景的综合干预，以强化犯罪行为干预的效果。注意将环境因素与个体因素相结合考虑，对于具有不同个体特征的个体进行不同的心理干预。

（二）基于青少年心理需求的多向综合干预体系的具体措施

基于已有的干预研究和前面本研究中关于青少年不良同伴群体交往中的社会心理动力，启示我们需要从以下几个方面进行综合干预，建设基于青少年心理需求的多向综合干预体系。在犯罪预防的背景方面，需要将学校、家庭、社区相结合，对其同时进行一般性的根本预防，以及对犯罪危险性青少年、家庭进行次级预防，并注意针对有特别个性特征的青少年给予不同的干预，在所有干预中都注意满足青少年的社会心理需求。

1. 学校教育观念的转变是青少年犯罪预防工作的首要环节

本研究的重要发现是大多数青少年犯罪是声望表达性行为，是为了表明自己的偏差群体同一性身份，与传统的社会群体形成对抗，这其实是一种主动的消极选择行为，是源自传统的社会生活方式尤其是学校教育，未能满足其内在需求，局限了其个人目标的发展。因此，本研究结果启示，学校教育系统是青少年犯罪预防工作中最重要的环节。学校教育应当转变以学业成绩为唯一衡量学生标准的教育观，真正做到以学生健康人格发展为本。因此，需要在学校中进行一般性的根本预防项目。让学校改变“知识”教育的身份角色和强制性的权威角色，实施“育人”教育，注重对孩子的关爱与尊重，满足孩子的学校归属需要和被尊重、被赏识的需要，这是青少年犯罪预防工作的首要而根本的环节。

学校不应当以一种权威者的面目出现，不能让学生感到学校是在将生活规则、社会规范强加于自身，而是要采取一种人本主义的教育观念，使得每个学生都感到自己是受重视的，自己与学校是平等的，学校完全是为自己的成长负责的，从而减少青少年将学校视为对立的权威进行反叛的可能性，减少对于偏差群体的认同，主动自愿地保持与学校等成人社会的一致。本研究的访谈以及其他研究①都发现，青少年犯罪有很大一部分是从逃学开始的，这说明了学校是引起青少年的厌恶，让青少年想要逃离或对抗，从而走向犯罪的一个重要源头。从本研究的访谈可见，逃学的具体原因又有扰乱学校纪律、对抗教师和学习不良等主要原因。对于前两种原因，都需要学校教育的实施者——教师持有尊重的教育观念，用尊重的方式进行日常教育活动。有研究者②采用了班级心理辅导的方式进行了以旨在提高中学生的自我控制能力的纪律训练干预研究，结果发现，干预成功的最关键因素是组织训练的团体辅导员——班主任教师能够真正做到“尊重”，是教师真实的尊重，让学生感受到自己的重要性和价值，减轻了学生在初中阶段日益膨胀的自我意识和孤独感，释放出积极的学习能量。同时，张春妹等③对小学生尊重行为习惯培养的研究也发现，学生感受到周围环境的尊重并能够尊重他人有助于抑制四年级开始出现的文明礼貌行为减少的趋势，增加理解欣赏等亲社会行为，并明显增进师生关系和学生的学习竞争气氛。本研究的访谈也发现，那些逃学的孩子也曾经有过想好好学习的念头，但是都提到了老师没有注意到自己的变化，对自己不重视，甚至是不信任，从而造成了不同程度的负面影响。因此，学校教师应采取人本主义的观念，以尊重的方式，给予所有学生平等重视，对其变化和需求敏感关注，将会极大地减少青少年偏差行为，使得青少年愿意维持自己的传统群体身份。

在以尊重的教育方式给予每个孩子关注和重视的基础之上，学校教育系统还应当寻求多样化的方式满足青少年的自尊需求，摈弃

---

① 屈智勇．青少年犯罪：发展轨迹及家庭因素、价值观和自我控制的作用[D]．北京：北京师范大学，2005.

② 王桂平．初中学生在学校纪律情景中自我控制的心理机制及培养[D]．北京：北京师范大学，2005.

③ 张春妹，向小平．小学儿童尊重行为的培养研究[M]//邹泓，孙云晓．良好习惯缔造健康人格．北京：北京出版社，2006.

以学习成绩为评价学生的唯一标准的教育模式和教育观念，让学业成绩不再是学生自尊的唯一来源，从而使得每个学生都能在学校系统下感受到自己独有、被他人赞赏的而又非偏差的特点，找到自己在学校中独有的位置，因而乐意融入学校系统，继续参与学校教育。当然，这也需要整个社会提供多种成功的途径，对青少年具有多样化的评价系统，使得青少年不会以学业为唯一目标，也就不容易产生个人目标缺失。而且，其他多样化领域内的成功给予青少年的自尊自豪感能让学生感到自己与学习好的同学是一样有面子的，这也将有利于学习不好的学生将自豪感迁移到学习上，乐意为学习努力付出，并最终能够提高学业成就。这同样需要整个教育系统和教师在教育观念上去掉功利主义，不能仅仅以传授知识和提高学业成绩的短期目标为唯一责任，而应真正地关怀每个孩子，以育人为根本目的。从长远来看，也只有这样才能真正让每个孩子都能学到知识，并且让每个孩子都健康全面的成长。

在这一点上，张春妹等①对小学高年级学生进行的尊重行为习惯培养实验研究是一个典型的例子。该研究发现，在教师的带领下，班级内每个学生都相互发现并欣赏自己的优点和长处，在班级内被评选为朗诵、拉小提琴、心灵手巧等各种“今日之星”和“明日之星”，从而使得每个学生对自己都充满了自豪感，对他人都具有尊重感，最终该班级调皮捣蛋的现象没有了，同学关系和师生关系空前融洽，全班的学习成绩也都大幅度提高，到一个学年的实验结束之后，该班成绩由原来的全年级倒数变成了全年级第一，而且没有一个人的成绩属于落后生。可以看出，教师教育观念的一点点改变，对学生所付出的心血，会带来学生整个人生的巨大变化。

2. 家庭在减弱同伴的同质群体效应上负有重要责任

家庭是青少年犯罪干预的重心，也是青少年犯罪干预的重要承担者。对家庭成因可以进行分水平的不同强度的分层干预，一般性的根本预防可以教会所有家庭减少强制性教养，减弱青少年低自我

---

① 张春妹，向小平．小学儿童尊重行为的培养研究[M]//邹泓，孙云晓．良好习惯缔造健康人格. 北京：北京出版社，2006.

控制的可能性，对于有特别需要的家庭和危险家庭进行次级预防。同时，家庭也需要负担起对儿童同伴交往对象的监控作用，减弱不良同伴交往的影响。

本研究发现，青少年与同伴的过高卷入，组成了一个同质的群体，更容易激起群体内偏差行为，引起偏差群体同一性，从而强化偏差行为。这种高同伴卷入所带来的同伴同质性群体效应，需要成人更多的卷入，与青少年形成紧密的联系来产生"控制"作用，从而减弱偏差群体同一性，增强传统群体同一性。在这个过程中，家庭负有不可推卸的责任，它是孩子最重要的社会纽带和控制源，当家庭卷入过少，父母对孩子行为和价值的导向和约束作用就无法实现。因此，虽然青少年时期的孩子需要更多的同伴活动，但是父母们更需要注意对孩子的同伴活动予以关注，并注意尽量多与孩子在一起，相互沟通交流，与孩子建立紧密的联系。具体来说，父母养育行为需要注意以下几个方面，第一，对孩子的同伴活动以及不在父母身边时的活动状况都应该予以监控，并给予适当的限制，以增强父母在孩子心中的控制力量；第二，与孩子多进行情感沟通，建立亲子依恋，这样才能让父母控制更有效地发挥作用，在日常沟通中将传统社会规范传输给孩子，形成孩子内在的价值约束力；第三，多与孩子一起从事各种活动，共同度过课余闲暇时间，有利于减少孩子与同伴的过度卷入。

3. 社会急需建立社区服务体系保障弱势青少年的监护

社区应当承担起两种干预任务，一是提供对于所有社区青少年的根本性预防服务，协助家庭担当起青少年的第二监护人，提供放学后看管服务，利用假期组织社区中的青少年参与活动，从而减少青少年的无人监管现象，减少青少年从事偏差行为的机会，并且因为社区的共同参与作用，让青少年的犯罪行为难以实现，群体性的犯罪声望表达也难以实现，从而也能有效控制犯罪行为。第二，对于处于弱势的有特别需要的青少年，或者危险性青少年，提供基于社区的次级预防服务。在我国经济社会转型时期，很多父母外出打工，与孩子分离，从而导致孩子缺乏有效看管；还有些家庭结构残缺，部分青少年甚至会出现经济困难。这些青少年的社会支持尤其缺乏，社区应该担当起主要的责任。

本研究发现，财物支持对青少年偏差群体同一性具有重要作用，犯罪青少年来自同伴的财物支持更高，而且在访谈中发现，有一部分犯罪青少年的犯罪行为与家庭经济困难有很大的关系。他们有的因为家庭经济困难而难以继续上学，辍学之后去打工却因缺乏经验或者年龄太小等未能如愿，最后有的参与了绑架想“获得做生意的本钱”，更多的是参与了社会上混的团伙，认为跟着他们可以解决自己的生活问题，例如#4“我不想让我妈妈再养我，我想自食其力。起码天天一天三餐饭，我可以不吃，让我妈妈多吃一点。……我们家靠低保过日子，一个月才一两百块钱，她一个人，屋里还有电费水费都要交，我在家，两个人用总比一个人用要多点，我不想让妈妈再破费”。而#1 小学六年级时在外面自己找了洗车的工作，但是“有很多法院的、检察院的、公安局的人来洗车，天天说我是童工，小心罚款。把那女老板给吓着了，就要我回来了”。当然，这些孩子的家庭也都存在家庭结构残缺，或者家庭结构健全但是父母存在婚姻冲突等现象，因而造成了经济困难和对孩子监管不力等并发问题。家庭经济困难会通过多种途径影响青少年犯罪，这已得到许多研究证实。①②③ 因此，家庭经济水平比较低，或者是单亲家庭等因素造成了孩子缺乏正常的家庭照顾和监管、缺乏正常的教育，这样的孩子就是弱势青少年，他们的健康成长应该成为社会的公共责任。在这一点上，社区应该发挥早发现、早预防的作用，当这样的家庭和孩子出现时，承担起孩子的替代监护人的

---

① Eamon M K, Mulder C. Predicting antisocial behavior among latino young adolescents: an ecological systems analysis[J]. American Journal of Orthopsychiatry, 2005, 75(1): 117-127.

② Mistry R S, Vandewater E A, Huston A C, McLoyd V C. Economic well-being and children's social adjustment: The role of family process in an ethnically diverse low-income sample[J]. Child Development, 2002(73): 935-951.

③ Sampson R J, Laub J H. Urban poverty and the family context of delinqueccy: A new look at structure and process in a classic study[J]. Child Development, 1994(65): 523-540.

责任，保证孩子能够继续参加学校教育，享受到成人、社会的监管，获得适当的半工半读的机会。而社区的这种责任的落实需要社会一系列的政策、制度给予保障和监督。

4. *对冲动冒险性特质的青少年应当施以特殊化的教育和要求*

对于已经具有冲动冒险性特点的青少年来说，可能由于他们需要高水平的刺激唤醒而比较容易认同偏差行为生活风格，在传统的学习生活上却很难得到归属感和成就感。因此处于传统的学校教育模式下，无疑只会增加他们走向偏差行为、进行更多偏差同伴联系的可能性。对于这类比较特殊的孩子，应当给予特殊的教育和要求，不能强求他们与普通孩子一样安安静静地学习，注意给予其冒险性需求得到满足的机会，比如让他们学习滑冰、登山、竞技等适合于他们的冒险性性格的运动，从而减少偏差行为的发生，同时，学校和家长需要给予这类孩子较低的文化要求，并赏识他们的特殊才能。甚至可以考虑以个性特点为分班标准，对不同班级进行适于其个性特点的特殊化要求和教育方式，对偏差孩子进行人格的塑造教育。

5. *对具有较高非顺从声望的青少年应予以重点矫治*

已经具有了高非顺从声望的犯罪青少年，其犯罪行为往往更严重，对犯罪生活风格具有高认同，因此，需要对其进行认知转变、给予重点矫治，才能让他们真正重新做人。他们一般要么是累犯，或者是身边与其关系比较密切的人有犯罪史，他们将坐牢的经历看作其犯罪生涯中很正常甚至是获得更高的犯罪威望的一种必要经历，因此，这样的青少年往往难以像其他具有偏差群体同一性但是还没有高非顺从声望的青少年那样，通过送进未管所阻断了以往的不良同伴联系就比较容易产生后悔和反省的心理，他们回归社会之后，很容易再犯。另有一些青少年，虽然非顺从声望还不至于那样顽固，但是对于自己的偏差身份比较认同，希望维护自己的非顺从声望，因此也容易感受到同伴的问题行为压力，回归社会之后，会很容易受不良环境的影响而重新犯罪。对于这些犯罪青少年，未管所监管干警要有重点矫治的意识。首先通过了解其家庭情况、与其谈话等方式识别出其心理特点，然后帮助他们重塑新的适应正常社会的人生定位和目标，并教给他们抵御同伴压力的意识和技巧、适应正常社会生活的工作技能等，从而有利于其良好的回归社会，防止复发。

参 考 文 献

[1]安秋玲，王小惠. 班级内青少年非正式群体认同发展研究[J]. 心理科学，2006，29(1)：94-97.
[2]安秋玲. 国外青少年群体同一性研究[J]. 心理科学，2005(4)：1001-1003，1006.
[3][美]贝克. 认知疗法：基础与应用[M]. 翟书涛，等，译. 北京：中国轻工业出版社，2001.
[4]陈晓慧，王丽敏，夏薇，吕杰. 哈尔滨市动力区初中生行为问题及其影响因素[J]. 中国学校卫生，2003，24(5)：508-509.
[5]范红霞，王援朝. EMDR 心理治疗——治疗抑郁与创伤的新方法[J]. 中国临床心理学杂志，1996，4(2)：99-100.
[6]关颖. 城市未成年人犯罪与家庭[M]. 北京：群众出版社，2004.
[7]Lawrence A. Pervin，Oliver P. John. 人格手册：理论与研究(第二版)[M]. 黄希庭，主译. 上海：华东师范大学出版社，2003.
[8]侯杰泰，温忠麟，成子娟. 结构方程模型及其应用[M]. 北京：教育科学出版社，2004.
[9]冀云. 对暴力型未成年犯攻击性的团体心理干预研究[D]. 沈

阳：东北师范大学，2008.
[10]姜敏敏，张积家. 校园不良行为干预的新途径——社会规范方法及其应用[J]. 中国特殊教育，2008(2)：66-72.
[11]蒋索，何姗姗，邹泓. 家庭因素与青少年犯罪的关系研究述评[J]. 心理科学进展，2006，14(3)：394-400.
[12]康树华. 青少年犯罪、未成年人犯罪概念的界定与涵义[J]. 公安学刊，2000，12(2)：15-19.
[13]康树华. 青少年犯罪与治理[M]. 北京：中国人民公安大学出版社，2000.
[14]李丹，周志宏. 青少年攻击性的媒体影响因素及干预技术[J]. 外国中小学教育，2008 (2)：19-23.
[15]李梅. 学业成绩、同伴交往与学生问题行为关系的研究[J]. 徐州师范大学学报(哲学社会科学版)，1997(3)：137-140.
[16]李霞，彭涛，张鹤. 小学生行为问题及影响因素分析[J]. 健康心理学杂志，2000，8(6)：623-625.
[17]廖龙辉. 当前青少年吸毒行为现状及其成因的社会学分析[J]. 青年探索，2001(4)：48-52.
[18]林丹华，方晓义. 同伴、父母对青少年吸烟认识、吸烟行为的相对影响力[J]. 心理发展与教育，2001(4)：28-33.
[19]林丹华. 青少年吸烟行为影响机制及预防干预研究[D]. 北京：北京师范大学，2003.
[20]刘邦惠. 犯罪心理学[M]. 北京：科学出版社，2004.
[21]刘玲玲，毛健玲. 犯罪青少年心理健康状况与父母教养方式的关系[J]. 中国学校卫生，2007 (9)：799-800.
[22]罗长钢. 试析青少年犯罪团伙形成的社会心理因素[A]//《青少年犯罪研究》编辑部. 青少年犯罪研究文集(下)[C].《青少年犯罪研究》编辑部，1983：139-149.
[23]罗大华，何为民. 犯罪心理学[M]. 杭州：浙江教育出版社，2002.
[24]罗大华，李德，赵桂芬. 犯罪心理学[M]. 北京：北京师范大学出版社，2012：335.

[25]马和民. 学生失范行为及其教育控制[J]. 全球教育展望, 2002, 31(4): 70-73.
[26]毛树林. 青少年团伙犯罪心理浅析[A]//《青少年犯罪研究》编辑部编. 青少年犯罪研究文集(下)[C].《青少年犯罪研究》编辑部, 1983: 174-188.
[27]裴小梅. "留守儿童"犯罪的社会干预——"留守儿童"犯罪引发的思考[J]. 河南师范大学学报(哲学社会科学版), 2008, 35(2): 128-131.
[28]邱国梁. 青少年违法犯罪与不良交往[A]//《青少年犯罪研究》编辑部编. 青少年犯罪研究文集(下)[C].《青少年犯罪研究》编辑部, 1983: 150-161.
[29]屈智勇. 青少年犯罪: 发展轨迹及家庭因素、价值观和自我控制的作用[D]. 北京: 北京师范大学, 2005.
[30]屈智勇, 邹泓. 青少年违法犯罪行为的基本特点及发展轨迹研究[J]. 中国青年研究, 2007 (1): 38-41.
[31][英]阮曾媛琪. 中国就业妇女社会支持网络研究——"扎根理论"研究方法的应用[M]. 熊跃根, 译. 北京: 北京大学出版社, 2002.
[32]史习燕. 未成年人犯罪的六大特点[N]. 中国教育报, 2001-09-09(2).
[33]舒洪水. 现代犯罪生理学理论与青少年犯罪防控[J]. 青少年犯罪问题, 2008(3): 75-76.
[34]宋姝英. 违法犯罪青少年价值观的特点及成因[J]. 沈阳师范学院学报(社会科学版), 1997, 21(3): 98-99.
[35]汤毅晖, 黄海, 雷良忻. 青少年疏离感与家庭功能、人格的关系研究[J]. 中国临床心理学, 2004, 12(2): 158-160.
[36]王海英. 犯罪青少年心理健康的家庭生态系统研究[D]. 长春: 吉林大学, 2007.
[37]汪天德, 汪颖琦. 家庭与青少年犯罪的关系——美国学者的理论与实证研究成果[J]. 青年研究, 2000(4): 42-49.
[38]王成义. 青少年同辈群体与青少年犯罪[J]. 山东公安专科学校

学报，2002，65(5)：68-69.
[39]王桂平. 初中学生在学校纪律情景中自我控制的心理机制及培养[D]. 北京：北京师范大学，2005.
[40]韦志岩，韦学斌. 青少年犯罪的影响因素研究[J]. 临床精神医学杂志，1996，6(6)：371.
[41]吴少君. 当前未成年人团伙犯罪的特征及其对策——上海市闸北区调查[J]. 青少年犯罪问题，1995(3)：12-15.
[42]吴雯. 对高愤怒特质男性青少年犯的认知行为团体干预研究[D]. 北京：首都师范大学，2008.
[43]Strauss A，Corbin J. 质性研究入门：扎根理论研究方法[M]. 吴芝仪，廖梅花，译. 嘉义：涛石文化事业有限公司，2003.
[44][英]Blackburn R. 犯罪行为心理学——理论、研究和实践[M]. 吴宗宪，刘邦惠，等，译. 北京：中国轻工业出版社，2000.
[45]吴宗宪. 国外罪犯心理矫治[M]. 北京：中国轻工业出版社，2004.
[46]许若兰. 论认知行为疗法的理论研究及应用[J]. 成都理工大学学报(社会科学版). 2006，14(4)：63-66.
[47]徐速. 小学生问题行为及相关因素研究[J]. 健康心理学杂志. 2000，8(5)：493-495.
[48]徐向群. 青少年吸毒行为及其防控的社会学分析[J]. 青年研究. 2000(3)：43-48.
[49]杨东，张进辅，黄希庭. 青少年学生疏离感的理论建构及量表编制[J]. 心理学报，2002，34(4)：407-413.
[50]袁建勤，张利华，王珍. 高校大学生违法犯罪心理成因透视及干预思考[J]. 江西公安专科学校学报，2008(5)：103-106.
[51]俞倩仪，李松，李晶，等. 6~8岁儿童行为问题及其影响因素的研究[J]. 中国学校卫生，1995，16(6)：418-419.
[52]曾培芳. 我国青少年犯罪预防和矫正理论与实践模式的整合——以社会控制与社会支持为视角[J]. 江西社会科学，2007(12)：173-177.

[53]张宝义. 青少年犯罪团伙的结构特征及形态分析[J]. 福建公安高等专科学校学报，2001，15(4)：40-46.
[54]张春妹. 小学儿童的尊重观念及其与友谊的关系[D]. 武汉：华中师范大学，2003.
[55]张春妹，邹泓. 青少年犯罪与人格的关系研究[J]. 心理科学进展，2006，14(2)：241-248.
[56]张春妹，向小平. 小学儿童尊重行为的培养研究[A]//邹泓，孙云晓. 良好习惯缔造健康人格[M]. 北京：北京出版社，2006.
[57]张春妹，丁一鸣，陈雪，周长新. 同伴接纳与流动儿童外化问题行为的关系：自尊和物质主义的链式中介作用[J]. 中国特殊教育，2020(1).
[58]章恩友. 罪犯心理矫治[M]. 北京：中国民主法制出版社，2002.
[59]张明. 走向歧途的心灵——犯罪心理学[M]. 北京：科学出版社，2004.
[60]张潘仕. 中国青少年犯罪年鉴[M]. 北京：中国方正出版社，2002.
[61]张秋凌. 青少年犯罪的影响因素：人格、自我控制、家庭功能与亲子依恋[D]. 北京：北京师范大学，2005.
[62]郑红丽，罗大华. 青少年犯罪成因心理学研究新进展[J]. 南京师大学报(社会科学版)，2008 (4)：115-121.
[63]郑宁. 眼动脱敏治疗(EMDR)的应用[J]. 中国心理卫生杂志，1997，11(4)：249.
[64]郑瑞琴，黄志强. 青少年犯罪预测与预防探析[J]. 湖北社会科学，2002(9).
[65]郑雪，严标宾，邱林，张兴贵. 幸福心理学[M]. 广州：暨南大学出版社，2004：228-229，241-242.
[66]邹泓. 青少年的同伴关系——发展特点功能及其影响因素[M]. 北京：北京师范大学出版社，2003.
[67]邹泓，中学生的社会支持系统与同伴关系[J]. 北京师范大学

学报(社会科学版), 1999, 151(1): 34-42.

[68][美]Shaffer D R. 发展心理学——儿童与青少年(第六版)[M]. 邹泓, 等, 译. 北京: 中国轻工业出版社, 2005: 623-636.

[69]Cécile M, Born M. Intervention in juvenile delinquency: Danger of iatrogenic effects[J]. Children and Youth Services Review, 2009(31): 1217-1221.

[70]Kandel D B, Davies M. Friendship networks, intimacy, and illicit drug use in young adulthood: A comparison of two competing theories[J]. Criminology, 1991, 29 (3): 441-469.

[71]Agnew R A. Foundation for a general strain theory of crime and delinquency[J]. Criminology, 1992, 30(1): 47-87.

[72]Akers R L. Criminological Theories: Introduction and Evaluation [M]. Los Angeles: Roxbury, 1994.

[73]Akers R L, Krohn M D, Lanza-Kaduce L, Radosevich M. Social learning and deviant behavior: A general test of a specific theory [J]. American Sociological Review, 1979(44): 635-655.

[74]Andrews D A, James B. The psychology of Criminal Conduct, 3rd ed [M]. OH: Anderson Publishing Co, 2003: 113-114.

[75]Angenent H. Background Factors of Juvenile Delinquency[M]. New York: Peter Lang, 1996.

[76]Baron S W, Tindall D B. Network structure and delinquent attitudes within a juvenile gang[J]. Social Network, 1993(15): 255-273.

[77]Barrett B, Byford S, Chitsabesan P, Kenning C. Mental health provision for young offenders: Service use and cost[J]. British Journal of Psychiatry, 2006(188): 541-546.

[78]Bauman K E, Ennett S T. On the importance of peer influence for adolescent drug use: Commonly neglected considerations[J]. Addiction, 1996, 91(2): 185-198.

[79]Beck K H, Boyle J R, Boekeloo B O. Parental monitoring and

adolescent alcohol risk in a clinic population[J]. American Journal of Health Behavior, 2003, 27(2): 108-115.

[80] Beek R, Femandes E. Cognitive Behavioral Therapy in the treatment of anger: A Meta-analysis[J]. Cognitive and Research, 1998, 22(1): 63-74.

[81] Bender D, Losel F. Protective and risk effects of peer relations and social support on antisocial behaviour in adolescents from multi-problem milieus[J]. Journal of Adolescence, 1997(20): 661-678.

[82] Bischof G P, Stith S M, Whitney M L. Family environments of adolescent sex offenders and other juvenile delinquents [J]. Adolescence, 1995, 30(117): 157-171.

[83] Blurnswin A, Cohen J. Characterizing criminal careers [J]. Science, 1987, 23(7): 985-991.

[84] Broidy L M, Nagin D S, Tremblay R E, Bates J E, Brame B, Dodge K A, ergusson D, Horwood J L, Loebe R, Laird R, Lynam D R, Moffitt T E, Pettit G S. Developmental trajectories of childhood disruptive behaviors and adolescent delinquency: A six-site, cross-national study[J]. Developmental Psychology, 2003, 39(2): 222-245.

[85] Brown J M, Campbell E A, The Cambridge Handbook of Forensic Psychology[M]. Cambridge: Cambridge University Press, 2000: 18-20.

[86] Brown B B, Lohr M J, McClenahan E L. Early adolescents' perceptions of peer pressure[J]. The Journal of Early Adolescence, 1986, 6(2): 139-154.

[87] Brown B B, Clasen D R, Eicher S A. Perceptions of peer pressure, peer conformity dispositions, and self-reported behavior among adolescents[J]. Developmental Psychology, 1986, 22(4): 521-530

[88] Brownfield D, Thompson K. Attachment to peers and delinquent behavior[J]. Canadian Journal of Criminology, 1991: 45-60.

[89] Cairns R B, Cairns B D. Social cognition and social networks: A developmental perspective [M]//In The Development and Treatment of Childhood Aggression, Pepler D J, Rubin K H (Eds). Hillsdale, NJ: Erlbaum, 1991:249-276.

[90] Carroll A. Characterizing the goal of juvenile delinquents: Nature, content and purpose[J]. Psychology, Crime & Law, 1995b(1): 247-260.

[91] Carroll A, Durkin K, Hattie J, Houghton S. Goal setting among adolescents: A comparisons of delinquent, at-risk, and not at-risk youth[J]. The Journal of Educational Psychology, 1997(89): 441-450.

[92] Carroll A, Green S, Houghton S, Wood R. Reputation enhancement and involvement in delinquency among high school students[J]. International Journal of Disability, Development and Education, 2003, 50(3): 253-273.

[93] Carroll A, Hattie J, Durkin K, Houghton S. Goal-setting and reputation enhancement: Behavioural choices among delinquent, at-risk and not at-risk adolescents[J]. Legal and Criminological Psychology, 2001(6): 165-184.

[94] Carroll A, Houghton S, Hattie J, Durkin K. Adolescent reputation enhancement: Differentiating delinquent, nondelinquent and at-risk youths[J]. The Journal of Child Psychology and Psychiatry and Allied Disciplines, 1999, 40(4): 593-606.

[95] Carroll A. The development of delinquency: Integrating reputation enhancement and goal setting theory[D]. Unpublished doctorial dissertation, The University of Western Australia, Perth, Austalia. 1995a

[96] Caspi A, Moffitt T E. The continuity of maladaptive behavior: From description to understanding in the study of antisocial behavior[J]. In Developmental Psychopathology, Vol. 2, Risk, disorder, and adaptation, Cicchetti D, Cohen D J (Eds). New York: Wiley,

1995:472-511.

[97] Cattarello A M. Community-level influence on individual social bonds, peer association and delinquency: Multilevel analysis[J]. Justice Quarterly, 2000, 17(1): 33-61.

[98] Chassin L, Knight G P, Vargas-Chanes D, Losoya S H, Naranjo D. Substance use treatment outcomes in a sample of male serious juvenile offenders[J]. Journal of Substance Abuse Treatment, 2009 (36): 183-194.

[99] Claes M, Simard R. Friendships characteristics of delinquent adolescents[J]. International Journal of Adolescence and Youth, 1992(3): 287-301.

[100] Cohen S R, Wills T S. Stress, social support and the buffering hypothesis[J]. Psychological Bulletin, 1985, 98(2):310-357.

[101] Conway K P, McCord J. A longitudinal examination of the relation between co-offending with violent accomplices and violent crime[J]. Aggressive Behavior, 2002, 28(2):97-108.

[102] Cox R P. An exploration of the demographic and social correlates of criminal behavior among adolescent males[J]. Journal of Adolescent Health, 1996(19): 17-24.

[103] Ungar M T. The myth of peer pressure[J]. Adolescence, 2000 (35): 137-150.

[104] Crosby R A, DiClemente R J, Wingood G M. Infrequent parental monitoring predicts sexually transmitted infections among low-income African American female adolescents[J]. Archives of Pediatrics & Adolescent Medicine. 2003, 157(2):169-173.

[105] Piquero A R, Brezina T. Testing Moffitt's account of adolescence-limited delinquency[J]. Criminology, 2001, 39(2): 353-371.

[106] Deptula D P, Cohen R. Aggressive, rejected, and delinquent children and adolescents: A comparison of their friendships[J]. Aggression and Violent Behavior, 2004(9): 75-104.

[107] Desai R A, Goulet J L, Robbins J, Chapman J F, Migdole S,

Hoge M A. Mental health care in juvenile detention facilities: A review[J]. Journal of the American Academy of Psychiatry and the Law, 2006, 34(2): 204-214.

[108] Dishion T J, McCord J, Poulin F. When interventions harm[J]. American Psychologist, 1999(54): 755-764.

[109] Dishion T J. The family ecology of boys' peer relations in middle childhood[J]. Child Development, 1990(61): 874-892.

[110] Eamon M K, Mulder C. Predicting antisocial behavior among latino young adolescents: An ecological systems analysis[J]. American Journal of Orthopsychiatry, 2005, 75(1): 117-127.

[111] Elliot D S, Ageton S S. Reconciling race and class differences in self-reported and official estimates of delinquency[J]. American Sociological Review, 1980(45): 95-110.

[112] Elliott D S, Suzanne S A, Rachelle J C. An integrated theoretical perspective on delinquent behavior[J]. Journal of Research in Crime and Delinquency, 1979(16): 3-27.

[113] Elliott D S, David Huizinga, Suzanne S A. Explaining Delinquency and Drug Use[M]. Beverly Hills: Sage, 1985.

[114] Emler N, Reicher S. Adolescence and Delinquency: The Collective Management of Reputation[M]. Oxford: Blackwell, 1995.

[115] Engels R C M E, Finkenauer C, Meeus W, Dekovic M. Parental attachment and adolescents' emotional adjustment: The associations with social skills and relational competence[J]. Journal of Counseling Psychology, 2001, 48(4): 428

[116] Engels R C M E, Bogt T. Influences of risk behaviors on the quality of peer relations in adolescence[J]. Journal of Youth and Adolescence, 2001, 30(6): 675-695.

[117] Erickson K G, Crosnoe R, Dornbusch S M. A social process model of adolescent deviance: Combining social control and differential association perspectives[J]. Journal of Youth and

Adolescence, 2000, 29(4): 395-426.

[118] Erickson M L, Jensen G F. Delinquency is still group behavior: Toward revitalizing the group premise in the sociology of deviance [J]. Journal of Criminal Law and Criminology, 1977, 68(2): 262-273.

[119] Erikson E H. Identity, Youth and Crisis[M]. New York: Norton, 1968.

[120] Evans D, Cullen F, Burton V, Dunaway G, Benson M.The social consequences of self-control: Testing the general theory of crime [J]. Criminology, 1997(35), 475-504.

[121] Felson R B, Haynie D L. Pubertal development, social factors, and delinquency among adolescent boys[J]. Criminology, 2002, 40(4): 967-989.

[122] Foney D M, Cunningham M. Why do good kids do bad things? Considering multiple contexts in the study of antisocial fighting behaviors in African American urban youth[J]. The Journal of Negro Education, 2002, 71(3): 143-158.

[123] Foshee V, Bauman B B. Parental and peer characteristics as modifiers of the bond-behavior relationship: An elaboration of control theory[J]. Journal of Health and Social Behavior, 1992 (33): 66-76.

[124] Foster E M, Olchowski A E, Webster-stratton C H. Is stacking components cost-effective? An analysis of the incredible years program[J]. Journal of the American Academy of Child and Adolescent Psychiatry, 2007, 46(11): 1414-1424.

[125] Furnham A, Thompson J. Personality and self-reported delinquency[J]. Personality and Individual Difference, 1991 (12): 585-593.

[126] Garnier H E, Stein J A. An 18-year model of family and peer effects on adolescent drug use and delinquency[J]. Journal of Youth and Adolescent, 2002(31): 45-56.

[127] Giordano P, Cernkovich S, Pugh M. Friendships and delinquency [J]. American Journal of Sociology, 1986(91): 1170-1202.

[128] Giordano P C, Cernkovich S A, Demaris A. The family and peer relations of black adolescents [J]. Journal of Marriage and the Family, 1993(55): 277-287.

[129] Glick B, Goldstein A P. Aggression Replacement Training [J]. Journal of Counseling & Development, 1987, 65(7): 356.

[130] Glynn T J. From falimy to peer: A review of transions of influence among drug-using youth [J]. Journal of Youth and Adolescence, 1981(10): 363-383.

[131] Goddard H H. Feeble-mindedness: Its causes and consequences [M]. New York, NY, US: MacMillan Co, 1914: 558-567.

[132] Goff B G, Goddard H W. Terminal core values associated with adolescent problem behaviors [J]. Adolescence, 1999, 34(133): 47-61.

[133] Gottfredson D C. Schools and Delinquency [M]. Cambridge: Cambridge University Press, 2001: 37-45

[134] Gottfredson M R, Hirschi T. A general Theory of Crime [M]. Stanford: Stanford University Press, 1990.

[135] Grasmick H G, Charles R T, Robert J, Bruce J A. Testing the core empirical implications of Gottfredson and Hirsch's general theory of crime [J]. Journal of Research in Crime and Delinquency, 1993(30): 5-29.

[136] Hahn R, Dahlberg L L, Wilson S J, Lipsey M W. Effectiveness of universal school-based programs to prevent violent and aggressive behavior: A systematic review [J]. American Journal of Preventive Medicine, 2007, 22(2): 114-129.

[137] Hawkins J D, Catalano R F, Miller J Y. Risk and protective factors for alcohol and other drug problems in adolescence and early adulthood: Implication for substance abuse prevention [J]. Psychological Bulletin, 1992(112): 64-105.

[138]Haynie D L. Delinquent peers revisited: Does network structure matter? [J] American Journal of Sociology, 2001, 106(4): 1013-1057.

[139]Heaven P C L, Virgen M. Personality, perceptions of family and peer influences, and males' self-reported delinquency [J]. Personality and Individual Differences, 2001(30): 321-331.

[140] Heaven P C L. Personality and self-reported delinquency: Analysis of the "big five" personality dimensions[J]. Personality and Individual Differences, 1996b, 20(1): 47-54.

[141]Heaven P C L. Personality and self-reported delinquency: A longitudinal analysis [J]. Journal of Child Psychological Psychiatry, 1996a, 37(6): 747-751.

[142]Heaven P C L, Caputi P, Trivellion-Scott D. Personaltiy and group influences on self-reported delinquent behavior [J]. Personality and Individual Differences,2000(28):1143-1158.

[143]Heide K M,Solomon E P. Female juvenile murderers: Biological and psychological dynamics leading to homicide[J]. International Journal of Law and Psychiatry, 2009(32): 244-252.

[144]Hirschi T. Causes of Delinquency[M]. Berkeley: University of California Press, 1969.

[145] Hochstetler A, Copes H, Delisi M. Differential association in group and solo offending[J]. Journal of Criminal Justice, 2002 (30): 559-566.

[146]Hurrelmann K, Engel U. Delinquency as a symptom of adolescents' orientation toward status and success[J]. Journal of Youth and Adolescence, 1992, 21(1):119-139.

[147]Hussong A M. Differentiating peer contexts and risk for adolescent substance use[J]. Journal of Youth and Adolescence, 2002, 31 (3): 207-220.

[148]Jang S J, Thornberry T P. Self-esteem, delinquent peers, and delinquency: A test of the self-enhancement thesis[J]. American

Sociological Review, 1998, 63(4): 586-598.

[149] Jang S J. Age-varying effects of family, school, and peers on delinquency: A multilevel modeling test on interactional theory [J]. Criminology, 1999, 37(3): 643-686.

[150] Jensen G F, Rojek D G. Delinquency and Youth Crime, 2nd ed [M]. Chicago, Ⅲ.: Waveland Press, 1992.

[151] Kandel D B. The parental and peer contexts of adolescent deviance: An algebra of interpersonal influences[J]. Journal of Drug Issues, 1996, 26(2): 289-315.

[152] Kaplan H B. Sequelae of self-derogation: Predicting from a general theory of deviant behavior[J]. Youth and Sociology, 1975 (7): 171-197.

[153] Kim J. An application of general strain theory to Korean adolescents: A test of the relation between negative stimuli at school and delinquency [J]. Master Thesis of Michigan State University, 2002.

[154] Laak J T, Goede M D, Aleva L, Brugman G, Leuven M V, Hussmann J. Incarcerated adolescent girls: Personality, social competence, and delinquency [J]. Adolescence, 2003 (38): 251-265.

[155] LeFlore L. Delinquent youths and family[J]. Adolescence, 1988, 23 (91): 629-642.

[156] Loeber R, Farington D P. Child delinquent: Development, intervention, and service needs[J]. International Fducational and Professional Publisher, 2001.

[157] Longshore D, Chang E, Hsieh S, Messina N. Self-control and social bonds: A combined control perspective on deviance[J]. Crime & delinquency, 2004, 50(4): 542-564.

[158] Mahoney J L. School extracurricular activity participation as a moderator in the development of antisocial patterns[J]. Child Development, 2000(71): 502-516.

[159] Marcus R F. The friendships of delinquents[J]. Adolescence, 1996(31): 145-158.

[160] Markova L. Toward an epostemology of social representations[J]. Journal of the Theory of Social Behavior, 1996, 2(2): 177-196.

[161] Mason W A. Self-esteem and delinquency revisited (again): A test of Kaplan's self-derogation theory of delinquency using latent growth curve modeling[J]. Journal of Youth and Adolescence, 2001, 30(1): 83-102.

[162] Matsueda R L. Reflected appraisals, parental labeling, and delinquency: Specifying a symbolic interactionist theory[J]. American Journal of Sociology, 1992(97): 1577-1611.

[163] Matsueda R L, Anderson K. The dynamics of delinquent peers and delinquent behavior[J]. Criminology, 1998, 36(2): 269-308.

[164] Matsurda R L, Heimer K. Race, family structure and delinquency: A test of differential association and social control theories[J]. American Sociological Reivew, 1987(52): 826-840.

[165] Mau R Y. The validity and devolution of a concept: Student alienation[J]. Adolescence, 1992(27): 731-741.

[166] Maxwell K A. Friends: The role of peer influence across adolescent risk behaviors[J]. Journal of Youth and Adolescence, 2002, 31(4): 267-277.

[167] Mears D P, Field S H. A closer look at the age, peers, and delinquency relationship[J]. Western Criminology Review, 2002, 4(1): 20-29.

[168] Mistry R S, Vandewater E A, Huston A C, McLoyd V C. Economic well-being and children's social adjustment: The role of family process in an ethnically diverse low-income sample[J]. Child Development, 2002(73), 935-951.

[169] Moffitt T E. Adolescence-limited and life-course-persistent antisocial behavior: A developmental taxonomy[J]. Psychological

Review, 1993, 100(4): 674-701.

[170] Moffitt T E, Capsi A, Dickson N, Silva P, Stanton W. Childhood-onset versus adolescent-onset anti-social problems in males: Natural history from ages 3 to 18 years[J]. Development and Psychopathology, 1996(8): 399-424.

[171] Moffitt T E, Lynam D R, Silva P A. Neuropsychological tests predicting persistent male delinquency[J]. Criminology, 1994(32): 277-300.

[172] Mounts N S, Steinberg L. An ecological analysis of peer influence on adolescent grade point average and drug use [J]. Developmental Psychology, 1995(31): 915-922.

[173] Nagin D S, Paternoster R. Personal capital and social control: The difference implications of a theory of individual differences in criminal offending[J]. Criminology, 1994, 32(4): 581-606.

[174] Armsden G C, Greenberg M T. The Inventory of Parent and Peer Attachment: Individual differences and their relationship to psychological well-being in adolescence[J]. Journal of Youth and Adolescence, 1987, 16(5): 427-454.

[175] Newman B M, Newman P R. Group identity and alienation: Giving the we its due[J]. Journal of Youth and Adolescence, 2001, 30(5): 515-538.

[176] Owens T J. Two dimensions of self-esteem: Reciprocal effects of positive self-worth and self-deprecation on adolescent problems [J]. American Sociological Review, 1994(59): 391-407.

[177] Pabon E, Rodriguez O, Gurin G. Clarifying peer relations and delinquency[J]. Youth and Society, 1992(24): 149-165.

[178] Paschall M J, Ringwalt C L, Flewelling R L. Effects of parenting, father absence, and affiliation with delinquent peers on delinquent behavior among African-American male adolescents [J]. Adolescence, 2003(38): 15-35.

[179] Patterson G R, Reid J B, Dishion T J. Antisocial Boys. Eugene

[M]. OR: Castalia,1992.
[180]Patterson G R, Capaldi D, Bank L. An early starter model for predicting delinquency[M]//Pepler D J, Rubin K H(eds.). The Development and Treatment of Childhood Aggression. Hillsdale N J: Erlbaum,1991.
[181]Piquero A R, Oster R P, Brame R, Mazerolle P, Dean C W. Onset age and offense specialization[J]. Journal of Research in Crime and Delinquency,1999(36): 275-299.
[182]Pleydon A P, Schner J G. Female adolescent friendship and delinquent behavior[J]. Adolescence, 2001, 36(142): 189-195.
[183]Pratt T C, Cullen F T. The empirical status of Gottfredson and Hirschi's general theory of crime: A Meta-analysis [J]. Criminology, 2000,38(3):931-964.
[184]Putallaz M, Heflin A H. Parent-child interation[M]//Asher S R, Coie J D (Eds.), Peer rejecion in childhood. New York: Cambridge University Press,1990:189-216.
[185]Raffaelli M, Crockett L J. Sexual risk taking in adolescence: The role of self-regulation and attraction to risk[J]. Developmental Psychology, 2003, 39(6):1036-1046.
[186]Reynolds A J, Temple J A, Suh-Ruu. Preschool education, education alattainment, and crime prevention: Contributions of cognitiveand non-cognitive skills[J].Childrenand Youth Services Review, 2010:1-10.
[187]Rigby K, Cox I. The contribution of bullying at school and low-esteem acts of delinquency among Australian teenagers [J]. Personality Individual Differences, 1996, 21(4): 609-612.
[188]Robin M K, Leary M R. Social support and psychological disorder: Insights from social psychology, The social psychology of emotional and behavioral problems[M]. Port City Press, Inc, Baltimre, MD, 1999:281-309.

[189]Romero E, Luengo M A, Sobral J. Personality and antisociall behavior: Study of temperamental dimensions[J]. Personality and Individual Differences, 2001(31): 329-348.

[190]Rosenberg M, Schooler C, Schoenbach C. Self-esteem and adolescent problems: Modeling reciprocal effects[J]. American Sociological Review, 1989(54): 1004-1018.

[191]Rosenberg M, Schooler C, Schoenbach C, Rosenberg F. Global self-esteem and specific self-esteem: Different concepts, different outcomes[J]. American Sociological Review, 1995(60): 141-156.

[192]Sampson R J, Laub J H. Urban poverty and the family context of delinqueccy: A new look at structure and process in a classic study[J]. Child development, 1994(65): 523-540.

[193]Sanders M R, Bor W, Morawska A. Maintenance of treatment gains: A comparison of enhanced, standard, and self-directed triple P-positive parenting program[J].Journal of Abnormal Child Psychology, 2007,35(6):983-998.

[194]Sankey M, Huon G F. Investigating the role of alienation in a multicomponent model of juvenile delinquency[J]. Journal of Adolescence,1999,22(1): 95-107.

[195] Servan-Schreiber D. Eye movement desensitization and reprocessing: Is psychiatry missing the point[J]. Pyschiatric Times, 2000(17): 36-40.

[196]Shapiro F. Eye Movement Desensitization and Reprocessing (EMDR) and the anxiety disorders: Clinical and research implications of an integrated psychotherapy treatment[J]. Journal of Anxiety disorders, 1999, 13(1-2): 35-67.

[197]Sim T N, Koh S F. A domain conceptulizaiton of adolescent susceptibility to peer pressure[J]. Journal of Research on Adolescence. 2003,13(1):57-80.

[198]Simons R L, Whitbeck L B, Conger R D, Conger K J. Parenting

factors, social skills, and value commitments as precursors to school failure, involvement with deviant peers, and delinquent behavior[J]. Journal of Youth and Adolescence, 1991(20): 645-664.

[199] Simons R L. Wu C-I, Conger R D, Lorenz F O. Two routes to delinquency: Differences in early and late starters in the impact of parenting and deviant peers[J]. Criminology, 1994(32): 247-276.

[200] Stewart E A. School social bonds, school climate, and school misbehavior: A multilevel analysis[J]. Justice Quaterly, 2003, 20(3): 575-604.

[201] Stoltz S, Dekovic M, Londen van M, et al. What works for whom, how and under what circumstances? Testing moderated mediation of intervention effects on externalizing behavior in children[J]. Social Development, 2013, 22(2): 406-425

[202] Thornberry T P. Towards an interactional theory of delinquency [J]. Criminology, 1987(25): 863-892.

[203] Thornberry T P, Lizotte A J, Krohn M D, Farnworth M, Jang S J. Delinquent peers, beliefs, and delinquent behavior: A longitudinal test of interactional theory[J]. Criminology, 1994(32): 47-83.

[204] Thornberry T P. Toward an interactional theory of delinquency [J]. Criminology, 1987, 75(4): 863-891.

[205] Thornberry T P, Krohn M D. The self-report method for measuring delinquency and crime[J]. Criminal Justice, 2000(4): 33-83.

[206] Tracey P, LaGrange T C, Liverman R A. Investigating the interdependence of strain and self-control[J]. Canadian Journal of Criminology and Criminal Justice, 2003, 45(4): 431-465.

[207] Turner J C. Towards a Cognitive Redefinition of the Social Group [M]. In H. Tajfel (Ed.), Social identity and intergroup relations, Cambridge: Cambgridge university Press, 1982: 15-40.

[208] Turner J C, Oakes P J. The significance of the social identity concept with reference to individualism, interactionism and social influence[J]. British Journal of Social Psychology, 1986(25): 237-252.

[209] Unnever J D, Francis T C, Travis C P. Parental management, ADHD, and delinquent involvement: Reassessing Gottfredson and Hirschi's general theory[J]. Justice Quarterly, 2003, 20(3): 471-500.

[210] Urberg K A, Degirmencioglu S M, Tolson J M, Halliday-Scher K. The structure of adolescent peer networks[J]. Developmental Psychology, 1995(31): 540-547.

[211] Urberg K. Locus of peer influence: Social crowd and best friend [J]. Journal of Youth and Adolescence, 1992, 21(4): 439-450.

[212] Urberg K A, Degirmencioglu S M, Pilgrim C. Close friend and group influence on Adolescent cigarette smoking and alcohol use [J]. Developmental Psychology, 1997(33): 834-844.

[213] Van Welzenis I. The self-concept of societally vulnerable and delinqent boys within the context of school and leisure activities [J]. Journal of Adolescence, 1997(20): 695-705.

[214] Vitaro F, Tremblay R E, Kerr M, Pagani L, Bukowski W M. Disruptiveness, friends' characteristics, and delinquency in early adolescence: A test of two competing models of development[J]. Child Development, 1997(68): 676-689.

[215] Warr M. Organization and instigation in delinquent groups[J]. Criminology, 1996(31): 17-40.

[216] Warr M. Parent, peers and delinquency[J]. Social Forces, 1993, 72(1): 247-265.

[217] Webster-Stratton C, Hollinsworth T, Kolpacoff M. The long-term effectiveness and clinical significance of three cost-effective training programs for families with conduct-problem children[J]. Journal of Consulting and Clinical Psychology, 1989, 57(4): 550-

553.

[218] Webster-Stratton C, Reid M J, Stoolmiller M. Preventing conduct problems and improving school readiness: Evaluation of the Incredible Years Teacher and Child Training Programs in high-risk schools[J]. The Journal of Child Psychology and Psychiatry, 2008, 49(5): 471-488.

[219] Williams J M, Dunlop L C. Pubertal timing and self-reported delinquency among male adolescents[J]. Journal of Adolescence, 1999, 22(1), 157-171.

[220] Wills T A, Sandy J M, Yaeger A. Temperament, self-control, and adolescent substance use: An epigenetic approach to risk and protection[J]. Journal of Personality, 2000(68): 1127-1152.

[221] Wills T A, Resko J A, Ainette M G, Mendoza D. Role of parent support and peer support in adolescent substance use: a test of mediated effects[J]. Psychology of Addictive Behaviors, 2004, 18(2): 122-134.

[222] Windle M. A study of friendship characteristics and problem behaviors among middle adolescents [J]. Child Development, 1994(65): 1764-1777.

[223] Wong S K. Peer relations and Chinese-Canadian delinquency[J]. Journal of Youth and Adolescence, 1998, 27 (5): 641-660.

[224] Wood P, Pfefferbaum B, Ameklev B.Risk taking and self-control: Social psychological correlates of delinquency [J]. Journal of Crime and Justice, 1993(16): 111-130.

[225] Wright B R, Caspi A, Moffitt T E, Silva P A. The effects of social ties on crime vary by criminal propensity: A life-course model of interdependence[J]. Criminology, 2001, 39(2): 321-351.

[226] Zonnevylle-Bender M J S, Matthys W, van de Wiel N M H, Lochman J E.Preventive effects of treatment of disruptive behavior disorder in middle childhood on substance use and delinquent

behavior[J]. Journal of the American Academy of Child and Adolescent Psychiatry,2007,46(1):33-39.

[227] Asencio E K. Familiarity, Legitimacy, or Frequency: Which matters most for the criminal identity? [J].Sociological Inquiry, 2011,81(1):34-52.

[228] Brad C A,Coupland R B A,Olver M E.An examination of mental health, hostility, and typology in homicide offenders [J]. Homicide Studies,2014,189(4):323-341.

[229] Brewer M B.The Social Self: Difference at the Same Time[M]. In T. F. Pettijohn, (Ed.) Social Psychology. Guilford: McGraw Hill Company,2001:54-60.

[230] Boduszek D,Adamson G,Shevlin M,Hyland P,Bourke A.The role of criminal social identity in the relationship between criminal friends and criminal thinking style within a sample of recidivistic prisoners[J]. Journal of Behavior in the Social Environment, 2013, 23(1):14-28.

[231] Boduszek D,Chris M,Philip H.Criminal attitudes of ex-prisoners: The role of personality, anti-social friends and recidivism[J]. The Internet Journal of Criminology,2011(9):1-10.

[232] Boduszek D,Gary A,Mark S,Philip H.The role of personality in the relationship between criminal social identity and criminal thinking style within a sample of prisoners with learning difficulties[J]. Journal of Learning Disabilities and Offending Behaviour,2012b, 3(1):12-24.

[233] Boduszek D,Katie D,Agata D.The moderating role of psychopathy in the relationship between length of incarceration and criminal social identity in juvenile offenders [J]. Journal of Criminal Justice,2016(44):30-35.

[234] Boduszek D, Dhingra K, Debowska A. The Integrated Psychosocial Model of Criminal Social Identity (IPM-CSI)[J]. Deviant Behavior,2016a,37(9):1023-1031.

[235] Boduszek D, Debowska A. Further insights into the construct of criminal social identity: Validation of a revised measure in a prison population [J]. The Journal of Forensic Psychiatry & Psychology, 2017, 28(5): 694-710.

[236] Boduszek D, Philip H, Katie D, John M. The factor structure and composite reliability of the Rosenberg Self-Esteem Scale among ex-prisoners [J]. Personality and Individual Differences, 2013 (55): 877-881.

[237] Asencio E K, Burke P J. Does Incarceration Change the Criminal Identity? A Synthesisof Labeling and Identity Theory Perspectives on Identity Change [J]. Sociological Perspectives, 2011, 54(2): 163-182.

[238] Giordano P C, Cernkovich S A, Rudolph J L. Gender, crime, and desistance: Toward a theory of cognitive transformation [J]. American Journal of Sociology, 2002(107): 990-1064.

[239] Giordano P C, Schroeder R D, Cernkovich S A. Emotions and crime over the life-course: A neo-Median per-spective on criminal continuity and change [J]. American Journal of Sociology, 2007 (112): 1603-1661.

[240] Walters G D. Proactive Criminal Thinking and Deviant Identity as Mediators of the Peer Influence Effect [J]. Youth Violence and Juvenile Justice, 2017, 15(3): 281-298.

[241] Hare R D, Neumann C S. Psychopathy: Assessment and Forensic Implications [J]. Can J Psychiatry, 2009(54): 791-802.

[242] Knifsend C, Juvonen J. The Role of Social Identity Complexity in Inter - group Attitudes Among Young Adolescents [J]. Social Development, 2013, 22(3): 143-147.

[243] Lawler E J, Thye S R, Yoon J. Social Commitments in a Depersonalized World [M]. New York: Russell Sage Foundation, 2009.

[244] Laub J, Rowan Z, Sampson R. The Age-Graded Theory of Informal

Social Control[M]. In The Oxford Handbook of Developmental and Life-Course Criminology, Farrington D P, Kazemian L, Piquero A. USA:Oxford University Press,2019.

[245]Feldman L R.Forging Selfhood: Social Categorisation and Identity in Arizona's Prison Wildfire Programme[J]. The Howard Journal of Crime and Justice,2018,57(1):21-36.

[246] Merrilees C E, Taylor L K, Goeke-Morey M C, Shirlow P, Cummings E, Mark C E. The protective role of group identity: Sectarian antisocial behavior and adolescent emotion problems [J]. Child development,2014,85(2):412-420.

[247] Newman B M, Newman P R. Development through life: A psychosocial approach[M]. Wadsworth, Cengage learning,2012, 370-373.

[248]Newman B M, Newman P R.Group identity and alienation: Giving the WE its due[J]. Journal of Youth and Adolescence, 2011 (30):515-538.

[249]Patrick C J,Fowles D C,Krueger R F.Triarchic conceptualization of psychopathy: Developmental origins of disinhibition, boldness, and meanness[J]. Development Psychopathol, 2009 (21): 913-938.

[250] Paternoster R, Bachman R, Kerrison E, O' Connell D, Smith L. Desistance from crime and identity: An empirical test with survival time[J]. Criminal justice and behavior, 2016, 43(9): 1204-1224.

[251] Parker J G, Asher S R. Peer relations and later personal adjustment: Are low-accepted children at risk? [J]. Psychological Bulletion,1987(102):357-389.

[252] Paternoster R, Bushway S D. Desistance and the feared self: Toward an identity theory of desistance[J].Journal of Criminal Law and Criminology,2009(99):1103-1156.

[253]Roberts A D L, Coid J W. Psychopathy and offending behaviour:

Findings from the national survey of prisoners in England and Wales[J]. Psychiatry Psychology,2007(18):23-43.

[254] Spink A, Boduszek D, Debowska A, Bale C. Validation of the measure of delinquent social identity among youth offenders in the UK[J].Deviant Behaviour,2018:1031-1042.

[255] Strocka C. In Search of Identity. Germany: VDM Verlag,2008.

[256] Triandis H C. Cross-cultural studies of individualism and collectivism[J]. Nebraska Symposium on Motivation, 1989(37): 41-133.

[257] Tajfel H, Turner J C. An integrative theory of intergroup conflict [J]. In Austin W G, Worchel S(Eds.) The Social Psychology of Intergroup Relations,1979:33-37.

[258] Turner B J, Brett B L H, Rasch E M, Balsano J S. Evolutionary cenetics of agynogenetic fish, poecilia formosa, the amazon molly [J].evolution,1980(34):246-258.

[259] Ustinaviiūt L, Laurinaviius A, Klimukien V, Laurinaityt I, Baltrūnas M. Examining the Convergent Validity of the Triarchic Psychopathy Measure Using a Sample of Incarcerated and on Probation Lithuanian Juveniles [J]. Behavioral Sciences, 2019 (9):156-160.

[260] Vryan K P, Adler P A. 'Identity'. In Handbook of Symbolic Interactionism[M]. Edited by Reynolds L T, Herman-Kinney N J. New York: AltaMira,2003:367-390.

[261] Spink D, Boduszek D, Debowska A. Investigating the Integrated Psychosocial Model of Criminal Social Identity (IPM-CSI) within a sample of community based youth offenders [J]. Journal of Human Behavior in the Social Environment,2020.

附　　录

附录1　犯罪青少年访谈提纲

一、访谈引语

我们是北京师范大学的发展心理学研究工作者，请你来访谈，是想了解你成长过程中对你影响较大的一些事情。你是怎么想的，请如实、自由地回答，不需要担心你的回答对你有任何不良影响，我们的目的是为了研究服务，希望能够对你和其他青少年的健康发展有所帮助。明白我的意思了吗？那么，我们开始吧。

二、访谈内容

(一)基本情况

1. 你多大了？家里有哪些人？父母是做什么工作的？读书到几年级？

（二）父母教养行为

2. 平时谁管你？主要用什么方式管教你？你惹他们生气的时候他们会打你吗？

3. 你和谁在一起，在哪里玩，父母知道吗？

4. 父母会常常夸奖你吗？

5. 你觉得你父母喜欢你吗？最喜欢你什么？你喜欢他们吗？

6. 你有什么苦恼会向父母说吗？你觉得父母会在任何时候都支持你吗？

7. 你觉得父母在哪些方面影响了你？你现在成为这个样子，你觉得与父母有关吗？

8. 你觉得从记事起到现在，是同学或朋友对你的影响大呢，还是你的家人，或者是其他人？

（三）变化历程

9. 你是从什么时候开始不想读书（或者开始逃学、开始与外面的人在一起玩）的？你谈一下你怎么变坏的过程，好吗？

（四）同伴关系

10. 你常常在一起玩的朋友都是一些什么样的人？是否有同班的？

11. 你好像不太喜欢与班上同学一起玩，为什么？你觉得班上的同学喜欢你吗？他们喜欢你的哪些方面？不喜欢你的哪些方面？

12. 你和朋友们常常在一起讨论什么话题？

13. 你觉得你的这些朋友能够理解你吗？

14. 在生活中你遇到困难或问题时，会向谁去求助？

15. 你认为，在你的这些朋友眼里，你是一个什么样的人？你很在意这些看法吗？

16. 你最尊重的人是谁呢？你会很看重谁的看法或意见？

17. 你和你的朋友们一起干什么事情，是否常常由你提议，别人都会听你的吗？

18. 与朋友一起玩的时候，你是否有过不想参与他们的活动的想法？那时你是怎么想的？

19. 你为什么总喜欢与你的那些朋友在一起玩？与他们在一

起，你会有一些什么样的感觉？你觉得你从中得到了什么？

20. 你为什么不一个人在外面混呢？（陪伴，相互帮助，人多更安全）

21. 你觉得你和你的那些朋友们有哪些相似之处？他们做的事情你大多数都赞同吗？

22. 你们一般是为什么打架呢？当你们一起打架闹事的时候，你有一些什么想法，什么感受？你觉得其他人是怎么看你们的？

23. 你觉得，你们总在一起，是否有一些共同的不成文的规定？

三、自我价值、引入结束

24. 在你过去的生活中，你最看重的是什么？现在呢？

25. 对于你的过去，你所做的那些事，你现在是怎么看待的？你觉得怎么样才能避免成为现在这个样子？

26. 你对自己未来有怎样的想法？你有更具体的打算吗？假如让你对自己的未来提三个愿望，你的愿望是哪些呢？

附录2 编码索引(样例)

(4) /结交社会朋友(4 1) /结交社会朋友/外面玩容易混熟(4 2) /结交社会朋友/两个人谈得来(4 3) /结交社会朋友/家庭遭遇相同(4 4) /结交社会朋友/好玩刺激(4 5) /结交社会朋友/报仇而结交

(5) /朋友关系(5 1) /朋友关系/休闲取向(5 3) /朋友关系/承诺、总要在一起、一致 (5 4) /朋友关系/行为陪伴 (5 5) /朋友关系/情感积极评价(5 6) /朋友关系/交朋友的好处(5 7) /朋友关系/相互帮助打架(5 8) /朋友关系/行为规则(5 9) /朋友关系/朋友身份(5 10) /朋友关系/安全和互惠(5 11) /朋友关系/认知积极评价 (5 12) /朋友关系/相互理解(5 13) /朋友关系/声望表达(5 14) /朋友关系/互助责任

(6) /朋友支持(6 1) /朋友支持/帮助支持(6 2) /朋友支持/相互沟通(6 3) /朋友支持/亲密感(6 4) /朋友支持/经济支持

(7) /朋友群体层次结构(7 1) /朋友群体层次结构/能力、经验决定地位(72) /朋友群体层次结构/合作平等

(10) /非顺从声望建构(10 1) /非顺从声望建构/有面子(10 2) /非顺从声望建构/有势力(10 3) /非顺从声望建构/高大有能力、领导者(10 4) /非顺从声望建构/赞赏的身份(10 5) /非顺从声望建构/讲义气(10 6) /非顺从声望建构/受欢迎(10 7) /非顺从声望建构/怕事

(12) /疏离感(12 1) /疏离感/枯燥压迫(12 2) /疏离感/生活无意义感(12 3) /疏离感/亲人疏离感(12 4) /疏离感/人际疏离感(12 5) /疏离感/自我疏离感

注：(5 12)相互理解在正式编码中属于朋友支持。

附录 3 编码手册(样例)

行为陪伴 company with acting

含义：属于一种行为，表示在进行偏差行为上，与不良同伴总是在一起。

区分：与行为互助类似，都是对于与不同同伴之间的日常行为的描述，这里是一种共同发生的行为，前者是一种给予或者被给予帮助的行为，但是，行为互助的直接后果就是行为陪伴，长期的陪伴就会引发更多的行为互助。

另外，与休闲取向不同，休闲取向强调的是在一起的时候做的是什么，并且是喜欢做，而不只是做而已，而行为陪伴强调的是做什么的时候是否在一起。即前面强调的是行为的价值取向，后者强调的是群体关系的联系紧密程度。前者是群体在一起的前提、必要条件和根本基础，后者是产生了群体同一性后发生的共生现象，或者是必然结果。但是，这个看似为结果的行为，也会反过来促使共同的价值取向更明显。

作用：这种行为互助和行为陪伴都是青少年形成了群体联盟感的一种表现。

编码结果：

"那时你们两个人经常一起谈心吗？(答)不经常谈心。每天在一起打游戏，有钱就到网吧，没钱就到，就去偷车"，"八个女生，白天晚上都在一起。"

"偷车上网打游戏都在一起。在网吧里砍别人，都跟他在一起"，"(先)本来是一起玩，之后就带着我一起去抢"，"那你当时为什么想着要跟他们一起去洗钱呢？""(答)其实没有想，他们就反正在一起玩"。

声望表达 reputation expression

含义：属于一种行为，在群体比较过程中，为了显示自己的非顺从声望、维系群体成员身份，而使自己在行为上保持与其他群体成员的一致性，或者在群体成员面前主动表现出符合群体规范的行为，从而达到群体接纳、自我界定的目的。

区分：与休闲取向有些类似。都是关于在一起会做什么行为的描述，也都能够反应青少年的价值取向，只是休闲取向应该是声望表达的前提条件，青少年具有了该休闲价值取向，才会进一步想要在群体成员面前表现该价值取向。或者说，前者是青少年群体共同的价值取向，而声望表达强调的是青少年自身在群体面前表现出该价值取向。

作用：声望表达相较于行为陪伴在心理现象的产生先后上来说，应该更晚，并且会更进一层，具有了主动管理自己行为的意识，可以说是从群体同一性到自我同一性建构过程中的桥梁。

编码结果：

第一种，主动顺从群体成员的要求，比如：

"有时候他们叫我去打架，让我打架，我就打"，"他们说多多少少要喝一点，他们都喝我也要喝。所以我就和他们一起出去"，"他们让我打啊，因为他们都不打女的都打男的。然后就"，"不想跟他们一起去，也是不可能的。他们也会找你，拉着你一起去"。

第二种，与群体成员在一起，就主动表现与群体成员一致的行为。

有的说"第一次打架的时候，跟着一起就打了，胆怯是有一点，但是当时也没有想那么多"，"我都是跟他们一起的。反正他们做什么我就做什么"。

"我也不知道为什么，觉得自己像那种喜欢别人怎么做我也怎么做的人"。

第三种，在群体成员面前表现出一致的行为，使得自己感到也具有了该群体成员一样的特质，或者自己所认同的某种特质，是对于自己的声望管理行为。

“可以免受欺负，觉得自己也挺威风的”。

“后来很看重那个大哥，(想要)获得保护是一方面，反正与这个很有关系，反正就是在外面混。”这句话，表明了反正在外面混，就需要与他们那样的混混、社会青年在一起，与他们在一起，才叫做在外面混，自己就是那样在外面混的人，而获得保护只是一个方面。

附录4 偏差群体同一性问卷

朋友交往

我们的生活大多数时间都是与朋友们一起度过的。下面的问卷是想了解**你和你常常在一起的朋友们**的交往情况，请回忆一下你**原来在外面时的朋友交往**情况，根据你**那时**的实际情况和感受对下面每句话作答，在相应的数字上打“✓”。

	完全不符合	不太符合	有点符合	比较符合	完全符合
1. 我主要与那些在社会上混的人交朋友	1	2	3	4	5
2. 我所做的不好的事情，大多数都是与我的朋友们一起做的	1	2	3	4	5
3. 我觉得与我的朋友们在一起很好	1	2	3	4	5
4. 我常常做一些事情只是为了避免朋友们说我和他们不一样	1	2	3	4	5
5. 当朋友被打时，我会去帮助他们	1	2	3	4	5
6. 我觉得与朋友们一起打架、在外面玩也蛮好的	1	2	3	4	5
7. 我总是与我的朋友们一起到处闲逛、上网、打架	1	2	3	4	5
8. 朋友们干什么事情，我都会主动参与	1	2	3	4	5
9. 我学会抽烟、打人等行为，是因为身边的朋友都这样	1	2	3	4	5
10. 与我的朋友们有仇的人，遇到我时会找我的麻烦	1	2	3	4	5

续表

	完全 不符合	不太 符合	有点 符合	比较 符合	完全 符合
11. 与我的朋友们在一起，我可以获得保护	1	2	3	4	5
12. 我的朋友们对我来说很重要	1	2	3	4	5
13. 我渴望尽量多地与朋友们在一起	1	2	3	4	5
14. 与朋友们一起干坏事，人多不害怕	1	2	3	4	5
15. 与朋友们不在一起的时候，我渴望能与他们在一起	1	2	3	4	5
16. 我常常觉得我与我的大多数朋友一样，属于在外面玩的人	1	2	3	4	5
17. 在别人眼里，我和我的朋友们是一伙的	1	2	3	4	5
18. 我不愿意离开我的朋友们	1	2	3	4	5
19. 朋友们让我打架，我就会去参与打架	1	2	3	4	5
20. 我的朋友们和我总是有福同享	1	2	3	4	5
21. 我觉得自己与那些天天学习的同学是两类不同的人	1	2	3	4	5
22. 当朋友被欺负时，我会觉得自己也有责任	1	2	3	4	5
23. 我觉得我离不开我的朋友们	1	2	3	4	5
24. 当我们无聊的时候，我的朋友们和我常常就会去打架闹事	1	2	3	4	5
25. 我和我的朋友们觉得别人不服我们时，就会去教训他们	1	2	3	4	5
26. 我做坏事时，我的朋友们是支持我的	1	2	3	4	5
27. 只要有机会，我都想找我的朋友们一起玩	1	2	3	4	5

续表

	完全不符合	不太符合	有点符合	比较符合	完全符合
28. 与朋友们在一起，我会很主动表现出一些反叛性行为	1	2	3	4	5
29. 我们在一起时，常常商量怎么样弄到钱	1	2	3	4	5
30. 当别人对我们表示出不屑时，我和我的朋友们就会去打他们	1	2	3	4	5
31. 在外面，谁惹了我们，我的朋友们和我就会为了出口气而打别人	1	2	3	4	5
32. 我那时相信，如果我要做什么坏事，我的朋友一定会支持我的	1	2	3	4	5
33. 我的朋友们主张搞别人就要把别人搞狠一点	1	2	3	4	5
34. 我的朋友们受了别人的欺负，总是大事化小算了	1	2	3	4	5
35. 我和我的朋友们常常挑衅别人引起打斗	1	2	3	4	5
36. 与朋友们一起打架让我觉得很兴奋	1	2	3	4	5
37. 与朋友们在一起时，我更容易干坏事	1	2	3	4	5
38. 与我的朋友们在一起感觉非常自由	1	2	3	4	5
39. 与我的朋友们在一起时，我不遵从社会规则	1	2	3	4	5
40. 我的朋友们和我常常因为小事而打别人	1	2	3	4	5
41. 当我做坏事的时候，我的朋友们会责备我	1	2	3	4	5
42. 我的朋友们觉得天天吃喝玩乐很开心	1	2	3	4	5

续表

	完全不符合	不太符合	有点符合	比较符合	完全符合
43. 与我的朋友们有仇的人，遇到我时也会拿我报仇	1	2	3	4	5
44. 与朋友们一起干坏事让我有人多不害怕的感觉	1	2	3	4	5
45. 我的朋友们和我要有什么行动一般都是一起参加	1	2	3	4	5
46. 与我的朋友们一起时，我不做坏事	1	2	3	4	5
47. 有朋友在旁边时，我常常更喜欢打架闹事	1	2	3	4	5
48. 我和朋友们在一起讨论比较多的是与吃喝玩乐有关的事情	1	2	3	4	5
49. 别人欺负我的朋友时，我觉得与自己无关	1	2	3	4	5
50. 我觉得在外面与朋友在一起就不会吃亏	1	2	3	4	5
51. 我的朋友们和我常常有难同当	1	2	3	4	5
52. 我和朋友们都喜欢讨论学习有关的事情	1	2	3	4	5
53. 我的朋友们与别人发生矛盾时，我会为了防止自己人吃亏而上前帮朋友的忙	1	2	3	4	5
54. 别人会因为我拥有这些朋友而不欺负我	1	2	3	4	5

附录 5　非顺从声望问卷

描　述　我

A. 下面的语句描述了一些你的同龄人可能会做的事情，其他人可能会因为这些事情而赞赏或敬佩他。请根据这些描述与**你自己**或者**你的朋友们**的实际情况，在相应的数字上打“✓”。

		完全不符合	不太符合	有点符合	比较符合	完全符合
1. 很擅长打架的青年	我赞赏	1	2	3	4	5
	我的朋友们都赞赏	1	2	3	4	5
2. 能够把很多事情摆平的青年	我敬佩	1	2	3	4	5
	我的朋友们都敬佩	1	2	3	4	5
3. 在外面混很有面子	我这样认为	1	2	3	4	5
	我的朋友们都这样认为	1	2	3	4	5
4. 有很多爱打架的朋友显得自己很有势力	我这样认为	1	2	3	4	5
	我的朋友们都这样认为	1	2	3	4	5
5. 在学校里的时候到处惹是生非、调皮打架很威风	我这样认为	1	2	3	4	5
	我的朋友们都这样认为	1	2	3	4	5

B. 你**如何看待你自己**呢？你**自己希望你自己是什么样的人**呢？请用下面一对一对的词语分别描述你对自己的看法和希望，在相应的数字上打“✓”。

我认为自己：					我希望我自己：				
很有能量				卑微	很有能量				卑微
1	2	3	4	5	1	2	3	4	5
在朋友圈中比较有名气				无名小卒	在朋友圈中比较有名气				无名小卒
1	2	3	4	5	1	2	3	4	5
朋友圈中混得有威望				没什么威望	朋友圈中混得有威望				没什么威望
1	2	3	4	5	1	2	3	4	5
一个组织者				服从者	一个组织者				服从者
1	2	3	4	5	1	2	3	4	5
很有能力				没什么能力	很有能力				没什么能力
1	2	3	4	5	1	2	3	4	5
坚韧				软弱	坚韧				软弱
1	2	3	4	5	1	2	3	4	5
强壮				虚弱	强壮				虚弱
1	2	3	4	5	1	2	3	4	5
令人厌恶的				友好的	令人厌恶的				友好的
1	2	3	4	5	1	2	3	4	5
仁慈的				卑鄙的	仁慈的				卑鄙的
1	2	3	4	5	1	2	3	4	5

C. 你知道**其他人是如何看待你的**吗？你**希望他们怎么样看待你**呢？下面每句话描述了个人的特点，请分别根据它们与自己的看法相符合的程度，在相应的方框里打“✓”。

	我的朋友们认为：					我希望他们认为：				
	从不这样	很少这样	有时这样	常常这样	总是这样	从不这样	很少这样	有时这样	常常这样	总是这样
1. 我是一个欺负弱小的人	□	□	□	□	□	□	□	□	□	□
2. 我是一个常常在外面混的人	□	□	□	□	□	□	□	□	□	□
3. 我是一个不守规矩的人	□	□	□	□	□	□	□	□	□	□
4. 我是一个很反叛的人	□	□	□	□	□	□	□	□	□	□
5. 我是一个坏孩子	□	□	□	□	□	□	□	□	□	□
6. 我比较有威望	□	□	□	□	□	□	□	□	□	□
7. 我是一个领导者	□	□	□	□	□	□	□	□	□	□
8. 我很受欢迎	□	□	□	□	□	□	□	□	□	□
9. 我是一个讲义气的人	□	□	□	□	□	□	□	□	□	□

附录 6　青少年违法犯罪行为自我报告问卷

成长故事

下面列举了一些我们每个人在成长过程中都可能经历的事情，有的可能只是恶作剧。你也做过这些事吗？请你尽量回忆自己的成长故事，根据自己的实际经历做出选择。**问卷是匿名的**，结果仅供研究使用，绝不会有任何人知道具体是谁的经历。请在相应答案的数字上画“○”。

行为	有过 1~2 次	有过 5~6 次	每周 1~2 次	经常发生	从来没有过
1. 踢打学校的门窗、桌椅等	1	2	3	4	0
2. 有过于亲密的异性交往	1	2	3	4	0
3. 未经允许，骑走陌生人的自行车	1	2	3	4	0
4. 未经允许拿走别人的钱(100 元以上)	1	2	3	4	0
5. 买卖、隐藏或转移赃物	1	2	3	4	0
6. 更换男女朋友	1	2	3	4	0
7. 悄悄携带刀具、凶器等	1	2	3	4	0
8. 故意伤害某人或动物	1	2	3	4	0
9. 为了挣钱或以花钱的方式，与别人发生性关系	1	2	3	4	0
10. 徒手打群架	1	2	3	4	0
11. 卖摇头丸等违禁药品	1	2	3	4	0
12. 在学校考试中偷看别人的答案	1	2	3	4	0

续表

行为	有过1~2次	有过5~6次	每周1~2次	经常发生	从来没有过
13. 搭公共车、出租车等不付钱	1	2	3	4	0
14. 悄悄拿走家人的东西	1	2	3	4	0
15. 在学校暗地里算计老师	1	2	3	4	0
16. 趁主人不在，偷偷潜入他人家里拿东西	1	2	3	4	0
17. 徒手打同伴或同学	1	2	3	4	0
18. 因行为不端而被叫到校长办公室	1	2	3	4	0
19. 结伙强行拿陌生人的钱财	1	2	3	4	0
20. 买东西不付钱	1	2	3	4	0
21. 拿走学校的公共财产	1	2	3	4	0
22. 骗取别人的钱或其他财物	1	2	3	4	0
23. 打骚扰电话或发骚扰短信	1	2	3	4	0
24. 喝酒	1	2	3	4	0
25. 因好奇尝试毒品	1	2	3	4	0
26. 调戏或欺负别人	1	2	3	4	0
27. 拿刀或武器对着别人	1	2	3	4	0
28. 打伤别人	1	2	3	4	0
29. 旷课	1	2	3	4	0
30. 关于去哪儿、和谁在一起向父母撒谎	1	2	3	4	0
31. 用刀、棒等工具参与集体打斗	1	2	3	4	0
32. 受警察的盘问和审查(如被带到派出所)	1	2	3	4	0

附录7　同伴压力问卷

描述我(部分项目)

生活中，我们常常会感到我们的朋友或熟人会期望、鼓励、怂恿甚至逼迫我们做某件事情，或者不做某件事情，如果我们不按照他们的希望去做，就会担心自己与他们不一样，或者被笑话、排挤等，感受到**同伴压力**。

你觉得在下面的行为上，你会感受到来自常常在一起的朋友或者熟人们的压力吗？下面每一道题，请你首先考虑你的朋友们的压力是来自左边的行为，还是来自右边与其相反的行为，然后在相应的一边选择**你感受到的压力**的强弱程度，在相应的数字上画“○”。

很大压力	有点压力	很少压力	没有压力	很少压力	有点压力	很大压力
−3	−2	−1	0	1	2	3
我觉得我的朋友们让我：						
1. 听父母话						与父母对抗
−3	−2	−1	0	1	2	3
2. 吸烟						不吸烟
−3	−2	−1	0	1	2	3
3. 努力学习获得好成绩						不把学习放在心上
−3	−2	−1	0	1	2	3
4. 打人						不打人
−3	−2	−1	0	1	2	3
5. 文明用语						说骂人的话
−3	−2	−1	0	1	2	3

续表

6. 参与打群架						不参与打群架
−3	−2	−1	0	1	2	3
7. 常常与朋友一起						独自活动，不与朋友一起
−3	−2	−1	0	1	2	3
8. 夜不归家						正常回家
−3	−2	−1	0	1	2	3
9. 待在家里						在外面与朋友一起闲逛
−3	−2	−1	0	1	2	3
10. 维护公共设施						破坏公共设施
−3	−2	−1	0	1	2	3
11. 携带刀具						不带刀具
−3	−2	−1	0	1	2	3

附录 8　社会疏离感问卷

曾经的感受

下面的语句是对人们的一些体验的描述，请你回忆一下，在你原来与不良同伴交往之前，即**还没有与不良同伴交往**的时候你的感受，并根据你那时的感受与下面的描述的符合程度进行回答，在相应的数字上画圈"○"。

	完全不符合	比较不符合	有点不符合	不确定	有点符合	比较符合	完全符合
1. 我感到自己孤独一人	1	2	3	4	5	6	7
2. 我感到与亲人之间的感情很亲近	1	2	3	4	5	6	7
3. 我的思想观念和许多人的思想观念不一致	1	2	3	4	5	6	7
4. 我感到自己和自己有种疏远的感觉	1	2	3	4	5	6	7
5. 我觉得自己的生活缺乏充实感	1	2	3	4	5	6	7
6. 我感到与周围的人很亲近	1	2	3	4	5	6	7
7. 我感到和亲人之间有种疏远感	1	2	3	4	5	6	7
8. 遇到麻烦时，我无法依靠他人给予支持和帮助	1	2	3	4	5	6	7
9. 我有一种讨厌自己的嫌弃感	1	2	3	4	5	6	7
10. 我感到被什么东西束缚了自由	1	2	3	4	5	6	7
11. 我感到和他人之间有距离	1	2	3	4	5	6	7

续表

	完全不符合	比较不符合	有点不符合	不确定	有点符合	比较符合	完全符合
12. 我觉得家人并不像我希望的那样与我亲近	1	2	3	4	5	6	7
13. 每天紧张的学习生活使我感到苦闷	1	2	3	4	5	6	7
14. 我感到周围的人像陌生人一样	1	2	3	4	5	6	7
15. 我觉得我已经无法过以前一样的生活了	1	2	3	4	5	6	7
16. 我感到自己不能融入周围的环境中	1	2	3	4	5	6	7
17. 我对他人失去了兴趣，而且不关心他们	1	2	3	4	5	6	7
18. 我时常体验到一种无能为力感	1	2	3	4	5	6	7
19. 我感到自己的思想压力很大	1	2	3	4	5	6	7
20. 我感到自己不能融入朋友的圈子中去	1	2	3	4	5	6	7
21. 我觉得大多数同学讨论的话题都让我觉得没有兴趣参与	1	2	3	4	5	6	7
22. 我觉得生活是单调无味的	1	2	3	4	5	6	7
23. 我想要的目标离我很远	1	2	3	4	5	6	7
24. 我的理想和意愿与现实不一致	1	2	3	4	5	6	7
25. 我觉得周围的同学和原来的朋友与我的关系变得疏远	1	2	3	4	5	6	7

后　记

本书在本人的博士学位论文基础上进行了修改和补充，于2013年入选武汉大学人文社会科学学术丛书；根据学校评审专家的修改意见又进行了进一步完善，在2015年，伴随女儿出世，初步定稿，未再进行大幅改动；直到出版之时，对最近十余年有关犯罪心理研究成果与本研究进行了比较与反思。值此付梓之际，感谢武汉大学“人文社会科学学术丛书”评审专家对本书的肯定与中肯意见，特别感谢武汉大学哲学学院从举荐到出版诸方面的大力支持！

国内犯罪心理研究一直非常薄弱，有关不良同伴与青少年犯罪的国内外研究亦较为薄弱，可资借鉴资料很少，最初完成此博士论文的艰辛一直历历在目，深铭于心，却也因一直搁置未能早日面世，心下总有一份对学界的愧疚。遥想当年博士论文的完成，得到众多同门、同学、老师们的帮助。博士同门252实验室兄弟姐妹们的精神支持和访谈转录的辛苦分担，硕士导师华中师范大学周宗奎教授和江光荣教授对数据收集的大力支持，师妹赵冬梅共同陪伴了访谈，朱婷婷、谭静、徐巍、陈雪莲等协助了问卷调查，武汉市立志中学的李校长、郑志刚老师对问卷预实验给予了热情帮助，湖北省未成年犯管教所的刘建明队长、心理教研室的王平主任、入所一中队的杨赤兵指导员、王建文中队长、赵理警官等对整个研究持续多次的访谈、预测、正式施测给予了耐心、细心的帮助，武汉市26中、27中、81中的张雯、陈苹和王嫚等老师对普通中学生的问卷施测给予了全面协助。在此再次致以深深的谢意！

感谢亲爱的导师——北京师范大学邹泓教授，一直对我给予的厚望和盛赞，每每提及此博士论文搁置的惋惜和督促之情；感谢中国政法大学罗大华教授，论文的开题和答辩的指导，对于此博士论文的厚誉，寄予我促进中国犯罪心理学的科学发展的那种深切期望！你们的深切关怀与宽容等待，督促着我在适当的时机，一定要尽快完成此论文的修改与出版。特别是导师邹泓老师，毕业至今依然对本人严格要求，并用发展的眼光提出了更高的标准，在百忙之中为本书作序。感恩恩师，你们为我树起人生标杆。

感谢我所在单位的领导和同事，特别是武汉大学哲学学院心理系的张掌然教授，给予了我指点和期望，支持和帮助，促成了此书的修改和完善。感谢我的学生韦龙同学，在本人指导下完成的毕业论文，为本书最后关于青少年犯罪心理干预的研究提供了不少资料；梁丽诗、朱晴、周权等同学在书稿付梓时协助了参考文献核对补缺、插入脚注的工作。感谢我的先生，正是他的鼓励促成了此书修改的开工，也是他的督促使我坚持不懈。最后还要感谢武汉大学出版社编辑的热心、耐心、细心，使本书得以顺利出版。感恩武大，为我厚植学术精进的沃土。

与本人博士论文相比，本书在理论部分添加了"互动过程的社会心理过程理论"，虽然该理论内涵比较模糊，有待进一步实证研究的检验，但是有关青少年犯罪行为的适应性意义、表达性意义、整合性意义等的确具有很好的启发性。同时，在第八章最后一部分增加了对本研究提出的青少年偏差群体同一性理论的反思和展望，其中对国内外近十余年相关研究进行了简单梳理；最后一章补充了我国青少年犯罪心理干预的章节，基于本研究提出的青少年心理需求和不良同伴交往社会心理动力，提出了多成因多背景的多向综合干预体系，希望对于我国比较薄弱的青少年犯罪干预研究有所启发和推进。

如今，敬爱的罗大华老师已经故世，他已无法看到此书。但值得欣慰的是，他送给我的几本犯罪心理学书籍，指引着我继续从事犯罪心理学的教学和科研。最近几年，我国心理学蓬勃发展，犯罪心理学也开始有更多学者投入，有更多更精深的开创性、应用性研究。愿此书的出版，为犯罪心理学的发展贡献一小朵浪花。

张春妹

2019 年 8 月 26 日于珞珈山

武汉大学学术丛书 书目

中国当代哲学问题探索
中国辩证法史稿（第一卷）
德国古典哲学逻辑进程（修订版）
毛泽东哲学分支学科研究
哲学研究方法论
改革开放的社会学研究
邓小平哲学研究
社会认识方法论
康德黑格尔哲学研究
人文社会科学哲学
中国共产党解放和发展生产力思想研究
思想政治教育有效性研究（第二版）
政治文明论
中国现代价值观的初生历程
精神动力论
广义政治论
中西文化分野的历史反思
第二次世界大战与战后欧洲一体化起源研究
哲学与美学问题
行为主义政治学方法论研究
政治现代化比较研究
调和与制衡
“跨越论”与落后国家经济发展道路
村民自治与宗族关系研究
中国特色社会主义基本问题研究
一种中道自由主义：托克维尔政治思想研究
社会转型与组织化调控
中国现阶段所有制结构及其演变的理论与实证研究
战后美国对外经济制裁
从简帛中挖掘出来的政治哲学
物理学哲学研究
中国特色社会主义理论体系的基本特征研究
不良同伴交往与青少年犯罪的社会心理研究

国际经济法概论
国际私法
国际组织法
国际条约法
国际强行法与国际公共政策
比较外资法
比较民法学
犯罪通论
刑罚通论
中国刑事政策学
中国冲突法研究
中国与国际私法统一化进程（修订版）
比较宪法学
人民代表大会制度的理论与实践
国际民商新秩序的理论建构
中国涉外经济法律问题新探
良法论
国际私法（冲突法篇）（修订版）
比较刑法原理
担保物权法比较研究
澳门有组织犯罪研究
行政法基本原则研究
国际刑法学
遗传资源获取与惠益分享的法律问题研究
欧洲联盟法总论
民事诉讼辩论原则研究
权力的法治规约
宪法与公民教育
国际商事争议解决机制研究
人民监督员制度的立法研究
论自然国际法的基本原则
能源政策与法律

当代西方经济学说（上、下）
唐代人口问题研究
非农化及城镇化理论与实践
马克思经济学手稿研究
西方利润理论研究
西方经济发展思想史
宏观市场营销研究
经济运行机制与宏观调控体系
三峡工程移民与库区发展研究
２１世纪长江三峡库区的协调与可持续发展
经济全球化条件下的世界金融危机研究
中国跨世纪的改革与发展
中国特色的社会保障道路探索
发展经济学的新发展
跨国公司海外直接投资研究
利益冲突与制度变迁
市场营销审计研究
以人为本的企业文化
路径依赖、管理哲理与第三种调节方式研究
中国劳动力流动与“三农”问题
新开放经济宏观经济学理论研究
关系结合方式与中间商自发行为的关系研究
发达国家发展初期与当今发展中国家经济发展比较研究
旅游业、政府主导与公共营销
创新、模仿、知识产权和全球经济增长
消费者非伦理行为形成机理及决策过程研究
网络口碑的形成、传播与影响机制研究
消费者参与企业创造的心理机制研究
企业间信任问题研究
学术创业：中国研究型大学“第三使命”的认知与实现机制
财政社会保障支出：结构、公平性与影响
投资者情绪与资产价格异常波动研究
消费者的真实性感知：前因、内部化过程及其影响后果

武汉大学学术丛书 书目

文言小说高峰的回归
文坛是非辩
评康殷文字学
中国戏曲文化概论（修订版）
法国小说论
宋代女性文学
《古尊宿语要》代词助词研究
社会主义文艺学
文言小说审美发展史
海外汉学研究
《文心雕龙》义疏
选择·接受·转化
中国早期文化意识的嬗变（第一卷）
中国早期文化意识的嬗变（第二卷）
中国文学流派意识的发生和发展
汉语语义结构研究
明清词研究史
新文学的版本批评
中国古代文论诗性特征研究
唐五代逐臣与贬谪文学研究
王蒙传论
教育格言论析
嘉靖前期诗坛研究（1522-1550）
清词话考述
“原来”、“从来”、“连连”三组时间副词研究
中唐元和诗歌传播接受史的文化学考察
宋词传播方式研究
神道设教：明清章回小说叙事的民族传统
袁宏道与晚明性灵文学思潮研究
中古汉语称数法研究
宋代文学传播探原
文学研究的知识论依据
元代科举与文学
批评文体论纲
文本周边
中国早期文化意识的嬗变（第三卷）
敦煌文研究与校注
文学史哲学
韩国所藏中国文言小说版本目录

中国印刷术的起源
现代情报学理论
信息经济学
中国古籍编撰史
大众媒介的政治社会化功能
现代信息管理机制研究
科学信息交流研究
比较出版学
IRM-KM范式与情报学发展研究
公共信息资源的多元化管理
学术期刊主题可视化研究
非物质文化遗产档案管理理论与实践
数字信息资源配置

随机分析学基础
流形的拓扑学
环论
近代鞅论
鞅与ｂａｎａｃｈ空间几何学
现代偏微分方程引论
算子函数论
随机分形引论
随机过程论
平面弹性复变方法（第二版）
光纤孤子理论基础
Ｂａｎａｃｈ空间结构理论
电磁波传播原理
计算固体物理学
电磁理论中的并矢格林函数
穆斯堡尔效应与晶格动力学
植物进化生物学
广义遗传学的探索
水稻雄性不育生物学
植物逆境细胞及生理学
输卵管生殖生理与临床
Ａｇｅｎｔ和多Ａｇｅｎｔ系统的设计与应用
因特网信息资源深层开发与利用研究
并行计算机程序设计导论
并行分布计算中的调度算法理论与设计
水文非线性系统理论与方法
拱坝CADC的理论与实践
河流水沙灾害及其防治
地球重力场逼近理论与中国2000似大地水准面的确定
碾压混凝土材料、结构与性能
喷射技术理论及应用
Dirichlet级数与随机Dirichlet级数的值分布
地下水的体视化研究
病毒分子生态学
解析函数边值问题（第二版）
工业测量
日本血吸虫超微结构
能动构造及其时间标度
基于内容的视频编码与传输控制技术
机载激光雷达测量技术理论与方法
相对论与相对论重力测量
水工钢闸门检测理论与实践
空间信息的尺度、不确定性与融合
基于序列图像的视觉检测理论与方法
GIS与地图信息综合基本模型与算法

中日战争史（１９３１～１９４５）（修订版）
中苏外交关系研究（１９３１～１９４５）
汗简注释
国民军史
中国俸禄制度史
斯坦因所获吐鲁番文书研究
敦煌吐鲁番文书初探（二编）
十五十六世纪东西方历史初学集（续编）
清代军费研究
魏晋南北朝隋唐史三论
湖北考古发现与研究
德国资本主义发展史
法国文明史
李鸿章思想体系研究
唐长孺社会文化史论丛
殷墟文化研究
战时美国大战略与中国抗日战场（1941~1945年）
古代荆楚地理新探·续集
汉水中下游河道变迁与堤防
吐鲁番文书总目（日本收藏卷）
用典研究
《四库全书总目》编纂考
元代教育研究
中国实录体史学研究
分歧与协调
清代财政政策与货币政策研究
“封建”考论（第二版）
经济开发与环境变迁研究
中国华洋义赈救灾总会研究
明清长江流域山区资源开发与环境演变
明清鄂东宗族与地方社会
历史时期长江中游地区人类活动与环境变迁专题研究
国家权力与民间秩序：多元视野下的明清两湖乡村社会史研究